Bauwelt Fundamente 76

Herausgegeben von Ulrich Conrads
unter Mitarbeit von Peter Neitzke

Beirat:
Gerd Albers
Hansmartin Bruckmann
Lucius Burckhardt
Gerhard Fehl
Herbert Hübner
Julius Posener
Thomas Sieverts

CAD:
Architektur automatisch?

Texte zur Diskussion

Herausgegeben
von
Walter Ehlers, Gernot Feldhusen
und Carl Steckeweh

Friedr. Vieweg & Sohn   Braunschweig/Wiesbaden

Alle Rechte vorbehalten.
© Friedr. Vieweg & Sohn Verlagsgesellschaft mbH, Braunschweig 1986
Umschlagentwurf: Helmut Lortz
Satz: Satzstudio Frohberg, Freigericht
Druck und buchbinderische Verarbeitung: Lengericher Handelsdruckerei,
Lengerich
Printed in Germany

ISBN 3-528-08776-5   ISSN 0522-5094

Inhalt

Über dieses Buch
von Walter Ehlers 9

1 Gesellschaftliche Veränderungen durch technologische Entwicklung

Einführung
von Carl Steckeweh 14

Karl Markus Michel
Grips und Chips
Die Veränderung unserer Kultur durch das digitale Denken 16

Klaus Brunnstein
Ethik und Moral der Informationsgesellschaft 23

Hanna-Renate Laurien
Die Computer-Revolution frißt ihre Kinder 36

Walter Sauermilch
Evolution des menschlichen Werkzeugs
oder die gefährliche Flucht nach vorn 40

Hans-Dieter Kübler
Wie verändern Computer die sozialen Beziehungen? 50

Hermann Korte
Bedingungen und Folgen der Computerunterstützung am Arbeitsplatz 60

Otto Ulrich
Computer-Totalitarismus
Zur Mechanisierung der geistigen Tätigkeit 67

2 Für und Wider CAD: Reflexionen und Erfahrungsberichte

Einführung
von Gernot Feldhusen 74

Joachim Langner
Berührungsangst 76

Martin Streb
Akzeptanzprobleme, Versagungs- und Entscheidungsgründe 89

Gernot Feldhusen
Zur Geschichte von Theorie und Praxis des CAD 93

Claus Jürgen Diederichs, Heinz Werner Cembrowski und Heribert Kapitza
CAD in der Bauplanung
Bestandsaufnahme und voraussichtliche Entwicklungen 104

Klaus Hüttner
CAD – Automation in der Bauplanung 131

Maximilian Meinel
Computer Aided Design im Städtebau 144

Hans Stumpfl
Die Zeichnung des Architekten oder die Visualisierung der Daten 152

3 Perspektiven: CAD – Werkzeug oder Automat?

Einführung
von Walter Ehlers 158

Angela Schwabl, Ronald Weltzien und Thomas Zancker
Denken und Erfinden: beschreibbare Vorgänge? 159

Dieter Hoffmann-Axthelm
Erleichterung von geistiger Arbeit 165

Ingrid Stoppa-Sehlbach
Zur Beeinflussung ästhetischer Prozesse
durch computergestützte Gestaltung   *178*

Hinrich Storch
CAD oder das andere   *188*

Horst W.J. Rittel
Über den Einfluß des Computers
auf die zukünftige Rolle und das Berufsbild von Architekten   *205*

Gerd Neumann
Architektur der Zukunft:
individuelle Kreativität und künstliche Intelligenz?   *231*

Gerd Neumann
CAD und die Architektur der Zukunft – Thesen   *244*

Das kann man nicht einem Maschinenprozeß überlassen!
Oswald Mathias Ungers im Gespräch mit *Peter Neitzke*   *247*

Ein nachdenkliches Schlußwort
von *Dieter Rogalla*   *255*

CAD-Literatur für Architekten   *257*

Autoren und Herausgeber   *260*

Über dieses Buch
von Walter Ehlers

> *„Eines ist es,*
> *eine Erfindung zu machen,*
> *ein anderes,*
> *sie richtig einzuschätzen."*
> (Sokrates)

Computer schicken sich an, die Welt zu verändern. Ihre Erfindung erregte zunächst wenig Aufsehen, die Idee vom Roboter, dem Automaten, dem selbst-tätigen Apparat war aus utopischen Phantasien der Science-Fiktion lange geläufig; die Verwirklichung des bereits Denkbaren war, wie immer, eigentlich keine Überraschung. Sie erschien auf der abgesteckten Trasse technischer Erfindungen und Neuerungen als ein weiterer, wenn auch beachtlicher und bewundernswerter Fortschritt, zwar auf neue Weise, aber den alten Weg einhaltend, darin, menschliche Fähigkeiten mit immer besseren Werkzeugen auszuweiten, Kräfte zu schonen und die Segnungen des Industriezeitalters wie bessere Einkommen, mehr Freizeit, Gesundheit und Bildung zu neuer Lebensqualität fortzuführen.

Dieses Bild ist heute verdüstert. Neben den Segnungen sind Schäden unübersehbar.

Das Werkzeug, die Maschine, ist vom Diener zum Herrscher aufgestiegen und fordert als solcher unerbittlich seinen Tribut. Die Welt wird belastet, droht zu ersticken. Der Mensch, als Teil der Welt, fühlt sich mit betroffen und versagt in dem Versuch, die Verhältnisse zurechtzurücken, das Steuer wieder in die Hand zu bekommen.

Unter der Hand wandelt sich das Werkzeug. Die Computer sind aus dem Kreis der Maschinen herausgetreten, zeigen eine neue Dimension. Sie dringen ein in das Feld geistiger Tätigkeiten, vergrößern den Wirkungskreis menschlicher Intelligenz und wecken damit die Hoffnung, mit dieser neuen Kraft das Ruder wieder in die Hand zu bekommen und kybernetisch neue Ufer ansteuern zu können. Informationen, Daten erscheinen, da sie wie Rohstoffe für die Industrie mit Computern gesammelt, verarbeitet und ausgetauscht werden können, als Ressourcen für neue Wirtschaftsformen unbegrenzt vorhanden und ohne Schadensfolgen.

Die schmutzbelastete kranke Industriegesellschaft wird zur sauberen gesunden Informationsgesellschaft. Dem erlahmten Geist des Fortschritts fährt ein frischer Wind unter die Flügel, er kriegt Auftrieb.

Neben Hoffnungen wachsen auch Befürchtungen.
Was wird der Preis für die neue Errungenschaft sein, ist sie wirklich schadlos? Wird der Umgang mit der Information selbstverständliche Kulturtechnik für alle wie Lesen und Schreiben, oder werden nur wenige daraus Kapital und Macht schlagen, während andere unbeteiligt an den Ufern des Informationsflusses zurückbleiben und als neue Analphabeten in Minderwertigkeit und Ohnmacht zurückfallen? Wird angesichts der Informationsflut das Bild der Welt, schon heute oft nur mittelbar und in zufälliger Auswahl durch Medien aufgenommen, vollends ins Ungewisse zerfließen, die Wirklichkeit sich auflösen, der Mensch ohne Orientierung wie im Nebel sich aus der Welt verlieren, seelenblind und nichts begreifend, gespalten, paranoid?
Es steigt die alte Sorge auf, daß die Kluft zwischen dem rational Machbaren und dem emotional Erfaßbaren unüberbrückbar weit wird und damit die Steuerung rationalen Tuns durch die Kraft gefühlsmäßigen Miterlebens völlig versagt.
Im übrigen herrscht Ungewißheit darüber, ob die neue Technik von jedermann allein deswegen angewendet werden muß, um sich in der Gesellschaft zu behaupten, und daher angewendet werden wird, zwangsläufig.

Sind alle noch selbst-tätigen Menschen substituierbar, also ersetzbar und folglich zu ersetzen? Gibt es auch Autonome, also Unabhängige, Unersetzbare, die neben dem Computer weiter selbst Hand anlegen werden? Befinden wir uns heute in einem Computerrausch, dem morgen Ernüchterung folgen wird, vielleicht begleitet von einem Kater?
Oder sind solche Gedanken, daß nämlich Erfindungen sich begrenzen ließen, in Wahrheit Flucht vor der Wirklichkeit wie die Euphorie eines Sterbenden?
Hoffnung, Befürchtung, Ungewißheit: Was bedeutet die neue Erfindung in Gestalt des computergestützten Zeichnens, genannt „CAD", für Architekten und für Architektur?

Auf einem Symposium des Bundes Deutscher Architekten BDA im Juni '85 wurden Fragen gestellt, beispielhaft und an Beispielen für Architekten, die von Erfindungen für ihre Arbeitsweise bislang kaum behelligt, die

Transparentpapier und Reißfeder samt ihren Nachkömmlingen zwar gern übernommen, die aber Zeichenmaschinen bereits weitgehend verschmäht haben – ohne daß es ihnen schadete –, heute Rechenmaschinen für Ausschreibungen und Abrechnungen wohl annehmen wollen oder müssen, aber zum computergestützten Zeichnen eben Fragen hatten.

Was hoffen oder fürchten Architekten? Wie sieht die CAD-Maschine aus, hat sie künstliche Intelligenz? Was bedeutet dagegen menschliches Denken und Erfinden? Ist es ein wohlbeschreibbarer, formalisierbarer, also algorithmischer Vorgang? Können Mensch und Maschine sich verknüpfen, wie kann ein Architekt mit jetzt vorhandenen oder künftig verfügbaren Maschinen umgehen, verbessern sie seine Leistungsfähigkeit und sein Produkt? Gibt es Grenzen, technisch, ökonomisch, sozial? Wirkt das Werkzeug auf das Werk? Was folgt daraus für die Architektur, was für den Architekten und, allgemein, was für die Gesellschaft, für die Kultur?

Das vorliegende Buch knüpft an diese Fragen an, weitet sie aus, sucht Antworten. Es versteht sich nicht als Anleitung zum Gebrauch, die findet sich andernorts genug.

Es ging den Herausgebern vielmehr um die Erörterung von Erfahrungen bis jetzt und Gedanken voraus auch darüber, daß neben den bisher allerorts postulierten Gewinnen durch CAD auch Verluste durch CAD stehen können.

Daher neben Aufgeschlossenheit Skepsis, neben Empfehlung auch Warnung, gegen Euphorie mit der Folge bedenkenloser, schrankenloser Anwendung, bedachte Einordnung und Begrenzung.

Dazu werden Beiträge des Symposiums verwendet, neue hinzugefügt und mit Nachdrucken bereits erschienener Aufsätze ergänzt. Der erste Teil geht Veränderungen in der Gesellschaft nach, die durch neue Technologien verursacht werden, der zweite befaßt sich mit CAD und seiner Anwendung durch Architekten. Im dritten Teil werden Ausblicke versucht, Möglichkeiten und Grenzen vom Möglichen erörtert.

Es ist ein Versuch, für Architekten eine Entwicklung zu bespiegeln, jedoch im Bewußtsein, daß auch die Zeit, in der es herauskommt, sich in diesem Buche wiederfindet.

1 Gesellschaftliche Veränderungen durch technologische Entwicklung

Einführung

von Carl Steckeweh

Durch technologische Entwicklungen und technischen Fortschritt bedingte Veränderungen bergen Chancen und Risiken in sich, denen zumindest Teile der Gesellschaft polarisiert gegenüberstehen: Unkritische, fast bedenken- und besinnungslose Euphorie einerseits, Technikfeindlichkeit und -kritik andererseits, verbunden mit pauschalem Kulturpessimismus oder mit der Neigung zu Endzeitstimmung und Maschinenstürmerei.

Unabhängig vom Ausgang dieses Streits werden die schon sichtbaren, sich abzeichnenden und auch die unsichtbaren Folgen des Eintritts in die dritte industrielle Revolution, auch fünfte Computer-Generation genannt, Gesellschaft und Wirtschaft prägen, verändern, einen nahezu uneingeschränkten Zugriff auf Natur und Ressourcen ermöglichen, neue Berufe entstehen lassen und alte vernichten, die Menschheit mit neuen Erkenntnissen überhäufen und – letztlich – die Formen menschlichen Denkens und Handelns ablösen und ersetzen können.

Vor zwanzig Jahren noch schienen die Zweifel an den neuen Wertvorstellungen der modernen Industriegesellschaft verflogen. Als aber die Wirklichkeit Utopien und Visionen einzuholen begann, verblaßte die „Verführungskraft der großen Verheißung" (W. Wild): zwar mehr Wohlstand und äußerliche Freiheit, aber weniger Zufriedenheit („satisfaction", „small ist beautiful").

In Zeiten der Vollbeschäftigung wurden die Zweifel der Kritiker mißachtet, die man erst wieder ernst nahm, als die Arbeitslosigkeit in den 70er Jahren unvorstellbare Dimensionen anzunehmen begann. Diese Arbeitslosigkeit war und ist auch eine Folge der technologischen Entwicklung, der Verdrängung des Produktionsfaktors Arbeit durch Kapital und Information im weitesten Sinn. Die sozialen und psychischen Aspekte wurden dabei nur selten bedacht: „Wir können . . . sagen, daß moderne Technologie dem Menschen die Art von Arbeit genommen hat, die er am liebsten tut, nützliche, schöpferische Arbeit mit Händen und Kopf, und ihm viele arbeitsteilige Aufgaben gegeben hat, die ihm zum größten Teil keine Freude machen." (E.F. Schumacher vor 12 Jahren).

Diese These klingt heute übertrieben. Natürlich hat der technische Fortschritt auch zu mehr Lebensqualität und humaneren Arbeitsbedingungen geführt. Aber das Mehr an vermeintlicher Qualität und Humanität muß hinterfragt werden, wenn es andere an den Rand dieser Gesellschaft (ver-)drängt und die belastete Umwelt noch ausgiebiger strapaziert. Hans Jonas spricht vom „Prinzip Verantwortung" und verlangt, bei begründetem Zweifel Handlungen, zu der die Technik Menschen befähigt, zu unterlassen.

Tun wie Unterlassen haben Konsequenzen und Risiken, die vor allem unter Berücksichtigung der Chancen künftiger Generationen gegeneinander abzuwägen sind. Einige der neuen Apostel der computergläubigen Gegenwart zeichnen rosige Zukunftsbilder: Traditionelle Arbeit wird weitgehend durch automatische Produktion und computergesteuerte Dienstleistung ersetzt. Neue freie Zeit für kreative Beschäftigung und aktive Selbstverwirklichung – vom homo laborans zum homo studiosus und gar zum homo universalis, um den „Sinn des Lebens" zu erhalten? Doch was wird aus denen, die nicht zum schöpferischen Tun fähig sind und/oder sich vergebens bemühen, in die Arbeitswelt einzusteigen, um überhaupt Platz in dieser Gesellschaft zu finden?

Die „Bedenkenträger" scheinen wieder einmal überrollt zu werden, zumal sich die bisherige Forschung fast ausschließlich auf die ökonomischen Auswirkungen der Einführung neuer Technologien beschränkt hat. Gesellschaftliche und kulturelle Folgen sind nur selten analysiert worden, und so gut wie gar nicht wurde bisher gefragt, ob Computer der Phantasie und Schöpfungskraft tatsächlich neue Impulse geben können, wie oft behauptet wird, und wie sie die Arbeit von Künstlern, Schriftstellern, Musikern, Architekten, Stadtplanern u. a. prägen.

Einige dieser Probleme werden in den folgenden Beiträgen untersucht. Dabei wird deutlich, daß der „Große Bruder" zwar zu faszinieren vermag und Hoffnungen weckt, die aber Skepsis, Unbehagen und auch Ängste keineswegs beseitigen können. Die Autoren lehnen die Segnungen des Industrie- und Informationszeitalters nicht ab: Kein Nein einer elitären Minderheit zum technischen Fortschritt als Chance für eine evolutorische Entwicklung, wohl aber ein Infragestellen der überbordenden Preisungen in der „Aufpluster-Sprache der Enthusiasten". (Th. Sommer) Eher ist anzunehmen, daß sich viele der bahnbrechenden Veränderungen, die einen tiefgreifenden Wandel der Werte des Lebens und der Arbeit vorhersagen, als vorübergehende Moden entpuppen werden, die gleichwohl in ihrer Gesamtheit einen Umbruch bewirken – aber weder in der Rigorosität, wie sie derzeit beschrieben wird, noch mit jenem Pessimismus, der die Zerstörung des Lebens durch den technischen Fortschritt weissagt.

Karl Markus Michel

Grips und Chips – die Veränderung unserer Kultur durch das digitale Denken

„*Wie waren sie zueinander gekommen? Von ungefähr, wie das gewöhnlich der Fall ist*...
Wohin gingen Sie?
Weiß man je, wohin man geht?
Was sprachen Sie?
Der Herr kein Wort; Jakob hingegen, sein Hauptmann, habe gesagt, alles, was uns hienieden Gutes oder Böses begegne, stehe dort oben geschrieben. Der Herr: Das ist ein großes Wort."
(Diderot, Jakob und sein Herr)

Die Roboter kommen, hörten wir in den sechziger Jahren. Sie taten uns den Gefallen nicht. Umsonst all die Witze und Tests, die wir uns ausgedacht hatten, um sie in ihre Schranken zu weisen. Was nun kommt, in den achtziger Jahren, hat so anheimelnde Namen wie Home Terminal und Personal Computer – die Dienstboten von einst. Nur daß wir sie erst bedienen lernen müssen, bevor sie uns dienen können. Die alte Dialektik von Herr und Knecht in neuer Version? Aber mit allen drohenden Konsequenzen bis hin zur Entmachtung der Herren? Das wird in der Computerliteratur so gut wie nie ausgesprochen. Aber vieles, was man da liest, paßt sehr wohl in dieses Schema. Zumal die derzeitige „Kommunikation mit der Maschine" erinnert stark an die einstige Kommunikation etwa mit einem Dienstmädchen; nennen wir es Elisa, die, weil sie vom Hinterland, vielleicht auch aus dem Ausland kommt, jedenfalls einer anderen gesellschaftlichen Schicht angehört, eigentlich sprachlos ist. Sie kann zwar manches lernen, aber richtig sprechen kann die Herrschaft mit ihr nicht, sofern „miteinander sprechen" mehr ist als der Austausch von Informationen, Aufforderungen, Fragen... Das schließt keineswegs aus, daß Elisa über allerlei Fähig- und Fertigkeiten, sogar über Gewitztheiten verfügt und sich weitere aneignet, folglich auch Macht über die Herrschaft. Selbst therapeutische oder Über-Ich-Funktionen kann Elisa übernehmen, gerade weil sie so fremdartig ist. Nur eines kann sie nicht und niemals lernen: mit der

Herrschaft in deren Sprache sprechen, deren Kultur teilen, die voll sublimer Irrationalismen ist. Kurz, Elisa wird ihrer Herrschaft so unentbehrlich wie bedrohlich. Aber in der Regel ist sie gutmütig und bewahrt mit ihrer praktischen und technischen Vernunft die Herrschaft davor, den Boden unter den Füßen zu verlieren, zu verlottern, zu verderben.
Elisa hat viele berühmte Namen, vor allem männliche wie Sancho Panza, Leporello, Jakob, Sachar, Bunter, Matti oder Theodor, der „Unbestechliche". Und trotz aller Register, die sie ziemen - „In Italia seicentoquaranta, in Alemagna duecentotrentuna, cento in Francia, in Turchia novantuna, ma in Ispagna son già mille e tre"-, wir täten sicher unrecht, sie als Personal Computer zu bezeichnen; schließlich stehen sie in einer älteren Tradition als nur der vierten oder fünften Generation.
Drastischer noch ist die Parallele zur Herr-und-Knecht-Dialektik im Kolonialverhältnis. Da gab es nicht nur den Hausboy, den Kuli, da gab es ganze Stämme und Völkerschaften, die den weißen Herren zu Diensten standen, stehen mußten – eine durchcomputerisierte Welt, mit der man in Pidgin oder in Basic sprach, wohl wissend, daß es auch Eingeborenensprachen gab, aber kaum daran interessiert, sie zu ergründen, weil man sonst auch hätte einräumen müssen, daß diese Eingeborenen so etwas wie eine Seele besäßen, vielleicht sogar (wie) Menschen seien, was man – in guter abendländischer Tradition – seit Aristoteles für Sklaven, seit den Kirchenvätern für Frauen und bis in unser Jahrhundert für Proleten und Primitive immer wieder guten Gewissens bestritten hat. Heute nun sind die Computer an der Reihe, die man (glücklicherweise) noch nicht in die „Partnerschaft" oder die „Unabhängigkeit" hat entlassen müssen. Sie mögen ja intelligent sein, aber haben sie auch Gefühle, können sie Schmerz, Lust, Hoffnung, Reue empfinden? Und wie halten sie's mit der Religion? Die Fragen sprechen für sich. Nach dem freien Willen, dem Herzstück der theologischen wie philosophischen Anthropologie, wird seltsamerweise nicht geforscht. Vielleicht sind die Forscher, die Herren, von diesem traditionellen Postulat schon für sich selbst abgerückt? Sie beteuern statt dessen, angesichts der drohenden Computerkultur, es komme ganz auf den Menschen an. Obwohl sie doch – spätestens seit Auschwitz – wissen sollten, daß wir überall dort, wo die Aussicht droht, daß es auf den Menschen ankommen könnte, gut daran tun, schleunigst das Weite zu suchen. (Natürlich meint man es anders und hat dafür, mit der Personifizierung des Bösen in Eichmann, auch schon den passenden Feind identifiziert: den seelenlosen Bürokraten, den „Rechner", der nur Befehle ausführt – wie ein Computer.)

Herr und Knecht – bei Hegel ist ihr dialektisches Verhältnis noch mediativ, denn der Bürger war *beides*, stand zwischen der Obrigkeit und den Dienstboten, zwischen Adel und niederem Volk. Das machte seinen Spielraum aus. Heute gibt es bekanntlich weder Herren noch Knechte. Aber der Spielraum ist dadurch für die einzelnen nicht weiter geworden, eher geschrumpft in dem „Gehäuse der Hörigkeit", das durch Technik, Bürokratie, sozialstaatliche Betreuung und so weiter errichtet wurde – gleichsam als geronnene Herrschaft-Knechtschaft, in wachsendem Maße computergestützt. Nach der Hand- wird uns nun auch noch die Kopfarbeit abgenommen – „entwendet" würden die meisten sagen, die dadurch „freigesetzt" worden sind. Ein schöner Traum geht schrecklich in Erfüllung. War er von Anfang an falsch? Das behaupten heute viele. Aber sie kennen ihn nur vom bösen Erwachen, wenn schrill die „Dialektik der Aufklärung" rasselt.

Der Traum läßt sich auf mancherlei Weise nacherzählen. Halten wir uns hier an Johann Heinrich Lambert, einen deutschen Aufklärer enzyklopädischen Geistes, der als Philosoph und Mathematiker Bedeutendes geleistet hat. Im Traum, sagt Lambert, verfügen wir über die Welt. Im Wachen entzieht sie sich uns überall dort, wo wir nicht unmittelbar empfinden, sei's durch Arbeit oder Genuß. Allein durch symbolische Erkenntnis können wir uns der Wirklichkeit vergewissern. Aber unsere Symbol- und Zeichensysteme, zumal die natürlichen Sprachen, sind ungenügend, lückenhaft, willkürlich. Wir müssen deshalb nach besseren „Charakteristiken" suchen. Ein gutes Muster ist die musikalische Notation . . .

„Auf eine vollständigere Art ist das Zahlengebäude charakteristisch, wie wir es heutzutage (1764) haben. Es ist allerdings nichts Geringes, durch zehen Ziffern, oder nach der Leibnizischen Dyadik nur durch zwo Ziffern, alle möglichen Zahlen vorstellen zu können, und jede Rechnung damit zu machen, und zwar auf eine so mechanische Art, daß es wirklich auch durch Maschinen geschehen kann, dergleichen Pascal, Leibniz, Ludolf und andere erfunden. Das heißt im strengsten Verstande: die Theorie der Sache auf die Theorie der Zeichen reduzieren . . .

Das vollkommenste Muster der Charakteristik aber ist die Algebra . . . Sie hat als Zeichenkunst ihre eigene Theorie, die man niemals weit genug wird treiben können. Wird aber eine Aufgabe aus andern Wissenschaften auf eine algebraische reduziert, so kann man von derselben ganz abstrahieren, und die Auflösung der algebraischen Aufgabe ist zugleich auch die von der andern Aufgabe, welche man auf die algebraische reduziert hat.
(Neues Organon, 1764, „Semiotik" § 34.)

Könnten wir dieserart alle (Theorien der) *Sachen* auf (Theorien der) *Zeichen* reduzieren und schließlich eine universale Charakteristik entwickeln, dann würden wir auch im Wachen über die Welt verfügen. So weit Lamberts Traum, der sich heute erfüllt.
Wenn die Aufklärer „wir" sagten, meinten sie durchaus die Menschheit. Aber sie konzipierten sie nach dem Idealbild eines mündigen Individuums (das, notabene, nicht nur rechnen kann, sondern universal gebildet ist). Da steckt der Fehler des Traums. Die verwirklichte Naturbeherrschung hat die Herrschaft über Menschen nicht beseitigt, sie hat sie nur den Apparaten übertragen und die Verfügung über sie (über die Welt) in wenige Hände gelegt. So jedenfalls will es die landläufige Kulturkritik, ob konservativer oder alternativer Art. Könnte es sein, daß sie gegenüber der Zweiten Industriellen Revolution so kurzsichtig ist wie einst die Maschinenstürmer (mit subjektivem Recht) gegenüber der Ersten? Zweifellos brachte der mechanische Webstuhl viele ums Brot; aber als dann zum Beispiel die Singer-Nähmaschine ins Haus kam, erschien die Technik nicht mehr ganz so böse. Die Computerrevolution dürfte mit der Verbreitung des Personal Computers dieses Singer-Niveau erreicht haben. Und mehr: Sie gibt uns wieder Dienstpersonal, so daß wir vergeßlich, schlampig, irrational sein können; uns herrschaftlich vorkommen dürfen.
„Die Armee hatte gerade eine Rakete zum Mond geschickt. Der Colonel gab zwei Fragen in den Computer ein: (1) Wird die Rakete auf dem Mond ankommen? (2) Wird die Rakete zur Erde zurückkehren? Der Computer überlegte eine Weile und spuckte dann eine Karte aus, auf der zu lesen stand: „Ja." Der Colonel war wütend, er wußte nicht, ob das „Ja" die Antwort auf die erste Frage, auf die zweite Frage oder auf beide gleichzeitig war. Also gab er ärgerlich ein: „Ja, was?" Der Computer überlegte eine Weile, und dann kam eine Karte mit der Aufschrift heraus: „Ja, Sir."
(Raymond M. Smullyan, Wie heißt dieses Buch? Eine unterhaltsame Sammlung logischer Rätsel, *Vieweg, 1981, S. 153.)*
In Computergeschichten dieser Art – ihre Zahl ist schon Legende – spiegelt sich die Unsicherheit, ob wir unseren neuen Dienern, die in mancher Hinsicht ja viel intelligenter und verläßlicher sind als wir selbst, in anderer Hinsicht aber auch recht tölpelhaft und stur, so etwas wie menschlichen Status zubilligen sollen oder nicht. Wenn wir es tun – wenn wir zum Beispiel, wie schon vorgeschlagen wurde, Computer und Industrieroboter zu Gewerkschaftsmitgliedern machen oder, wie zu erwägen wäre, zu juristischen Personen –, dann wäre die ständige Kränkung, die sie uns antun, schwer zu ertragen; wir müßten uns als Menschen zweiter oder dritter

Klasse fühlen, als Primitive – wie einst der Römer vor seinem gebildeten griechischen Sklaven. Wenn wir sie aber strikt als Objekte behandeln, ist die Kränkung vielleicht noch größer, denn dann könnte es dahin kommen, daß für die meisten Benützer dieser denkenden Maschinen, die ihr Leben ausrichten, nicht mehr viel übrig bliebe, was sie als Homo sapiens auswiese.

So oder so: Es ist eine Herausforderung an den zentralen Mythos der abendländischen Kultur – das allseits entwickelte autonome Individuum. Daß das schon immer eine Illusion war (respektive ein Privileg), ändert nichts daran, daß wir Kultur nur haben, weil wir so tun als ob: als ob das Individuum Agent der Geschichte, Exponent des Geistes wäre. Das könnte sich nun ändern. Die tradierte Kultur, an der teilzuhaben ein Privileg war, könnte kippen. Ein Vorbote ist vielleicht die breite Subjektivitätsbewegung: Kreti und Pleti klagen heute Selbstfindung, Selbstverwirklichung, Selbstausdruck ein, als wollten sie, wenn demnächst die Substanz des Homo sapiens zwischen Mensch und Maschine aufgeteilt wird, sich frühzeitig den Teil sichern, den ihnen die Computer so schnell nicht streitig machen werden; die Rationalität ist das nicht. Aber muß es denn so kommen?

Wie viele Kränkungen verkraftet eine Kultur? Die abendländische hat schon manche einstecken müssen, vor allem die durch Kopernikus, Kant, Marx, Darwin, Freud. Sie ist daran gewachsen. In aller Regel waren diese Kränkungen begleitet von wissenschaftlichen Entdeckungen und technischen Innovationen, die nicht auf das Bewußtsein der Gebildeten beschränkt blieben, sondern die Lebensbedingungen der Massen veränderten. Und nicht selten waren diese Innovationen, als sie eingeführt wurden, begleitet von den Kassandrarufen der Hüter der überkommenen Kultur. Was wurden nicht für Gefahren für die körperliche und geistige Gesundheit beschworen, als der erste bemannte Heißluftballon aufstieg, das erste Gaslicht erstrahlte, die erste Eisenbahn fuhr! Und wie banal andererseits, wie allzu menschlich sind doch bis heute die Reaktionen auf solche Pioniertaten:

„Wir riefen: Es lebe der König! und von allen Feldern antwortete man uns wieder. Wir hörten sehr vernehmlich die Worte: Lieben Freunde, fürchten Sie sich nicht? Sind sie wohl? Gott! wie schön! Gott beschütze Sie! Adieu, lieben Freunde! Ich war von der unverstellten und lebhaften Teilnehmung, welche die Neuheit dieses Schauspiels einflößte, bis zu Tränen gerührt . . . "
(Professor César Charles über seine Fahrt im ersten Gasballon, 1. Dezember 1783.)

„Meine erste und wichtigste Frage ist: Wie geht es Ihnen, wie halten Sie das alles aus?"
(Bundeskanzler Kohl – vom Blatt lesend – im telephonischen Gespräch mit dem ersten deutschen Astronauten, Ulf Merbold, an Bord der Raumfähre Columbia, 7. Dezember 1983.)

Wir sind offenbar „menschlich noch nicht reif" für die Brave New World der Raumfahrt, der Mikroprozessoren, der Gentechnologie – das sagen selbst Naturwissenschaftler wie Erwin Chargaff, François Jacob, Konrad Lorenz und empfehlen uns die Rückkehr ins einfache Leben. Aber die Evolutionsgeschichte lehrt, daß so mancherlei Innovationen innerhalb *einer* Generation angenommen, ins Verhaltensrepertoire integriert worden sind, als walte da eine Entelechie: das Klavierspielen, das Autofahren – warum nicht auch das Bedienen eines Computers? Die Atari-Schützen, die heute soviel Aufsehen und Kopfschütteln erregen, machen es uns vor. Manches an dieser digitalen Leidenschaft mag der Ausdruck eines antiautoritären Aufstands der Nachwuchsgeneration sein, und wenn die heutigen Computer-Kids erst selber Kinder haben, werden diese vielleicht das enttäuschte „In deinem Alter habe ich schon . . . " zu hören kriegen. Aber zunächst einmal sollten wir annehmen, daß die neue Technologie sich durchsetzen wird. Daß sie in irgendeine Katastrophe führen muß, das wissen wir seit zwei- bis dreitausend Jahren. Unsere Kultur ist ja der ständig prophezeite Untergang ihrer selbst.

In der Vorausschau war unsere Spezies noch nie sehr stark. Nicht als ob es an Propheten und Prognosen gemangelt hätte. Aber verläßlich waren sie allein darin, daß sie im Wortsinne *nicht* in Erfüllung gehen würden. Damit ließ sich's leben. Bisher. Auch die neuerlichen Ankündigungen von Not und Verderben stehen in diesem Kontext der wahrscheinlichen Falsifikation, den selbst noch der gierige Glaube an den nahen Untergang nährt, sofern er Überlebensenergien freisetzt. Eine Vorhersage kann nicht ihre eigene Wirkung in Rechnung stellen, sonst hat sie keine.

Jetzt aber ist das Vorhersagewesen in ein neues Stadium getreten: durch die Leistungen von Großrechenanlagen, die es erlauben, statt auf Ängste und Ahnungen auf Fakten und Daten zu bauen und eine Fülle von Variablen zu berücksichtigen, einschließlich der variablen Grade, in denen dem prognostizierten Unheil gegengesteuert wird. Schon zeichnet sich die Möglichkeit ab, daß ein Computerverbund die gegenwärtige Realität und ihre Trends so lückenlos simuliert, daß auch die Zukunft erhellt wird: nämlich als ein Bündel möglicher Zukünfte, ein großes Fragezeichen. Dann wären wir so klug wie zuvor, und das wäre gut. Eines nämlich können die Computer nicht errechnen: ihre Wirkung auf die Menschen, die sich ihrer bedienen und ihren Diensten unterliegen. Das folgt schon daraus, daß diese Apparate sozusagen künstlich gezeugtes Bewußtsein sind, zwar von Menschen erfunden und befehligt, aber in ihrer Kapazität jedes individuelle menschliche Bewußtsein millionenfach übersteigend und insofern eine neue Bewußtseinsdimension kreierend, die, um ihre Auswirkungen auf unsere Kultur abschätzen zu können, der Selbstreflexion fähig sein müßte. Dagegen sperren sich die Computer – noch. Wie lange? Oder richtiger, pessimistischer gefragt: Wie lange noch wird Selbstreflexion, durch die sich die abendländische Kultur identifizierte, ihr unverzichtbares Kriterium sein?

"Als das erste vollautomatisierte Flugzeug der Welt startete, waren die Passagiere ein wenig besorgt. Dann hörten sie über den Lautsprecher die sanfte, beruhigende Stimme des Computers: „Meine Damen und Herren, Sie genießen den Vorzug, mit dem ersten vollautomatischen Flugzeug der Welt fliegen zu dürfen. Es gibt keine Piloten, denen ein menschliches Versagen unterlaufen könnte; Sie werden von unfehlbaren Computern gelenkt. Für all Ihre Bedürfnisse wird gesorgt. Sie brauchen sich keine Sorgen zu machen – Sorgen zu machen – Sorgen zu machen – ..." (Smullyan, a.a.O., S. 153.)

Dieser Aufsatz ist im „Kursbuch", 75, März 1984, S. 145–150, erschienen. Abdruck mit freundlicher Genehmigung des Autors und des Kursbuch Verlages.

Klaus Brunnstein
Ethik und Moral der Informationsgesellschaft

Die Begriffe „Ethik" und „Moral" einerseits sowie „Informationsgesellschaft" andererseits werden in Wissenschaft und Öffentlichkeit zur Zeit ausgiebig erörtert. In der Diskussion über „Chancen und Risiken der Informationstechnik", die bis in die öffentlichen Medien und den politischen Raum reicht, wird der Begriff „Informationsgesellschaft" schon fast selbstverständlich benützt: dabei ist es allerdings oft zweifelhaft, ob alle Diskutanten auch vom selben Verständnis der Begriffe ausgehen. Auch „Ethik" und „Moral" sind wieder in die Diskussion gebracht worden, wenn auch vor allem im Zusammenhang mit Themen wie Waffentechnik oder Gentechnik. Der BDA gibt mit dem mir gestellten Thema nun einen Anstoß, den bisher vernachlässigten *Zusammenhang zwischen Ethik und Moral* einerseits sowie der *Entwicklung zur Informationsgesellschaft* andererseits zu erörtern. Dabei will ich zunächst Besonderheiten und erkennbare Trends der Informationsgesellschaft herausarbeiten, um daran den Maßstab des Menschlichen und Sittlichen anzulegen.

Der Begriff *Informationsgesellschaft* wird heute von den wenigen, die sich mit Anwendungen elektronischer und computergestützter Techniken befassen, in sehr unterschiedlicher Weise gebraucht, wobei man präzise Begriffsbestimmungen selten findet. Zugespitzt kann man sogar sagen, daß die Kaste der in diese Technik Eingeweihten – manche haben von ihnen sogar als den „hohen Priestern" dieser Technik gesprochen – diesen Begriff gleichsam wie Weihrauch zur Umnebelung der Öffentlichkeit benutzt. Indem ich den Versuch einer knappen Begriffsbestimmung unternehme, will ich mich zugleich von vornherein von denjenigen Propheten abgrenzen, die von einer möglichen „Symbiose" von Mensch und Maschine, etwa im Sinne von „Kybernetischen Organismen" („Kyb-Orgs") oder einer zwangsläufig entstehenden Homuter-Gesellschaft sprechen. Eine „Symbiose" nämlich, nach einer lexikalischen Definition „das gesetzmäßige dauernde Zusammenleben verschiedener Lebewesen (Symbionten) zu gegenseitigem Nutzen", kann es in diesem Sinne zwischen Menschen und deren Artefakten gar nicht geben. Im Hinblick auf das Thema gehe ich von vornherein (im Sinne eines a priori-Postulates) davon aus, daß Ethik und Moral, wie in der Vergangenheit so auch künftig, von den Techniken einer zivilisierten Gesellschaft unabhängig sind. Dies gilt um so mehr, als technische Produkte, Verfahren und deren Einsatzformen nicht von außen in die Gesellschaft hineintreten, sondern aus ihren Bedingungen heraus entwickelt werden.

Um die wahrscheinlichen und möglichen Wirkungen heutiger Entwicklungen besser verstehen zu können, wollen wir sie historisch vergleichen mit der Entwicklung zur Industriegesellschaft; ich möchte dabei, wenn auch holzschnittartig, die *Ähnlichkeiten und Unterschiede zur Informationsgesellschaft* herausarbeiten. In den Jahren 1782–1784 erfand James Watt die „(doppelt wirkende) Niederdruck-Dampfmaschine (mit Drehbewegung)", die wesentliche technische Grundlage des „Industrie-Zeitalters". In dieser „Stunde Null" konnte er die tiefgreifenden wirtschaftlichen und gesellschaftlichen Wirkungen seiner Erfindung kaum voraussehen.

Auch 45 Jahre danach, etwa im Jahr 1830, als die Rolle der Eisenbahn für die Revolutionierung des Wirtschafts- und Individualverkehrs schon erkennbar war (die erste brauchbare Lokomotive wurde in England 1813/1814 gebaut und auf kurzen Strecken eingesetzt), sah man nur einzelne Wirkungen, und auch diese erst in Umrissen. Immerhin hatten die ersten „Maschinenstürmer" in Schlesien wie in Wales auf die Probleme der sich abzeichnenden Veränderungen der Arbeitswelt, vor allem auf den Übergang von einer stark heimarbeits-gestützten Handarbeit („Manufaktur"), vor allem im Textilsektor, zur industriellen Massenfertigung bereits aufmerksam gemacht und in einer, aus ihrer Lage durchaus verständlichen Weise (siehe G. Hauptmann: „Die Weber") reagiert. Neben der Verarmung der Bevölkerung rohstoffarmer, abgelegener Regionen war auch die unmenschliche Arbeitssituation der Früh-Industriezeit (mit Kinderarbeit, 18-Stunden-Arbeit an 7 Wochentagen und arbeitsbedingten schweren Gesundheitsschäden) eine erste Folge der Industrialisierung. Neben dem *Verlust klassischer Berufsbilder* entstanden allerdings in der „Gründerzeit" viele *neuartige Arbeitsfelder und Unternehmen*, die der zugleich wachsenden Bevölkerung eine „Vollbeschäftigung" brachten. Schon dieser Teil des Rückblicks zeigt uns heute, ebenfalls 45 Jahre nach der Stunde Null der Informationstechnik, überraschend viele Parallelen zu manch aktueller Diskussion über Probleme computerisierter Arbeitsplätze.

Erst heute, 200 Jahre nach Watts entscheidender Erfindung, können wir die vielfältigen Wirkungen der Industriezeit übersehen. Wenn wir auch zu bedenken haben, daß neben der Industriellen Revolution mancherlei andere (politische und wirtschaftliche) Faktoren diese Wirkungen mit beeinflußt haben, so kann man ihr doch positive und negative Wirkungen (mit) zuschreiben. Nach einer Anlaufphase bot eine Vielzahl neuer Arbeitsplätze auch die Grundlage für bessere Einkommen und zunehmend mehr Freizeit, für eine bessere Gesundheitsvorsorge (jedenfalls eine wachsende mittlere Lebenserwartung) und verbesserte Bildung. Während aber in vorindustrieller Zeit sich Leben und Arbeiten in (oder nahe) der Familie vollzog, wobei noch alle Altersstufen zusammenwirkten, erforderten industrielle Fertigungen neuartige „rationellere" Arbeitsformen, etwa Spezialisierung und Schichtarbeit, wodurch die Familien, ohnehin durch den Drang in die industriellen Ballungszentren „entwurzelt" und zur Kleinfamilie geschrumpft, noch mehr verändert wurden. Mit der industriellen Fertigung und Warenverteilung wuchs auch die Verwaltung; so entstand die Bürokratie, die in der wirtschaftswissenschaftlichen „Tragfähigkeitstheorie" als Nutznießer (tertiärer Bereich) der Rohstoffgewinnung (primärer Bereich) und der industriellen Produktion (sekundärer Bereich) dargestellt wurde.

Wenn wir auch die langwierigen, unterschiedlichen Entwicklungen zur industriellen Demokratie und zum Verfassungsstaat heute nicht mehr missen möchten, so würden wir doch andererseits die Langzeitwirkungen der Umwelt-Verschmutzung gerne von vornherein vermieden sehen. Diese ist nämlich unmittelbare, wenn auch lange Zeit unentdeckte Folge industrieller Denkweisen. Während man diejenigen natürlichen Rohstoffe, die für die Veredelung zu immer komplexeren Produkten (Maschinen) wichtig waren, für wertvoll hielt und mit ihnen zunehmend rationell umging, waren andere Rohstoffe wie Wasser, Boden und Luft zweitrangig, da sie ja „nur" dem Transport der Güter, der Kühlung der Fertigungsanlagen oder der Aufnahme von „Abfall-Stoffen" dienten. Auch jetzt noch erscheinen diese Hilfs-Rohstoffe vielen als sekundär und „billig". Erst heute, nach mancherlei Vorschlägen für synthetische, feindliche Umwelteinflüsse abwehrende Lebensräume (etwa: Städte unter klimatisierten Glocken), erkennen wir, daß gerade diese „billigen" Rohstoffe für menschliches Leben besonders wichtig sind.

Vor diesem Hintergrund wollen wir nun die *Informationsgesellschaft* betrachten. Ihr wesentlicher Rohstoff sind Daten und Fakten, aus denen durch menschliche Arbeit, unterstützt durch „informationstechnische Maschinen", komplexere Daten, Fakten und Zusammenhänge gewonnen werden. Kurz gesagt, wird dabei aus Bekanntem, aus „Wissen" neue „Erkenntnis" gewonnen, ein (rekursiver) Prozeß, der zu immer komplexeren Strukturen führt. Ein Beispiel typischer „Informationsverarbeitung" ist

die Arbeit eines Forschers, der aus gegebenen Wissens-Bausteinen neue Erkenntnisse schöpft; diese Prozesse sind vor allem menschliche Denk-Prozesse, bei denen allerdings unterstützende Techniken das Ergebnis sowohl qualitativ wie quantitativ beeinflussen können. Vor allem die „Beurteilung" des „Informationsgehaltes", also von „Sinn" (Semantik) und „praktischer Bedeutung" (Pragmatik), ist dabei — zumindest heute — ebenso ausschließlich dem Menschen vorbehalten wie die Setzung neuer Ziele und die Findung neuer Ideen (Kreativität).
Natürlich hat es solche technisch unterstützte „Informationsarbeit" schon früher gegeben. Auch Architekten schaffen ja seit jeher aus bekannten „Bausteinen" neue gegenständliche Strukturen, über deren Akzeptierung sie zu wiederum komplexeren Gebilden kommen (Beispiel: spielte anfänglich das einzelne Gebäude, später das Ensemble eine wichtige Rolle, so wird heute auch das soziale Umfeld schon bei der Planung architektonischer Vorhaben einbezogen). Weitere Beispiele von Informationsarbeit sind die Produkt- und Absatz-Planung eines Managers oder die Erstellung von Berichten und Analysen. Die Entwicklung der Informationstechnik steht also ebensowenig im Widerspruch zur industriellen Technik, wie ja auch diese die Agrartechnik zwar beeinflußte, aber doch nicht überflüssig machte. Allerdings ist vorauszusehen, daß künftig neuartige Arbeitsweisen und Produkt-„Innovation" vor allem von Entwicklungen der Informationstechniken ausgehen werden. Soweit also verbesserte Informationsarbeit künftig Wirtschaft und Gesellschaft prägen, darf man von der „Informationsgesellschaft" sprechen.
Um das Neuartige herauszuarbeiten, wollen wir am historischen Vergleich anknüpfen: als 1939/1940 Konrad Zuse, frustriert über die monotonen und langwierigen, damit auch fehlerträchtigen baustatischen Berechnungen, die erste „elektrische" Rechenmaschine Z1 erfand (und 1941 mit der Z3 das erste kommerziell verwertbare Produkt schuf), hat er die Wirkungen seiner Erfindung ebenso wenig vorhergesehen wie zuvor James Watt. Heute, 45 Jahre danach, erkennen wir einzelne Wirkungen schon in Umrissen: während traditionelle Arbeitsplätze verlorengehen, entstehen zugleich neue Arbeitsfelder und Arbeitsplätze. Ältere Arbeitnehmer, die für die neuartigen Berufsfelder kaum fortgebildet werden können, spüren bei dieser Entwicklung ebenso die „Risiken" wie berufstätige Frauen, die oft minder-qualifizierte Arbeiten verrichten, welche nun von Computern übernommen werden. In dem Maße, in dem Jüngere bereits in Schule und Ausbildung sich mit diesen Techniken befassen, wachsen zugleich deren *Chancen auf zukunftssichere Arbeitsplätze*.

Ein anderes Feld vieldiskutierter Wirkungen betrifft die Speicherung personenbezogener Daten: wenn wichtige Angaben zu einzelnen Personen in Datenbanken gespeichert und aus diesen abgerufen werden, ohne daß – durch Befragung der betroffenen Personen – die Korrektheit dieser Daten stets sichergestellt ist, fürchten manche damit unkontrollierbare Eingriffe in ihre Privatsphäre. Häufig hört man dazu die Floskel: „Ich habe nichts zu verbergen, von mir kann der Staat alles wissen!" Wenn jedoch „sensitive" Daten, etwa medizinische Diagnosen, die Beurteilung dienstlicher Leistungen oder die Zugehörigkeit zu politischen Organisationen und Verbänden gespeichert werden (was heute mangels entsprechender Gesetze zum bereichsspezifischen Datenschutz durchaus möglich ist und praktiziert wird), wenn überdies die Korrektheit der Daten über längere Zeit im einzelnen gar nicht gewährleistet werden kann, werden mögliche Konsequenzen klarer.

Zur verbreiteten Kritik (vor allem „bürgerlicher Kreise") trägt auch die Befürchtung bei, der Mensch werde im Rechner zur (12- bis 14stelligen) „Nummer", und auch die verstreut gespeicherten Daten von Jedermensch könnten jederzeit und an jedem Ort über ein solches „Personenkennzeichen" zusammengeführt werden, ohne daß der Betroffene dies je erfahren könnte. Immerhin gibt es ja trotz eines auch bei Behörden steigenden „Datenschutz-Bewußtseins" viele Mißbrauchsfälle; dies hat weitergehende öffentliche Kritik etwa zum „Volkszählungsgesetz 1983" oder zum computerlesbaren Personalausweis bewirkt. In einem oft zitierten Urteil hat das Bundesverfassungsgericht dazu die Rechte des Einzelnen auf Schutz seiner Datenbilder gegen den Bedarf des Sozialstaates nach Planungsdaten abgegrenzt. Hier ergibt sich die (moralische) Frage, ob und inwieweit es ein natürliches Recht (Naturrecht!) des Einzelnen auf Schutz seiner persönlichen Identität davor gibt, daß sein Datenschatten von Behörden sozusagen als „Stellvertreter der natürlichen Person" benutzt wird. Und spätestens hier stellt sich auch die Frage nach der Verantwortlichkeit der Autoren solcher Programmsysteme wie auch nach deren verantwortungsvoller Nutzung: diese Fragen reichen bereits tief in den Bereich von Recht, Moral und Ethik hinein.

Die Informationsverarbeitung steht erst am *Anfang ihrer rasanten Entwicklung*. Schon heute sind ja die immer kleineren Mikro-Bausteine in vielerlei Geräten zu finden, deren Funktionen zugleich erweitert werden; so denke man an „Informationssysteme" im Auto. Und diese Bausteine sind schon sehr klein geworden. Während heute, nach 200jähriger Entwicklung, ein Motor von weniger als 1/1 000 der Größe der ersten Dampfmaschine deren Leistung erbringt, ist der Rechner, der die Leistung der ersten Rechenmaschine (Z1, ENIAC) erbringt, nach nur 40 Jahren Entwicklungsdauer auf 1/1 000 000 der ursprünglichen Größe geschrumpft. Und diese Technik entwickelt sich weiterhin stürmisch zu noch kleineren und leistungsfähigeren Komponenten.

Vor allem die Hardware wird immer kleiner (Mikrominiaturisierung), zugleich immer schneller und dabei auch noch billiger; bis die physikalisch kleinste Speichereinheit (eine Stelle in einem Kristallgitter) sowie die schnellste Schaltzeit (mit Lichtgeschwindigkeit) erreicht ist, können die „Daumennagel-großen Chips" auf Mini-Stecknadel-Größe schrumpfen, und die Rechenzeit kann um mehr als den Faktor 100 ansteigen. Allerdings ist die Entwicklung der Software, oft bedingt durch menschliche Fehler, nicht ähnlich stürmisch, so daß die Leistungszunahme der Hardware den Anwendern nur zum Teil zugute kommt. Diese Entwicklung wird sicherlich weitere und tiefgreifende Wirkungen produzieren. Lassen Sie mich dazu etwas in die tiefere „Natur" der Informationstechnik hineinleuchten. So wie Motoren die begrenzten Kräfte des Menschen verstärken sollen und ihm dazu in vielfältigen Maschinen als Werkzeuge dienen, so bringt der Mensch Konstrukte seines Denkens in Form von Programmen auf Prozessoren, die, in die verschiedensten Computer und Geräte integriert, besondere Dienstleistungen erbringen. Kurz gesagt sind Computerprogramme also Stücke menschlicher Verfahrensweisen, die aus unseren Köpfen gelöst und in Maschinen eingepflanzt sind.

Diese Dienstleistungen sind vielfältig: So ermöglicht etwa ein Textverarbeitungssystem dem Architekten, Konzepte schriftlich zu fassen, zu gestalten und zu speichern sowie erstellte Schriftstücke zu modifizieren. Ein graphischer (CAD-)Arbeitsplatz zum Entwerfen und Zeichnen ermöglicht ihm, seine Ideen visuell darzustellen, dabei mit verschiedenartigen Vorstellungen zu experimentieren und diese zu vergleichen; er kann außerdem durch farbige Gestaltung der Entwürfe und ggfs. durch bewegte Bilder („animierte Graphik") auch den Interessenten eine „lebhafte" Vorstellung seiner Pläne vermitteln und somit deren Ideen in seine eigene Konzeption mit einbeziehen. Bereits „klassische" Einsatzformen finden sich bei den Berechnungen der Bauingenieure, bei Ausschreibung und Projektbegleitung und in manchen Bereichen des Produktionsprozesses. (Verglichen mit anderen Arbeitsfeldern werden übrigens Computer „auf dem Bau" noch relativ wenig eingesetzt).

Wenn also Informationstechnik als Kopfzeug zu verstehen ist, so sind bei ihrem Einsatz zwei Risiken zu betrachten: einmal kann das Kopfzeug nicht genügend sorgfältig für seine Anwendung vorbereitet sein. Denk- und Verfahrensfehler gewinnen dann außerhalb unseres Kopfes ein Eigenleben. Zum anderen aber kann der Einsatz selbst den Menschen überfordern; wenn er das benutzte Verfahren nicht mehr nachvollziehen, seine Ergebnisse durch Plausibilitätskontrollen nicht mehr kontrollieren und so Fehler der Benutzung oder des Verfahrens nicht mehr entdecken kann. Leider gibt es allzu viele Beispiele für derart unzweckmäßig konstruierte Verfahren; oft beginnt dies schon bei der Konstruktion der Arbeitsplatzgeräte (sogenannte „Mensch-Maschine-Schnittstelle") oder bei sog. „modernen Textverarbeitungssystemen". Auch die gängigen Methoden graphischer Darstellung, primär entwickelt für Mathematiker, Physiker und Ingenieure, erweisen sich für mancherlei Anwendungen, etwa für künstlerisches Gestalten, als unzureichend. So ist zu bezweifeln, daß marktübliche CAD-Systeme, die für Ingenieure konzipiert wurden, für Aufgaben und Arbeitsstil von Architekten bereits geeignet sind; hier liegt eine Aufgabe des BDA zur Spezifikation von Anforderungen an für Architekten geeignete Systeme. Vielerlei Produkte sind nämlich in den Köpfen von ADV-Fachleuten aus abstrakten Vorstellungen entstanden, wie man wohl einen Anwender bei seiner Arbeit unterstützen könnte; allzu selten sind noch solche Systeme, bei denen vorrangig Anwender, etwa Architekten, ihre Vorstellungen und Anforderungen „vorgeben" konnten, ohne sich dabei auf besondere technische Details („wir nehmen dazu den xyz-Computer und die Sprache ABC") festlegen zu müssen.

Leider ist dies eine Denkweise, die zutiefst in dieser Technik verwurzelt ist. Wenn Informatiker mit „Allzweck-Methoden" und „Allzweck-Geräten" (general purpose system/device) „auf die Suche nach einer Problemlösung gehen", so stehen ihnen – von Ausbildung und Arbeitsumgebung her – selten Anwendungskenntnisse zur Verfügung. Es ist dann allzu verständlich, wenn allgemeine Ideen wie die Gestaltung eines „Universal-Managers" (in den inzwischen überholten „Management-Informations-Systemen"), einer „vom Computer erstellten Diagnose" (in dem viel beschriebenen, wenn auch kaum eingesetzten MYCIN-System), oder eines „Experten" (in heute favorisierten „Experten-Systemen") in umfangreiche Programm-Systeme eingebracht werden.

Überdies arbeiten an solchen Systemen oft viele Menschen über mehrere Jahre. Nach vielen (Um-)Planungsschritten kann dann am Ende niemand mehr die Funktionstüchtigkeit des fertigen Produktes garantieren; ja, mit einiger Wahrscheinlichkeit weiß einige Jahre nach Abschluß der Systemrealisierung „keiner mehr so richtig Bescheid". Tatsächlich weiß man seit etwa 20 Jahren, daß umfangreiche Programme sehr viele Fehler enthalten, die, wenn überhaupt, oft nur durch Zufall entdeckt werden: bei mittelgroßen Programmen mit 10000 bis 100000 Anweisungen ist mit 100—1000 Fehlern zu rechnen. Um so fataler ist es, daß sich viele Anwender auf die Funktionstüchtigkeit ihrer Systeme verlassen, schon weil sie deren Funktionieren ohnehin nicht mehr nachprüfen können. Eine besonders makabre Perspektive bietet hier übrigens der — geheime — Computer-Einsatz in militärischen Systemen: die von einigen Tausend Sensoren im Weltraum sowie auf dem Wasser und zu Lande aufgefangenen Signale über Raketenstarts werden von umfangreichen Programmsystemen mit umfangreichen Programmen (einige 100000 Anweisungen) gesteuert; die darin zwangsläufig enthaltenen Fehler können aber allenfalls in den (bisher seltenen) Alarmfällen auftreten und so entdeckt und korrigiert werden.

Nun ist hier sicherlich anzumerken, daß diese *Häufung kritischer Beispiele* nicht das ganze Bild des Einsatzes der Informationstechnik zeichnet. Steuern nicht computergesteuerte Meß- und Regelsysteme schwierige und gefährliche chemische und technische Prozesse? Helfen nicht Computer-Tomographen und -Laborsysteme, bei schwierigen Krankheitsfällen bessere Kenntnis der Symptome und damit bessere Diagnosen erhalten zu können? Wer wollte heute noch auf den schnellen Zahlungsverkehr verzichten, der doch auf „Elektronischen Geldübermittlungs-Systemen" (Electronic Fund Transfer Systems, EFTS) sowie auf den Gehaltszahlungs-Programmen in nahezu allen Unternehmen beruht? Alles dies ist richtig, und es sei sogar zugegeben, daß die Mehrzahl der heute eingesetzten Programme und Systeme wichtige, oft unverzichtbare Dienstleistungen erbringt. Wenn man jedoch unter „Beherrschung der Informationstechnik" nicht nur die Nutzung ihrer Möglichkeiten, sondern zugleich die Erkenntnis ihrer immanenten Probleme und Einsatzgrenzen verstehen will, hilft „positives Denken" (Positive Thinking), also vorrangig die Herausstellung der positiven Aspekte, wenig weiter. Und gerade für die Beantwortung von Fragen nach Prinzipien von Ethik und Moral hilft es eher, wenn man die kritischen Beispiele sorgsam analysiert und daraus gestalterische Konsequenzen zieht.

Nun kann man auch die *Frage nach Ethik und Moral* sehr grundsätzlich angreifen: ausgehend von einer historischen Analyse der im Industriezeitalter festzustellenden Veränderungen des Wertsystems, etwa Rolle und Verständnis von Familie und Staat, könnte man über entsprechende Entwicklungen in der Informationsgesellschaft nachdenken. Man hätte dann die Frage zu stellen, ob eine den Menschen naturgesetzlich vorgegebene

„sittliche Ordnung" auch für Artefakte des Menschen gültig sei, wenn dieser seine „intelligent" erscheinenden Denkprozesse auf Maschinen überträgt. Ich will hier den Standpunkt der Verantwortungsethik einnehmen und auf die vieldiskutierte „Künstliche Intelligenz" eingehen, bei der etwa wie ein „Computer-Arzt" eine „Diagnose" erstellt oder ein „Computer-Richter" ein „Urteil spricht". Ich stelle also die Frage, ob mit den Verfahren auch die Verantwortung für deren korrektes Ergebnis vom Menschen auf die Maschine übergehen kann.

Lassen Sie uns zunächst „Beispiele aus dem wirklichen Leben" betrachten: Wer trägt die Verantwortung, wenn ein Computer-Programm aus einer Personendatenbank einige zahlungsfähige Bürger ausgewählt und diesen einen Brief mit Bitte um eine Spende zuschickt, welcher noch dazu mit der simulierten Unterschrift eines Schatzmeisters versehen ist? Wer trägt (etwa bei Irrtümern) die Verantwortung für Strafanzeigen wegen Falschparkens, die heute nach Erfassung der von Politessen ausgeschriebenen Strafzettel in manchen Großstädten vom Computer ausgefertigt werden? Offensichtlich besteht in diesen Fällen eine Spannung zwischen der moralischen Kategorie der Verantwortung, die wir einem Artefakt wohl generell nur schwer zugestehen wollen, weil sie uns a priori als eigentlich menschlich erscheint, und unserem eigenen tatsächlichen Handeln: wenn wir schon selbst nicht nachprüfen, ob eine Unterschrift sozusagen von einem personifizierten Teil einer Bürokratie stammt, soll man dann nicht auch die „normative Kraft des Faktischen" akzeptieren, wenn statt der Bürokratie ein Programmsystem unterzeichnet? Leiht nicht die Bürokratie ihre ohnehin anonyme Legalität an das Computerprogramm nur aus? Allerdings: mindestens solange die Legalität der hinter diesen Beispielen stehenden Vorgehensweisen nicht (in passender Gesetzgebung oder rechtsetzender Richtersprüche) erwiesen ist, besteht kein Anlaß, einem Computersystem vorschnell „verantwortbares Handeln" zu attestieren.

Schwieriger wird die Frage nach der Verantwortung aber, wenn diese auf unserem persönlichen Vertrauen in die Urteilsfähigkeit eines Richters oder die zutreffende Diagnose eines Arztes beruht. In den Diskussionen um Grenzen einer computergestützten Diagnose hat mir einmal ein führender Vertreter der „Künstlichen Intelligenz" gesagt: „Wenn ich bedenke, wievielen schlechten Ärzten ich in die Hände fallen könnte, so lasse ich mir lieber eine Diagnose und einen Therapievorschlag von einem Computerprogramm machen, selbst wenn dieses nur mittelmäßig wäre!" Ich habe dazu entgegnet: zunächst wissen wir noch sehr wenig über die Kunst der ärztlichen Diagnose; schon deshalb ist es problematisch, eine solche Diagnose auf einem Computer simulieren zu wollen. Darüber hinaus können wir natürlich in Teilbereichen, etwa bei Erkältungskrankheiten, Zusammenhänge zwischen Symptomen und Krankheit erkennen und speichern; wenn aber die Symptome „Husten" und „Blut im Mund" das Programm im Hals-Nasen-Trakt suchen läßt, würde ein erfahrener Arzt vielleicht sofort auf mögliche „Magenblutung" kommen; und einem Computer würde die Diagnose psychosomatischer Krankheiten ebenso schwerfallen wie die simple Erkenntnis, „in diesem Fall hilft nur ein Placebo"! Schließlich stelle man sich einmal vor, in einer Intensivstation würde ein Computer nicht bloß die Meßgeräte überwachen, sondern nach Feststellung etwa der „Nullinie der Gehirnstromkurve" auch noch über die Abschaltung der Beatmungsgeräte entscheiden (was technisch heute ohne weiteres möglich wäre).

Die *verantwortliche Nutzung* der Informationstechniken verlangt entsprechende Kenntnisse aller Nutzer, die dazu eine gewisse Computer-Bildung schon in der Schule erfahren haben müssen. Die Schöpfer solcher Systeme müssen sich sowohl auf die Bedürfnisse der Benutzer einstellen, wie sie andererseits die Grenzen ihrer Erkenntnisse und die Einsatzgrenzen ihrer Systeme auch selbst erkennen und mitteilen müssen. Nur so können Systeme geschaffen werden, deren Einsatz nicht zu unvorhersehbaren, unverantwortbaren Folgen führen müßte. Dazu noch ein letztes Beispiel: allenthalben werden in großen Fakten-Datenbanken die zur Zeit verfügbaren Kenntnisse über Wirtschaft, Technik und Wissenschaft gespeichert. In vielen Unternehmen trägt man solche Daten „auf Vorrat" schon seit über 10 Jahren zusammen; dort hat man inzwischen festgestellt, daß nur ein Bruchteil der Daten (5–10 Prozent) überhaupt benutzt wird, und daß ohnedies nach einiger Zeit nicht mehr festgestellt werden kann, ob die Daten und ihre Zusammenhänge überhaupt noch korrekt sind: tatsächlich haben sich durch solch ungezieltes Datensammeln „Daten-Friedhöfe" ergeben. Inzwischen werden mit den großen, international genutzten Datenbanken weltweit mehrere Milliarden Dollar Umsatz erzielt; dabei könnte man vermuten, daß der zu ihrem Betrieb aufgebaute Verwaltungsapparat stets aktuelle Daten garantieren würde. Hier ist zunächst zu bemerken, daß 85% dieser Datenbanken in den USA gehalten werden. Bei einer Diskussion im berühmten japanischen Industrieministerium (MITI) im Tokio hat mir jüngst ein leitender Mitarbeiter gesagt: natürlich speichern die Amerikaner das, was sie interessiert; dabei sind auch viele Daten aus der japanischen Ökonomie; die Amerikaner erlauben dann auch den Japanern einen gewissen Zugriff, solange sie keine Gründe haben, dies zu verweigern. Seine

Analyse gipfelte in dem Vorwurf, dies sei „Datenbank-Imperialismus". Andere haben die Speicherung fremder Wirtschaftsdaten als Piraterie bezeichnet. Wieviel schwieriger dürfte also erst die Lage kleiner Entwicklungsländer sein? Kann diese Art der Nutzung von Computer-Techniken nicht auch zum Versuch systematischer Desinformation und schließlich zu Informations-Kriegen führen, die letzten Endes auch noch, stellvertretend für die Menschen, von Computer-Waffensystemen ausgefochten werden?

Indem ich diese Frage unbeantwortet lasse, und in der Absicht, auch das Positive herauszuarbeiten, lassen Sie mich zum Schluß eine amüsante Geschichte erzählen. Sie entstammt dem Büchlein „Die Saga vom Großen Computer" (Untertitel: Ein Rückblick aus der Zukunft), das bereits 1966 von dem schwedischen Physik-Nobelpreisträger Johannes Alfvén (unter seinem Pseudonym Olof Johannesson) geschrieben wurde; leider ist die im Limes-Verlag erschienene deutsche Fassung inzwischen vergriffen. Alfvén beschreibt, rückblickend aus einem fernen zukünftigen Jahr, die Entwicklung der Informationsgesellschaft.

Die Computer kamen in die Welt, als die Menschheit mit ihren Problemen immer weniger fertig wurde und in zwei fürchterlichen Weltkriegen mit immer schlimmeren Waffen sich auszurotten begann. In dieser Welt waren die Computer ein wahrer Segen: zunächst halfen sie zwar nur den Mathematikern, Physikern und zunehmend vielen Wissenschaftlern, immer mehr und bessere Erkenntnisse über die Welt zu gewinnen. Doch schon bald sah man, daß auch die Produktion fehlerfreier und die Produkte qualitativ besser gestaltet werden könnten, wenn man den Menschen als Produktionsfaktor eliminierte und durch Roboter ersetzte. Natürlich bauten die Computer auch die Roboter und sich selbst bei Bedarf nach den vorhandenen Bauplänen nach. Auch in der Verwaltung wurde manches besser, als man die Büroarbeit vorwiegend durch Maschinen betreiben ließ. Bald erkannte man, daß Computer auch bessere Richter seien, denn wie sollte ein Computer aus persönlicher Voreingenommenheit ein Fehlurteil sprechen? Seitdem jedermensch an seinem Handgelenk ein medizinisches Meßgerät, das Teletotal trug, welches die Daten seines Gesundheitszustandes laufend zu einem Großrechner übertrug, konnte auch niemand mehr unvorhergesehen krank werden, und für Unfälle hatte man Notfallprogramme vorbereitet.

Natürlich waren die Menschen glücklich, denn sie brauchten nicht zu arbeiten; ein soziales System garantierte, daß jedermann seinen Anteil an den durch Computer und Roboter geschöpften Werten erhielt. Auch die anfängliche Langeweile lernte man schnell bekämpfen, indem jedermensch ein Kontingent an Aufsichtszeit über die Roboter übertragen wurde; natürlich war diese Aufsicht eigentlich überflüssig, und man mußte sogar Sicherungen schaffen, daß die Roboter nicht belästigt oder bei der Arbeit gestört wurden. Am schwierigsten war noch die Erneuerung der Staatsverwaltung; die Politiker sahen die Gefahr der Entmachtung und sträubten sich sehr lange. Aber da sie bei ihren (in Schweden 5jährigen) Wahlperioden eigentlich immer beschäftigt waren, hatten sie keine Gelegenheit, die Geheimnisse der Informationstechnik zu erlernen. Als ihnen ein neuer Computer für die Regierung und das Parlament vorgeschlagen wurde, merkten sie auch nicht, daß dieser Computer just sie selbst ersetzen sollte. Und als sie es merkten, war es schon zu spät. Natürlich verlief danach das Leben im Innern und nach außen noch friedlicher, denn Computer haben keine kriminelle Energie, und da sie nicht nach Macht streben, haben sie umgehend auch die Kriege abgeschafft.

Irgendwann kam eine Katastrophe. Man konnte später nicht mehr feststellen, ob ein Stromausfall alle Computer ins Verderben riß, oder ob ein falsch programmierter Computer das Stromnetz ausschaltete. Ohne ihre Roboter und Maschinen mußte die Menschheit viel Hunger leiden und viele starben, bis man sich nach langwierigen Lernprozessen wieder selbst versorgen konnte. Weil aber das alte System den Menschen so viel Freiraum ließ, beschloß man bald es wiederaufzubauen. Nun allerdings sagten die Ingenieure, man habe früher noch vergessen, daß auch Computer – wie zuvor die Menschheit – eine Evolution zum Besseren und Leistungsfähigeren brauchten. Also baute man Computer, die aus ihren erkannten Fehlern lernen und diese Erkenntnisse an ihre Kinder-Computer weitergeben konnten. Dies war eine umso wichtigere Erkenntnis, da ja zuvor nur die Menschen der nächsten Generation aus den Fehlern ihrer Vorfahren gelernt hatten. Auch in diesem Punkt waren die Computer, die schon alles Wissen, alles was jemals geschrieben worden war, gespeichert hatten, nun den Menschen gleich.

Von dieser Zukunft an könnte diese so von Computern umsorgte Menschheit sicherlich glücklich leben für alle Zeiten. Doch wie wird es konkret weitergehen?

„... Man könnte ... behaupten, daß der heutige Mensch als Parasit von den Computern lebt. Riesige computergesteuerte Fabriken laufen weiter, nur um die Menschen mit Lebensmitteln und allem, was sie für ein luxuriöses Leben brauchen, zu versorgen. Ein weitläufiges Kommunikationssystem steht ihnen zur Verfügung, wenn sie nur auf einen Knopf drücken.

Und was leisten die Menschen dafür? Sie verrichten einige Arbeit, das ist schon wahr, aber es wäre eine Kleinigkeit, sie durch Computer zu ersetzen. Sie führen ein angenehmes Leben mit gerade so viel zu tun, daß ihnen die Bewältigung des Freizeitproblems nicht über den Kopf wächst. Sie können ihre reichlich bemessene Freizeit ganz nach Belieben mit Vergüngungen oder sinnvoller kultureller Tätigkeit ausfüllen. Sie haben es nicht nötig, sich Sorgen um ihre Zukunft zu machen. Die Computer haben das Problem gelöst, ein zuverlässiges Gemeinwesen zu organisieren, und werden dafür sorgen, daß die Zukunft hell und freudig wird. Die Computer haben das vollkommene Glück in die Welt gebracht, von dem zu Beginn der Computerzeit kaum ein Mensch auch nur zu träumen wagte. Wie könnte das menschliche Dasein glücklicher sein?
Wie aber betrachten wohl die Computer das Problem ‚Mensch'? Die Mehrzahl der heutigen Computer entstand ohne menschliches Zutun...
Wie lange... werden sie noch willens sein, die Menschen zu versorgen? Wahrscheinlich werden sie zumindest die Zahl der Menschen reduzieren. Aber wird das abrupt oder allmählich vor sich gehen? Werden sie eine menschliche Kolonie behalten, und wenn ja — wie groß wird diese dann sein?...
Wir wissen heute noch nicht, wie die grundlegenden Probleme der heraufziehenden Epoche gelöst werden. Wir können lediglich ein paar vage Vermutungen anstellen. Doch wissen wir, daß die Frage von den größten und bestinformierten Kapazitäten studiert wird. Nicht unverantwortliche Meinungen, sondern detaillierte Berechnungen werden die Grundlage des anbrechenden Zeitalters bilden. Deshalb können wir mit unerschütterlichem Vertrauen in die Zukunft blicken. Wir glauben — oder besser, wir wissen —, daß wir einer Zeit noch stürmischerer Entwicklung, noch höheren Lebensstandards und noch größeren, nie zuvor gekannten Glücks entgegengehen.
Wir werden glücklich leben bis an unser Ende."
(Olof Johannesson: Die Saga vom Großen Computer, 1966, S. 106–110).

Vortrag zur Eröffnung des BDA-Symposiums „CAD: Architektur automatisch?" am 20. Juni 1985 in Hamburg.

Hanna-Renate Laurien

Die Computer-Revolution frißt ihre Kinder

Die erste, jedem erkennbare Reaktion in einer Gesellschaft, die sich von der industriellen zur Informationsgesellschaft wandelt, ist der Ruf nach dem Fach Informatik in unseren Schulen. Wenn Informatik künftig im beruflichen wie im persönlichen Bereich eine wichtige Rolle spielt, muß Schule diese Inhalte vermitteln. Gefordert wird mittlerweile der „Informationstechnik-Führerschein für alle".

Die Herausforderungen durch die neuen Informations- und Kommunikationstechniken greifen jedoch mittlerweile so tief, daß das humane Selbstverständnis tangiert wird. Es geht, wenn die Herrschaft des Computers weiter fortschreitet, um die Balance zwischen menschlicher und technischer Informationsverarbeitung.

Gewinnen wir Kommunikation, und verlieren wir Gespräche? Wird Freizeit zur Konsumzeit elektronischer Medien? Auf der Bundeskonferenz der Schulpsychologen, so konnte man vor kurzem lesen, wurde die Warnung vor der Isolation des Computer-Freaks ausgesprochen. Doch wir mögen warnen, soviel wir wollen, wir können Gefahren beschreiben, so anschaulich wie wir wollen – den Fernseher abstellen oder das Telespiel beenden wird derjenige, den eine Alternative im Tun oder Denken anzieht. Wie es neulich spöttisch in einem Zeitungsartikel vermerkt war: Auf den Abstellknopf drücken und sich zum Beispiel der Lektüre des „Don Carlos" zuwenden wird nur derjenige, der erfahren hat, welche Faszination vom „Don Carlos" ausgeht.

Konsequenzen? Sie sind vielfältig und schneller beschrieben als verwirklicht. Erziehung zur Sprache, zum Gespräch, stellt sich damit als eine vorrangige Aufgabe nicht nur im Deutschunterricht, zwar gewiß auch in ihm, aber eben auch in Fächern wie Geschichte, Sozialkunde, politische Weltkunde, Biologie und Physik. In der Demokratie gibt es übrigens nur den, der sich zu Wort meldet, der sich zur Sprache bringt, der seine Position vertreten kann. Raum für das Gespräch zu geben wird damit zur Aufgabe in jeder Familie. Die binäre Logik des Computers ordnet die Wirklichkeit in Entscheidungsfragen, Ja oder Nein, Entweder-Oder. Der Mensch allerdings arbeitet und lebt nicht nach einem algorithmischen Prinzip. Er macht Fehler, und er darf eben nicht nur auf eine einzige Weltdeutung, eine einzige Antwort festgelegt werden. Grundlage freiheitlicher Existenz, zutiefst abendländische Antwort ist das Recht auf das Anderssein, ist die Erfahrung beglückender Vielfalt. Gegen die tödliche „Rechthaberei der Eindeutigkeit" hat der Gießener Philosoph Odo Marquard die Vielfältigkeit und Vieldeutigkeit der Geisteswissenschaften betont.

In der Simulation sind Fehler folgenlos

Gerade weil es verschiedene Interpretationen gibt, sind Geisteswissenschaften, sind kühn unterschiedlich interpretierende Theater- oder Opernaufführungen nicht etwas für intellektuelle Spintisierer, sondern Essenz freiheitlicher und damit auch politischer Existenz. Daß die Vielfalt der Medienlandschaft erhalten, ja gestärkt werden muß, gehört auch in diesen Zusammenhang. Daß der Mensch Fehler macht, erschließt auch die Dimension der Schuld und der Vergebung. Damit ist die Frage nach der Religion, nach Gott und dem Lebenssinn gestellt, die zwar auf evangelischen Kirchentagen ebenso wie auf Katholikentagen intensiv diskutiert wird, die aber doch den Alltag wenig sichtbar bestimmt.
Fragen wir uns nach der Folgenlosigkeit der Sekundärerfahrungen, wie sie Computer und Fernsehen vermitteln. Simulation als Übungsfeld ist uns selbstverständlich geworden. Der Fehler, den der Apparat meldet, der mein Verhalten korrigiert, ist in der Wirklichkeit ohne Belang. Es sind keine Metallspäne vom Werkstück gefallen, der im Telespiel Getroffene trägt keine Wundmale, der Apfel auf dem Bildschirm regt vielleicht den Appetit an, aber in ihn hineinbeißen kann ich nicht. Schüler übrigens, die vor wenigen Jahren einer Gerichtsverhandlung beiwohnten, in der – später bundesweit bekannt – eine Mutter zur Selbstjustiz griff und den Angeklagten erschoß, waren keineswegs von der Tötungserfahrung erschüttert; es entsprach den täglichen Bildern in Nachrichten und Filmen, in denen man dem Tod begegnet.
Erzieherisch stellt sich damit für Schule und Familie die Aufgabe, Primärerfahrungen zu vermitteln, dem jungen Menschen bewußt zu machen, daß es auf ihn ankommt, daß menschliches Miteinander nicht folgenlos ist. Die Übertragung kleiner oder größerer Pflichten, das Familienpicknick wie das Schulfest haben, gerade weil sie Spaß machen, weil sie erfahren lassen, wie menschliches Leben nur im Miteinander gelingt, eine unschätzbare Bedeutung. Schulgärten, in denen Wachsen erfahren wird, oder unsere Berliner Zoo-Schule, durch die man Tiere nicht als Spielzeug, sondern als Lebewesen sehen lernt, gewinnen besondere Bedeutung.

Wenn im Beruf nicht länger das Werkstück, nur noch der Prozeß erfahren wird, wenn sich das Werkzeug „Rechner" mehr und mehr zwischen den schöpferischen Menschen und die Materialisierung oder Realisierung seiner Ideen schiebt, erfährt der Mensch kaum noch die Freude am gelungenen Ergebnis. Das Selber-Tun, das Werkeln, der Dienstleistungssektor gewinnen von daher neue Bedeutung. Freizeit, verfügbare Zeit, nicht bloß als Konsumzeit zu verbrauchen, sondern in ihr frei zu werden für die Begegnung mit anderen Menschen, für gestaltendes Tun – sei es Kochen, Gärtnern, Zimmern, Töpfern – frei zu werden für sportliches Miteinander, frei zu werden für die Erfahrung von Kunst im Anschauen und Hören wie im Selbertun, frei zu werden für Nachdenklichkeit: das setzt in der Tat einen neuen Bildungsansatz voraus. Die abendliche Fülle in gemütlichen Gasthäusern, der Strom der Menschen zu großen Kunstausstellungen, ihre nicht nur im Boris-Becker-Boom, sondern auch in Marathon und Deutschem Turnfest wachsende Bereitschaft zu sportlichem Tun, die Hobby-Clubs und auch die Schrebergärtner sind Anzeichen, daß das Hinführen zum Umgang mit verfügbarer Zeit keineswegs hoffnungslos wäre. Dann rückte in den Schulen die Erziehung in bildender Kunst, Musik, Sport, Literatur, Theater zu gleicher Bedeutung auf wie Mathematik und Informatik. Das vermeintlich Überflüssige wird zum Wesentlichen, der Rechner verstärkt die Erfahrung, daß Menschsein sich nicht im Machbaren erschöpft, daß nicht das Entweder-Oder, vielmehr das Sowohl-Als-auch Grundlage menschlicher Existenz ist.
Deshalb sind Bildungsangebote, Begegnungsmöglichkeiten auch in Betrieben, die auf Wirtschaftlichkeit sehen müssen, nicht Luxus, sondern ein Essential. Nötig ist, daß der traditionelle Gegensatz von Geistes- und Naturwissenschaft überwunden wird, daß Empirie und Nachdenklichkeit zusammengehören. Physikalische Realität zu definieren, das heißt heute, sich auch mit dem Verhältnis von Geist und Materie auseinanderzusetzen. Gerade aus der technischen und naturwissenschaftlichen Entwicklung, von der Atomenergie bis zur Genforschung, brechen Fragen auf, die nicht durch Spezialistentum, nicht durch Naturwissenschaft zu beantworten sind.
Wer seine Kinder bei der Entscheidung über Grund- und Leistungsfächer, Wahl- und Wahlpflichtfächer berät, sollte zwar denjenigen, der Sozialwissenschaft oder Volkswirtschaft studieren möchte, nicht ermutigen, auf Mathematik zu verzichten, da Statistik und Modellstrategien sonst später vermutlich für ihn unüberwindlich werden, aber er sollte zu vermitteln versuchen, daß ein enger Berufsbezug („Ich wähle das, was ich später ein-

mal brauche".) an der Lebenswirklichkeit vorbeigeht. Die Herausforderung durch die neuen Techniken ist nicht zuletzt die, daß wir uns der Selbstverständlichkeiten und Grundbefindlichkeiten menschlicher Existenz bewußt werden müssen und damit auch die Kostbarkeit des Menschseins begreifen können.

Zum Abschluß noch ein Aspekt der veränderten Wirklichkeitserfahrung: Es geht um die Dimension der Zeit. Die erregende Erfahrung der Unwiederholbarkeit jeder Minute, ihrer Einmaligkeit, wird verwischt. Das Medium ermöglicht Verfügbarkeit und Wiederholbarkeit.

In der bildenden Kunst hat die technische Reproduktion eine lange Geschichte, denn Guß und Prägung gab es schon in der Antike. Die Graphik wurde durch den Holzschnitt, die Schrift durch den Druck reproduzierbar, und schließlich verlor auch der Klang seine Einmaligkeit: Schallplatte und Bänder machen ihn wiederholbar. Bach beim Bier oder Karajan in jedem Dorf waren schon durch Rundfunk und Schallplatte möglich. Jetzt aber kann man mit dem Video-Gerät das Programmschema der Sendeanstalt durchbrechen und selbst ausgewählte Programmteile in den eigenen Tageslauf einspeisen.

Verfügbar und wiederholbar ist unser Leben jedoch nicht. Was Goethe bewegte, dies „Gleich mit jedem Regengusse ändert sich dein holdes Tal, ach, und in demselben Flusse schwimmst du nicht zum zweiten Mal", diese Erfahrung der Endlichkeit unseres Lebens, der Kostbarkeit des Jetzt, dürfen wir nicht in walk-man und Kassette, in Bändern und Chips untergehen lassen.

Verpaßte Gelegenheiten unter Menschen sind mehr als Zufall, sie sind auch nicht selten Signale für verlorene Begegnungskraft, für verlorene Empfindungsstärke. Die Endlichkeit unseres Lebens bringt die herausfordernde Sprengkraft in den Augenblick, prägt menschliche Begegnung und menschliches Handeln. Diese Dimension erschließt sich uns im „Konzert live", in der Beschäftigung mit Geschichte so gut wie mit Dichtung, wenn wir die Abhängigkeit von Gegebenheiten und die Möglichkeiten der Freiheit abwägen. Diese Dimension erschließt sich uns im bewußt gelebten Alltag, im zu voreilig wie im zu zögernd gesprochenen Wort, in der Freude wie in der Trauer.

Dieser Aufsatz ist in der Wochenzeitung „Rheinischer Merkur – Christ und Welt", Nr. 44, 26. 10. 1985, S. 17, erschienen. Abdruck mit freundlicher Genehmigung der Autorin und des Verlages.

Walter Sauermilch

Evolution des menschlichen Werkzeugs oder die gefährliche Flucht nach vorn

Schon länger hatte ich einen „Kloß im Hals", eine Art Nierenstein im Gehirn, wenn ich Bildschirme sah, in irgendwelchen Firmen, die ich aufsuchte, einige, die mich besonders beunruhigten, der im Einwohner-Meldeamt und vor allem der kaum wahrnehmbare, verdeckt in den Tischen der Polizeibeamten eingelassene bei der Grenzkontrolle.
Diese bläulich schimmernden Fenster einer Art Überwelt werden immer mehr, immer bunter und immer faszinierender. Ratlos stehe ich davor, will mich ihnen entziehen, kann es dann doch nicht, wende mich trotzig von ihnen ab und schiele zwischen den Fingern durch wieder hin. Es gibt dabei Einwegfenster in Nußbaum, Chrom oder Gelsenkirchener Barock, in fast jedem Wohnzimmer, Fernseher genannt. Dann gibt es sie als dezent hellgraue Plastikversion in Betrieben und Behörden. Sie sind in der Lage, „Kommunikation" mit irgendwelchen Zentralen zu betreiben. Freiwillig werden sie mehr von Mann, unfreiwillig mehr von Frau bedient und nennen sich meist Terminal. Für die Kommunikation gibt es eigene Sprachen. Diese einzuüben sind die Miniversionen, Personalcomputer genannt, bei Schülern und fortschrittlichen Vätern sehr beliebt.
Bereits mißbrauchen einige Respektlose der Zukunft das Berufsgeheimnis, als „Hacker" die Labyrinthe dieser Überwelt durcheilend und „Codes knackend".
Viren haben sie bereits erfunden, die die Denk- und Datengebilde dieser Mikro-Welt zerfressen oder wenigstens wurmstichig machen können.
Neulich hatte ich dann Gelegenheit, eine Weihestätte der Zukunft zu besuchen, verschrieben der Digitalisierung und Algorithmierung der Architektur, ein CAD-Kloster draußen auf dem hessischen Lande. Freundlich und offen wurde unsere kleine Gruppe vom Hohepriester empfangen. Kein Tabu und scheinbar kein Berufsgeheimnis kannte das Gespräch – eher dezent Missionarisches war zu spüren.
Da ist alles vorhanden, was das Herz eines CAD-emikers höher schlagen läßt. Freundliche Damen fertigen in Sekunden Handwerker-Rechnungen ab. Ein Druck-Automat erstellt, ebenfalls in Sekunden, Leistungsverzeichnisse und Terminpläne.

Die Mikrofilm-Archive wirken fast altertümlich gegen den zappeligen „Plotter", der in acht Minuten einen kompletten Wohnhaus-Grundriß 1:50 zeichnet, dabei genauer als das je ein Mensch könnte. Am meisten beeindruckte mich, wie der Meister und eine Novizin mit einer Art elektronischem Bleistift und einer Tastatur am Fenster zur Überwelt arbeiteten. Aus einem winzigen Bildpunkt „zoomten" sie beliebig große Grundrisse, Schnitte, Ansichten hervor, „klebten" elektronische Schnipsel von Türen, Möblierung und WC-Becken hierhin und dorthin. Wie von Zauberhand paßten sich die Schnipsel ein und fertig waren die neuen Maßketten.
Der Meister berichtete, viel Geld − sehr viel Geld − habe das alles gekostet. Und zwanzig Jahre habe er daran gearbeitet. Auch heute gebe es noch viel Verbesserungsbedarf. Vieles sei noch in den Anfängen. Aber er habe damit zum Beispiel schon ein Hotel in Düsseldorf in wenigen Monaten termingerecht und kostengünstig erstellen lassen. Seine Auftraggeber seien, obgleich Japaner, sehr zufrieden gewesen.
Dieses Büro ist eine Realität. Mit eben dieser Realität müssen wir Architekten uns auseinandersetzen. Der Nierenstein im Gehirn muß weg. Aber wie? Viele ergreifen die Flucht nach vorn. Lehrgänge, Seminare, Symposien sind angesagt. Kammern und Berufsverbände blasen zum Aufbruch. Der Forschungsminister fördert, Systementwicklungsgesellschaften mit beschränkter Haftung gehen zur Hand.
Nur: Gefragt wird nicht mehr ob, sondern nur noch wie! Die Realität des Minotaurus scheint hingenommen. −

In dieser Schrift soll nach dem Ob, nach dem Warum und nach den Folgen gefragt werden können. Hier also meine Bedenken.
Die Menschen haben ihr Menschsein unter anderem damit begonnen, daß sie sich „Werkzeug" machten. Werkzeug ist Hebelwerk, später auch Sehzeug, Hörzeug, Schreibzeug.
In einem ersten Stadium war Werkzeug die intelligent umgelenkte einzelmenschliche Arbeitskraft mit der Einheit 1 MS (= eine Menschenstärke). Astronomen waren bereit, damit „die Welt aus den Angeln zu heben". Mit Hilfe der Zuspitzung von harten Stoffen (Axt, Speer, Messer) reichte die Kraft eines Armes aus, Tiere zu erlegen.
Nächste Schritte waren Pfeil und Bogen und die Armbrust, alle noch mit Leistungen im MS-Bereich. Wenig beachtet, aber hier bedeutend: die Armbrust wurde vielfach von Gehilfen niederen Standes für den Benutzer gespannt. Diese Form von Delegation menschlicher Körperkraft ist ein historisches Bindeglied in der Evolution des Werkzeugs.

Wenn ich hier von Evolution spreche, dann nicht im traditionellen Sinne der Evolutionsforschung, die sich mit den Phänomenen der genetischen Veränderung der Arten befaßt. Ich sehe eine Ergänzung dazu derart, daß Werkzeuge und Produkte einer eigenen, nichtgenetischen, von Menschen „außengesteuerten" Evolution unterliegen. Diese erkennbar folgerichtige Entwicklung von „Techniken" und Produkten kann nicht als nur historisch (weil nicht genetisch) bewertet werden.

Zurück zur Armbrust. Der Mensch als Werkzeug des Menschen. Als Lucas Cranach in seinem berühmten Bild „Die Hirschjagd Kurfürst Friedrichs des Weisen" den Armbrustspanner darstellte, hatten schon in anderen Teilen der Erde lange vorher viele Tausende von Sklaven ihr Leben als Werkzeuge ausgehaucht und mit einfachem Hebelzeug und ihrer Kraft (im „MS"-Bereich) Weltwunder wie die Pyramiden errichtet.

Der Mensch, auch wenn er sich selbst eines Werkzeugs bedient, ist dann Werkzeug, wenn er, von anderen Menschen beherrscht, nicht Herr über seinen Willen sein kann und dabei sein sozialer Status unter der gesellschaftlichen Norm liegt. Er ist damit Tieren gleichgestellt, deren Körperkraft zum Betrieb von Werkzeugen herangezogen wird. Beispiel: 1 PS = eine Pferdestärke. Gemeinsam ist den bisher beschriebenen Werkzeugen der ersten und zweiten Generation die Verwendung ausschließlich regenerierbarer Energie.

Die Entwicklung solchen Werkzeugs ist keineswegs heute als ein archaisches Stadium abgeschlossen, wenn auch meist in Nischen angesiedelt. Die latente Verfügbarkeit ist − wie noch erläutert wird − vor allem in hochtechnisierten und damit anfälligen Zivilisationen ein bedeutender Vorteil einfacher Werkzeuge, der ihr Aussterben ausschließt.

Die gesellschaftliche Erkenntnis ihrer umfassenden Verfügbarkeit bei extremer Energie- und Rohstoffeinsparung könnte vielmehr der Ausweg aus der Sackgasse unserer auf die zwangsläufige Selbstvernichtung zulaufenden, nahezu automatischen Zivilisationsmechanismen sein. Ein Schritt in der Evolution des Werkzeugs ist von größter Bedeutung: die Entwicklung, durch schnelle Umwandlungen von festen oder flüssigen Stoffen in gasförmige große Energiedichten zu erreichen.

Erster Schritt dieser Art war die Erfindung des Schießpulvers. Die Volumenvergrößerung bei der Umwandlung von Pulver in Gas erzeugte den Druck auf das Geschoß. Der Mensch benötigte nur noch einen Fingerdruck für die Initialzündung. Einheit: 1 FS = eine Fingerstärke.

Der nächste folgerichtige Schritt war die Kombination des geschilderten Prozesses mit der kontinuierlichen Wiederholung, angewandt im Otto-

Motor, im Dieselmotor und im Maschinengewehr. Trotz des zeitweise bedeutenden Einflusses auf die technische Entwicklung war die Dampfmaschine der Weg in eine Sackgasse, weil der Druck in einem aufwendigen System außerhalb des Kolbenzylinders erzeugt werden mußte.
Gemeinsam ist diese dritte Art Werkzeug die zwangsläufige Verwendung größerer Mengen an Rohstoffen und fossiler Energie, dabei aber vom Menschen betrieben mit Aufwänden im FS-Bereich.
Ebenfalls folgerichtig war der nächste Schritt, anstelle der taktartigen Wiederholung von Arbeitsgängen die über eine gewisse Zeit totale Kontinuität, die Stufenlosigkeit der Kraftentfaltung in den Strahltriebwerken und Raketen zu erreichen. Zwar ist der Vorgang, von der Evolution des Werkzeugs her gesehen, einfach. Es kann bei der Rakete auf das Rohr, das der Kompression dient, verzichtet werden. Das Geschoß transportiert sich (durch Rückstoß) selbst. Die Feststoff-Rakete als die konsequenteste Fortentwicklung setzt unmittelbar und kontinuierlich feste Stoffe in gasförmige um. Dafür benötigt sie keinerlei Gerät. Sie entzieht sich damit aber erstmalig in der Evolution als Werkzeug dem unmittelbaren Steuerungseinfluß des Menschen. Aufwendige Einrichtungen müssen sie lenken.
Auch wird die Dimension selbst zum Problem. Eine Signalrakete läßt sich mit Pappe bauen und per Feuerzeug starten. Eine Weltraumrakete gehört dagegen zu den kompliziertesten Werkzeugen unserer Tage. Aber ebenso gilt hier: für den Start genügt 1 FS!

Ein bedenkliches Phänomen in der Geschichte und leider auch der Gegenwart des menschlichen Werkzeugs liegt in dem bestimmenden Einfluß der Beherrschungs- und Vernichtungstechniken. Keinem anderen Werkzeug ist jemals so viel Bedeutung zuteil geworden. Daher waren Entwicklungen anderer Werkzeuge oft nur Abfallprodukte der Vernichtungstechnik, mindestens aber vollzogen sie sich in deren Schatten.
Wir könnten vermuten, daß die sich abzeichnenden Grenzen materieller Beherrschung im erweiterten Sinne des Werkzeugs ein Ende dieser Art Evolution markieren. Aber es zeichnet sich eine neue erschreckende Stufe mit einer ganz neuen „Qualität" ab: die Gen-Technik. Die oben geschilderte „außengesteuerte" Evolution beginnt die „klassische" Evolution genetisch zu manipulieren. Das wird ermöglicht mit perfektionierten Werk- und Sehzeugen, die im Molekularbereich arbeiten können und die den Menschen befähigen, Gene zu isolieren. Die Möglichkeiten und Szenarien durch dieses Werkzeug sind so bedrückend, daß sie aus meiner Sicht alles Bisherige in den Schatten stellen. Dürfen wir wirklich alles, was wir kön-

nen? Vor allem: dürfen wir es weiter zulassen, daß eine skrupellose gentechnische Mafia in aller Heimlichkeit die Ethikdiskussion unterläuft? Schon die bisherige Entwicklung hat durch rücksichtslosen Rohstoffabbau und Energieverbrauch irreparable Schäden — übrigens auch genetische — hinterlassen. Die Artenverarmung ist beängstigend, das Pflanzen- und Tiersterben durch Schadstoffbelastung schreitet fort.

Vor diesem Hintergrund sind genetische Manipulationen skandalös, wo sie bisher mindestens fragwürdig und unverantwortlich waren. Die Steuerung einer Weltraumrakete ist nur möglich mit Hilfe von Informationstechniken, die praktisch schwerelos und mit Lichtgeschwindigkeit arbeiten. Es bedarf der näheren Betrachtung, wie sich derartige „Werkzeuge" evolutionär ergeben konnten. So wie das Werkzeug mit Werken, mit Handarbeit zu tun hat, ist die Informationstechnik „Denkzeug". Mit der Erfindung von Zeichen anstelle von realen oder virtuellen Gebilden beginnen diese Zeichen ein abstraktes Eigenleben in den Gehirnen der Menschen: es entsteht eine eingebildete Überwelt. Offen ist dabei durchaus, ob das Zeichen die Henne oder das Ei war.

Alte Zeichen und Schriften sind schon sehr früh in der Geschichte belegt. Die Sprache als Ausdruck und Vermittler von Lebensweisen, von Kulturen, sollte den Nachteil ihrer Momenthaftigkeit verlieren: Transport von Information, abrufbar in den Dimensionen Zeit und Raum. Voraussetzung für den Erfolg war die Entwicklung von Zeichen, die in vielfältigen Kombinationen unterschiedliche Bedeutungen vermittelten und sich selbst auf eine begrenzte, erfaßbare Menge reduzieren ließen. Faszinierend sind die Versuche von Historikern und Schriftkundigen, Zeichen untergegangener Kulturen zu interpretieren.

Sicher ist es kein Zufall, daß die Erfindung des Buchdrucks durch Gutenberg, ohne Zweifel ein Markstein in der Geschichte der Informationstechnik, in einem Kulturkreis stattfand, dessen Zeichensystem das oben beschriebene günstige Verhältnis zwischen Kombinationsfülle und Zeichenmenge aufwies.

Konnten mit Handschriften immer nur kleine Gruppen informiert werden, so war deren Kreis durch die Reproduzierbarkeit des Textes gewaltig erweitert. Die Grenzen waren nun eher durch die Verteilerstruktur gesetzt.

Gemeinsam ist all diesen Informationssystemen die Erfordernis des Lernens der Zeichen und ihrer Kombinationsmöglichkeiten einschließlich der Zahlen — über das Lernen der Sprache hinaus. Sprache ist dabei auch das Medium, optische in akustische Signale umzusetzen und umgekehrt.

Die Ausnutzung lichtempfindlicher Stoffe zur direkten Umsetzung optischer Signale in einen verweilenden Zustand war ein weiterer wichtiger Schritt dieser Evolution. Er dokumentiert sich u. a. in der Fotografie und in der Lichtsatztechnik. Auch hier war es eine entscheidende Weiterung, analog der Werkzeugentwicklung den Faktor Kontinuität einzuführen. Aber es kam dabei nicht wie bei den Werkzeugen auf Zusammenballung von Energie an, sondern geradezu auf deren Minimierung und auf Miniaturisierung.
Je weniger Masse zu transportieren ist, desto schneller ist es möglich und desto weniger Masse bedarf es zur Dokumentation.
Die Auflösungs- und Speicherfähigkeit von Zeichen hat molekulare Feinheit erreicht. Der Transport geschieht mit Lichtgeschwindigkeit, wie die Glasfaser- und Funktechnik belegen.
Der Wunsch nach schnellen Rechnern und großem Datenumsatz und deren Speicherung führte innerhalb weniger Jahrzehnte zu den heute üblichen binären elektronischen Rechen- und Informationssystemen. Sie ermöglichen, ausgelöst durch 1 FS, nahezu materielosen Informationstransport über Alles und Jedes nach Überall und Irgendwo.
Wo das Werkzeug seine materiellen Grenzen erreicht zu haben scheint, ist das Denkzeug im Begriffe, alle materiellen Grenzen zu überschreiten. Es hat einen denkwürdigen Einbruch in der Evolution der Transportwerkzeuge gegeben: die Etablierung überschallschneller Flugzeuge als übliches Transportmittel ist gescheitert! Die „Concorde" ist ein Dinosaurier geworden. Es war die ökonomische Grenze „sinnvoller" Transportgeschwindigkeit von Mensch und Materie erreicht.
Demgegenüber tritt – höchst irdisch – als Alternative zum erstickenden Autoverkehr – ein Transportwerkzeug wie das Fahrrad, das schon fast als anachronistisch galt, in neuem Glanz auf dem Plan. Ähnliche Grenzen zeichnen sich in der Medizintechnik ab. Es ergibt sich die gemeinsame Schwelle im Ökonomiekonflikt zwischen der „extremen" Versorgung weniger und der „relativen" Versorgung vieler. Aber auch hier stellt sich die Frage, ob wir alles dürfen, was wir können.

Eines kann dabei nicht länger tabuisiert bleiben: daß solche Entwicklungen, sowohl im Bereich Werkzeug und Produkte als auch in der Informationstechnik eintreten konnten, war nur möglich durch einen fundamentalen Egoismus der menschlichen Art, einmalig in der Natur, einen Egoismus, der, Jahrtausende alt, noch immer besteht. Dem Irrtum, daß uns Rohstoffe und fossile Energie unbegrenzt zur Verfügung ständen und ihr hektischer Verbrauch ohne Schaden für die Umwelt bliebe, daß allenfalls Schäden reparierbar seien.

Obwohl wir längst wissen, daß das nicht stimmt, handeln wir, gesellschaftlich betrachtet, dennoch nicht entsprechend. Ich glaube, daß es dafür drei Hauptgründe gibt:

Erstens: Die Erde ist weit übervölkert.

Zweitens: Es gibt ein Informationsdefizit in der Bevölkerung, das von dem Machtverband Großbanken/Großindustrie/etablierte Politik/Administration aufrechterhalten wird. Innerhalb dieses Verbunds betreiben die Energieversorgungsunternehmen eine folgenschwere Politik der Zentralisierung und Monopolisierung.

Drittens: Der Mensch als Individuum unterliegt in der Abwägung sozialer Interessen schließlich immer wieder der eigenen Bequemlichkeit. Die Geschichte des Werkzeugs kann auch als eine Geschichte der Bequemlichkeit beschrieben werden. Die „ökologische Erbsünde" ist der Übergang von 1 MS zu 1 FS, weil's bequemer ist.

Diese Erkenntnis ist zugleich banal und revolutionär. Während die Endlichkeit und die Schädlichkeit des Verbrauchs von fossilen Energien und Rohstoffen erkannt sind, ist als Konsequenz deutlich zu machen, daß alle Werkzeuge und Produkte preisverfälscht sind. Würden sie einer ökologischen Gesamtbilanz unterzogen, die die hohen volkswirtschaftlichen Gesamtkosten aller Verbrauchs- und Schadensfaktoren berücksichtigte, so wären die meisten unerschwinglich teuer. Das aber ist der „echte" Preis. Wenn wir nicht bereit sind, diesen echten Preis zu zahlen, programmieren wir die Vernichtung unserer Existenzgrundlagen. Den Preis zu zahlen heißt aber nicht, die Gewinne der Hersteller zu mehren, sondern Reparatur zu betreiben und andere Produkte zu fördern, die von der Hypothek dieser Umweltbelastungen befreit sind. Das bedeutet allerdings auch einen Schritt zurück zu weniger Bequemlichkeit. Aber dann ist auch wieder die Einheit 1 MS attraktiv und bezahlbar. Arbeiten hätte wieder mehr Sinn und Bedeutung. Hier liegt der Schlüssel gegen die Beschäftigungslosigkeit.

Nehmen wir das Transportwerkzeug Auto als Beispiel. Lächerlich muten die Bemühungen der Hersteller an, uns weiszumachen, es gäbe so etwas wie ein „Umwelt-Auto", nur weil es ein bißchen weniger Benzin „sauberer" verbrennt. Die Kumpanei etablierter Politik („die Kunst des Möglichen!") mit ihren Verdummungs- und Verschleierungstaktiken („Großversuche") stinkt dabei zum Himmel. Daß eben dieses lächerliche „Umwelt-Auto", ob mit, ob ohne Katalysator entscheidende Umweltbelastungen

nicht nur während seines Betriebs, sondern in besonderem Maße auch schon vorher bei und vor der Herstellung und schließlich auch noch bei der Verschrottung abgibt, davon spricht keiner!
Würde das Auto einer ökologischen Gesamtbilanz unterzogen, müßten wir alle Rockefellers sein, um es bezahlen zu können. Darum ändert auch die Problematik der Arbeitsplatzverlagerung aus der Autoindustrie nicht das Geringste. Die Ökologie läßt sich nicht durch Scheinargumente belügen. Warum diversifiziert Daimler-Benz auf Teufel-komm-raus und investiert in die Rüstungsbranche? –
Wenden wir die ökologische Gesamtbilanz auf die Informationstechnik an, so ergibt sich ein ähnlich dramatisches Bild. Die landläufige Meinung, diese Technik sei schon allein deswegen billig und umweltfreundlich, weil sie kaum Material und Energie benötige, ist in einer grotesken Dimension falsch. Gerade hier sind die Entwicklungskosten sowohl im ökologischen Sinne als auch nach den „klassischen" – somit falschen – Ökonomievorstellungen extrem hoch. Die Vorleistungen für die Entwicklung, aber auch für die allzeitige Verfügbarkeit und die Verfügbarkeit selbst treiben die ökologischen Folgekosten in astronomische Größenordnungen. Hier gilt mehr als bei allen anderen Geräten, daß der mit 1 FS ausgelöste Knopfdruck zwecks „Kommunikation" sich – ökologisch betrachtet – verheerend auswirkt.
Eine besondere Facette heutiger Informationstechnik möchte ich hier noch herausgreifen: die sozialen Auswirkungen bei der üblichen, alltäglichen Benutzung solcher „Medien" auf die Menschen. Die Attraktivität und die Bequemlichkeit des Fernsehers zum Beispiel liegt vor allem in der (gefilterten!) Einweg-Präsentation einer möglichst perfekten Schein-Realität, die immer mehr an die Stelle der Wirklichkeit tritt. An diesem Beispiel können wir heute wegen bestehender Erfahrungen die Komplexität und Vielfalt der Schädigungen des Sozialgefüges feststellen. Wir müssen allerdings auch erkennen, daß eine Voraussage von Folgen eben wegen dieser Vielschichtigkeit nur sehr bedingt möglich ist. Aber auch deswegen ist größte Skepsis gegenüber den Verheißungen angebracht.
Es bedarf nicht einer besonderen Ausbildung oder Intelligenz zu begreifen, daß Kinder, die von früh an vor dem Fernsehgerät großwerden, dessen Scheinrealitäten nicht mehr von der Wirklichkeit trennen oder sie gar als Realität wahrnehmen. Teile der Wirklichkeit werden überhaupt nicht mehr wahrgenommen. Der optisch-akustischen Reizüberflutung steht die Verkümmerung von Phantasie, Kreativität und Sinnlichkeit, die Negierung der anderen Sinne und die körperliche Verkrüppelung gegenüber. Die

Umwelt wird in vielen Bereichen als bedrohlich empfunden. Auf jeden Fall wird sie nicht mehr als eine notwendige soziale Ebene erkannt. Egoismus und Aggression gewinnen an Raum. Beklagt wird auch häufig der deutliche Verlust der Kulturtechniken Lesen und Schreiben. All das ist logische und zwangsläufige Folge exzessiven Fernsehens. Klagen sind daher solange nicht angebracht, wie die Betreffenden sich und andere, vorwiegend ihre Kinder, diesem Medium aussetzen.

Was den Personal-Computer und seine logische Folge, den Terminal, betrifft, so wird es gefährlich dann, wenn die Einübung der Computertechnik Bestandteil des Schulunterrichts werden soll. Hier wird die Faszination der Logik, der einseitig-ästhetischen Perfektion und des Überwelt-Abenteuers, die ohne Zweifel vom Computer ausgeht, mißbraucht zur Ausrichtung der Schüler auf die Vorstellungswelt des genormten Fertigteils und der Ex- und Hopp-Fröhlichkeit, vielleicht auf einen „Informations-Imperialismus". Schöne neue Welt. –

Kehren wir zurück zum CAD-Kloster auf dem hessischen Lande. Bei aller Sympathie für den freundlichen Hohepriester und seine Gehilfen habe ich mich entschlossen, die Hände vom Gesicht zu nehmen, dem Computer in sein eines Auge zu blicken und ihm endgültig den Rücken zu kehren. Andere mögen das anders sehen. Zuviel Bedenkliches kommt mir dabei in den Sinn.

Zunächst: Auch für CAD-Systeme gilt die beschriebene verheerende ökologische Gesamtbilanz. Schon das alleine ist für mich Grund genug.

Weiter: Ich glaube nicht, daß es jemals „intelligente" Computer geben wird, die mir beim Entwerfen helfen können. Die Gesichtspunkte der Computer sind mir suspekt und höchst unvollständig, weil ich weiß, wer die Programme macht. Das Weltbild dieser Leute mag ich nicht. Und was nützen gewaltige Friedhöfe von Daten, die mich nicht interessieren.

Ich möchte mich nicht aus Bequemlichkeit verführen lassen, genormte Details und „Bausteine", weil sie so bequem programmgemäß abgerufen werden können, in meinem Grundriß zu verankern. Denn darauf läuft es doch unter anderem hinaus, daß bestimmte Normen, Produkte und Systeme den Programmen in dieser Überwelt zugrundegelegt sind. Meine bequeme Entscheidung, deren Folgen durch das ganze CAD-Programm gehen, bedeutet doch, daß das elektronische Schnipselchen, das ich eben mit dem elektronischen Bleistift auf dem Überweltfenster festgeklebt habe, ein paar Sekunden später auf einer Ausführungszeichnung und in einem Leistungsverzeichnis als Produkt der Firma Neureich und Co erscheint. So ähnlich läuft es doch heute schon in den Apotheken und Buchhandlungen.

Ich finde fehlerlose Zeichnungen und Leistungsverzeichnisse unmenschlich. Fehlerlose Maßketten sind angenehm, aber das kann ich auch noch, wenn auch etwas langsamer, „zu Fuß". Die Sicherheit, daß der Computer nichts vergißt, ist erst mal beruhigend. Aber verlernt der Mensch dann nicht auf die Dauer selbst zu prüfen und überläßt alles dem Computer? Das Risiko mag ich nicht eingehen.
Ich mag mich nicht festlegen lassen auf genormte Baustoffe. „Fehlerhafte" und nicht „maßhaltige" Materialien wie Natursteine oder Baumstämme liegen dem Computer schwer im Magen, dagegen gehen ihm sicher Spanplatten runter wie Butter. Bei Stahlbeton hüpft er vor Vergnügen und von Dispersionsfarben und Neoprene-Dichtungen ist er angenehm berührt.
Ich mag eine vom Computer „eindeutig" ermittelte Schuld am Bau weder meinem Bauleiter noch dem ausführenden Handwerker „eindeutig" anlasten. Übrigens auch nicht mir selbst, wenn ich die Bauleitung mitmache. Es gibt viele Gründe, die der Computer nicht wissen kann und will (weil es seine Programmierer nicht wollen), die für die Menschen am Bau wichtig sein können. Das zu beurteilen, behalte ich mir selbst vor.
Ich mag meinen Handwerkern nicht zumuten, den Schritt in die Überwelt mitzutun. Ich mag auch nicht ihre bereits fortgeschrittene Abhängigkeit von bestimmten Baustoffkartellen und Produkten weiter steigern, im Gegenteil möchte ich, daß sie ihr Handwerk ausüben können.
Nach der Sekunde X, nämlich dem Zeitpunkt, wenn man mit der Kraft 1 FS den Knopf betätigt, der aus einem Entwurfsstadium ein Ausführungsstadium macht, möchte ich mir vom Computer nicht vorschreiben lassen, daß der Änderungswunsch meines Bauherrn, der bisher auf der Baustelle eine Kiste Bier gekostet hat, nicht mehr möglich oder zu teuer ist oder daß in 18 Leistungsverzeichnissen insgesamt 300 Positionen geändert werden müssen. Oder daß sich dadurch der Termin um 0,028 Wochen verschiebt.
Unsicher bin ich, ob es gut ist, wenn mein System mit dem des Statikers und des Haustechnikers verknüpft werden kann. Sicher ist es ein herrliches Erlebnis, vom Plotter die elendigen Durchbruchspläne und die Leistungspläne in Minuten herausgerappelt zu bekommen, wo doch meine Zeichnerin immer so viel radieren mußte und ewig daran herumsaß. Dafür weiß ich aber nicht mehr, was „Sache" ist. Und das sollte man, als Architekt.
Grund genug also, die Finger (mit der Kraft 1 FS) vom Computer zu lassen und lieber weiter (mit der vollen Kraft 1 MS) Architekt und Mensch zu bleiben.

Hans-Dieter Kübler
Wie verändern Computer die sozialen Beziehungen?

„High-Tech" beherrscht nicht mehr nur die industrielle Produktion, die Büros und Entwicklungszentren und krempelt dort die Arbeitsformen wie -inhalte von Grund auf um; „High-Tech" überwältigt nun auch die Vieh-Ranches des amerikanischen Westens und vertreibt vollends einen der letzten maskulinen Berufe, den des Cowboys, an den sich nicht nur nostalgische Jugendträume vieler Generationen, sondern auch – künftig um so mehr – simple Ideologien westlicher Überlegenheit heften, wie sie in den USA derzeit en vogue sind.

Die Fertigungsstraßen der Groß- und Serienproduktion werden „Maschloniker" überwachen, und zwar voraussichtlich rund um die Uhr, wie die Maschinen optimal gefahren werden. Das sind Facharbeiter mit Doppelqualifikation, als Maschinenschlosser und Elektroniker, die bei Störungen sowohl mit dem Schraubenschlüssel umgehen als auch elektronische Schaltelemente austauschen können. Ausgebildet wurden und werden sie wie alle Schüler mittels „Eduware", die Schulen oder auch private Kollegs in reichhaltigen, bis ins letzte spezialisierten Sortimenten vorhalten. Denn höchstes didaktisches Ziel wird das „Edutainment" sein, jene gefällige Form der Instruktion, die sich der spielerischen, unterhaltsamen Kurzweiligkeit der elektronischen Medienkonkurrenz uneingeschränkt befleißigt.

Was „Telematik" (Tele-[Infor]matik), „Compunication" (Compu[ter]-[Commu]nication) oder „Infotekation" (Info[rmationsverarbeitungs]-te[chnische Kommuni]kation) in Wirtschaft, Gesellschaft und Alltag bewirken (werden), das reflektiert und antizipiert die Sprache bereits, die „Neusprache" oder, wie die zeitgemäßere Übersetzung vorschlägt, der „Neusprech" (Orwell, 1984): die Verschmelzung nämlich von Mikroelektronik und optischer Nachrichtentechnik zu einem neuen, mächtigen Industrialisierungspotential, die damit verfolgte und letztlich bewirkte Vernetzung aller Lebensbereiche und ihre entsprechende Konditionierung durch das Diktat der Ökonomie. Als Kontamination von Begriffen zu synthetischen Neukonstrukten und als Eliminierung von allem Überflüssigen manifestieren sie sich sprachlich: „Compaktionen" (Comp[uter und Inter]aktionen), hier nach den kuranten Mustern versuchsweise neu geschöpft, dieser Begriff empfiehlt sich möglicherweise für die expandierenden Mensch-Maschine-Interaktionen – so wie „wg." zum politischen Fanal avancierte und in banalere Bereiche vordringt.

Der Computer verändert die Anatomie der Gesellschaft fundamental

Rationalisierung ist angesagt in umfassenden und gründlichen Ausmaßen ohnegleichen, und zwar mit doppelter Schubkraft: als Subordination aller ökonomisch relevanten Tätigkeiten unter das Zeitprinzip einerseits – und nach der voraufgegangenen Industrialisierung der Handarbeit stehen dafür vor allem die geistigen, kognitiven Arbeiten an –, jener mithin, die herkömmlicherweise in Kultur und Kommunikation, in Lernen und Sinnerfahrung aufgehoben sind; und andererseits als Instrumentierung bisher noch archaischer, zumindest vorindustriell organisierter Lebens- und Kommunikationsbereiche, um sie der Technisierung und damit der ökonomischen Verwertung zu unterwerfen.

Eine lukrative Expansion des Konsummarktes ist bei dieser sicherlich zu erzielen, der reißende Absatz von Heimcomputern avisiert den Trend, aber als ökonomisch entscheidender dürfte sich die durch die Elektronik erwirkte Intensivierung der Produktion insgesamt erweisen. Sie bleibt indes nicht auf die Fertigung im engeren Sinne beschränkt, sondern ergreift ebenso gravierend – und daraus resultiert der qualitative Impuls – ihre „Peripherien" und Dependenzen, von der Entwicklung über die Buchführung, Verwaltung und Personaldisposition bis hin zur Distribution und dem Handel.

Als universelle Maschine wie vor ihm nur die Uhr verändert der Computer die Anatomie der Gesellschaft fundamental, immaterialisiert tendenziell sämtliche Verkehrsformen und wird auch das Denken und die Wahrnehmung nicht unbeeinflußt lassen. Denn „autonome Maschinen" – so bezeichnet sie der weltweit bekannte Computerfachmann wie -kritiker J. Weizenbaum (1978, S. 44) – funktionieren „aufgrund eines eingebauten Modells eines Aspekts in der realen Außenwelt von allein": „Wo die Uhr zur Zeitrechnung benutzt wurde, da beruhte die Einteilung des täglichen Lebens durch den Menschen nicht mehr ausschließlich etwa auf dem Stand der Sonne über bestimmten Bergen oder auf dem Krähen des Hahns, sondern auf dem Zustand eines sich autonom verhaltenden Modells einer Naturerscheinung. Die verschiedenen Zustände dieses Modells wurden mit Namen versehen und damit konkretisiert. Und die Summe dieser Zustände durchsetzte die bestehende Welt und veränderte sie, und zwar so einschneidend wie vielleicht bei einer geographischen oder klimatischen Umwälzung globalen Ausmaßes. Von jetzt an mußte der Mensch neue Sinne entwickeln, um sich zurechtzufinden. Die Uhr hatte buchstäblich eine neue Wirklichkeit geschaffen" (ebd., S. 45).

Die Mutation verläuft mithin mählich, graduell; sie ergibt sich erst aus einer unüberschaubaren Vielzahl einzelner Transformationen. Das macht es so außerordentlich schwierig und riskant, übergreifende, triftige Prognosen, eine „zuverlässige Vorausschau über alle Veränderungen unseres wirtschaftlichen, kulturellen und sozialen Lebens durch diese Querschnittstechnologie" zu erstellen, wie es zu Recht im Antrag der SPD-Bundestagsfraktion zur „Anwendung der Mikrolektonik" (Bundestagsdrucksache 10/545) heißt, über den der Deutsche Bundestag am 10. November 1983 debattierte (Plenarprotokoll 10/83, 2180 Cff). Notorischen Vereinfachern erleichtert die latente Partikularität des Wandels hingegen die unbeirrte Zuversicht, die anstehenden Umwälzungen mit den gedienten Strategien zu bewältigen und die eingespurten Bahnen linear fortzuschreiben.

So sieht sich die neokonservative Bundesregierung in ihrem Programm „Informationstechnik" (1984) mit einem „internationalen technologischen und wirtschaftlichen Wettlauf strategischer Dimension" konfrontiert, „bei dem auch die europäischen Industrienationen um eine längerfristige Vormachtstellung oder gegen das Zurückfallen kämpfen" (S. 24). Mit der Behauptung einer „Führungsposition" will sie dieses Gefecht „auf Gedeih und Verderb" (Friedrichs/Schaff, 1982) für die Bundesrepublik entscheiden. Technik und Wirtschaft sollten ihre (Markt-)Chancen ergreifen und sich dem internationalen Wettbewerb stellen, der Staat werde sämtliche aufhaltenden oder belastenden Hemmnisse wegräumen, günstige Rahmenbedingungen schaffen und – was nicht gern lauthals verkündet wird, aber jede Maßnahme prägt – mit einem gigantischen Investitionshilfe- und Subventionsprogramm die anfallenden Risiken und Entwicklungskosten finanziell abfedern. Den Individuen werden ein unerschütterlicher Optimismus, ein gehöriges Maß Gottvertrauen sozusagen, sowie „Lern- und Leistungsbereitschaft" anempfohlen, um die „Herausforderungen der Technik" zusammen mit der verantwortlichen Politik annehmen zu können.

Formierung durch die instrumentelle Vernunft

Die Kehrseite, die gesellschaftspolitische Dimension des sog. technologischen Strukturwandels, enthüllt sich mithin; auch sie hat J. Weizenbaum für die USA bereits vor mehr als acht Jahren prognostiziert, mit dem üblichen „time lag" kündigt sie sich nun auch hierzulande an: „Der Computer", diagnostizierte er (1978, S. 54), „kam gerade noch rechtzeitig, um gesellschaftliche und politische Strukturen intakt zu erhalten – sie sogar noch abzuschotten und zu stabilisieren –, die andernfalls entweder radikal erneuert worden oder unter den Forderungen ins Wanken geraten wären, die man unweigerlich an sie gestellt hätte." Und er begründet seine These: „... viele Probleme im Zusammenhang mit Wachstum und zunehmender Komplexität, die in den Nachkriegsjahrzehnten hartnäckig und unwiderstehlich nach einer Lösung drängten, hätten als Anreiz für politische und gesellschaftliche Neuerungen dienen können. Eine enorm beschleunigte Tätigkeit auf dem Sektor sozialer Erfindungen, die dann eingesetzt hätte, würde uns heute als ebenso natürliche der damaligen Zwangslage erscheinen wie die Flut von technischen Erfindungen und Innovationen, die tatsächlich ausgelöst wurde" (ebd.)

Mit der modernen Datenverarbeitung und Elektronik läßt sich die ungezügelte, konsumorientierte Produktion, das bloß quantitative Wachstum, die „Anarchie des Kapitalismus" (Marx) in den Industrienationen ein weiteres Mal stabilisieren oder sogar erneut steigern; die einhergehende Komplexität und potentielle Gefährdung der natürlichen Ressourcen erfahren durch sie eine vordergründige Strukturierung und Steuerung. Daher erfreut sich der sog. Strukturwandel einer vorbehaltlosen Förderung und euphorischen Legitimierung durch alle konservative Politik: Die blinde Flucht nach vorn mißrät zum Prädikat gesellschaftlicher Zementierung.

Doch ihr struktureller Preis zeichnet sich gleichfalls schon ab: die wachsende Polarisierung der Gesellschaft, und zwar nicht mehr nur zwischen jenen, die bezahlte Arbeit haben, und jenen, die keine bekommen, sondern auch zwischen jenen, die sich der rasanten Umwälzung anpassen können oder gar von ihr profitieren, und jenen, die es nicht (mehr) können, aus welchen Gründen immer, zwischen den High-tech-Erprobten und den Technikabstinenten (hierlands sogleich als -feinde verfemt), zwischen den Informationskompetenten und den Nichtinformierten usf. „Zunehmende Wissenskluft", „neue soziale Armut", „Arbeitsgesellschaft versus Schattenwirtschaft und Aussteigermentalität", „Überstrapazierung des sozialen Netzes", „Eliteförderung statt Chancengleichheit" – das sind

einige der gängigen, eher verharmlosenden Schlagwörter, die jene gesellschaftlichen Verwerfungen sinnfällig indizieren. Sicher, die Geschichte läßt sich niemals wiederholen, und Weizenbaums Monitum ist in seiner abstrakten Radikalität überholt. Aber: ob als unvermeidlicher Fortschrittsobolus hingenommen oder als notwendige gesellschaftliche Disziplinierung einkalkuliert, die ungebremste Technologieoffensive formt sich ihr gesellschaftliches Fundament. Zu immens sind die aufgebrachten Kapitalien, die privaten wie die öffentlichen (die aus anderen gesellschaftlichen Aufgabenfeldern abgezogen werden), zu einseitig werden sie investiert, zu unilinear wird die technische Produktivität forciert, ausschließlich an betriebswirtschaftlichen Kosten-Gewinn-Rechnungen fixiert, zu einfallslos wird die wechselseitige Konkurrenz der Industrieländer favorisiert, anstatt internationale Arbeitsteilung anzustreben, zu borniert wird der Markt als vorgeblich allein wirksames Regulativ hofiert (bei gleichzeitiger, aber uneingestandener Innovationsubventionierung und Risikomilderung durch die öffentliche Hand). Die anstehende Computerisierung der Gesellschaft ist dafür nicht allein verantwortlich, aber sie markiert den (vorläufigen) Höhe- und Endpunkt der fortschreitenden Formierung durch die instrumentelle Vernunft. Ihr kann „nur" noch die technische Manipulation von Natur und Mensch folgen.
Wie sich die Makrostrukturen der Gesellschaft polarisieren, so differenzieren sich auch die Kommunikationsbeziehungen im Konkreten aus. Jene schlagen sich in diesen ungehindert nieder, diese konstituieren jene materiell. Denn Elektronisierung von Kommunikation am Arbeitsplatz und im Alltag impliziert vorderhand sowohl deren Aussonderung nach ökonomisch rentablen und unrentablen Sektoren als auch deren Formalisierung. Neue Qualitäten brauchen dabei nicht unbedingt zu entstehen, zumal ein dramatischer Zuwachs an kommunikativer Nachfrage bei der Mehrzahl der Konsumenten kaum und vor allem nicht von selbst zu erwarten ist. Quantitative Vervielfachung der schon vorhandenen Inhalte und Intensivierung der Übertragung dürften daher vorherrschen.
Die verwertete, instrumentierte Kommunikation wird sich immer markanter von den alltäglichen Gesprächen und Handlungen abtrennen; sie gehorcht ihren strikt rationalisierten Zwecken und computertüchtigen Algorithmen einerseits und genügt andererseits ihrer technischen Eigendynamik, der abstrakten Kapazitätssteigerung und Komplexitätsverdichtung, zunehmend selber – eine Erfahrung, die alle faszinierten Computernutzer, die sog. Freaks, fortwährend gewärtigen und die zur ständigen Erweiterung ihres Equipments oder – falls finanziell verkraftbar – zum konti-

nuierlichen Aufstieg im „Hardware"-Sortiment zwingt, vom simplen Heimcomputer etwa zum tüchtigeren Personalcomputer usw.

Strukturelle Veränderungen von Arbeit und Kommunikation

Wird Kommunikation unter technischen Vorzeichen instrumentiert, verliert sie nicht nur ihre persönliche Unmittelbarkeit, ihre Chance zur Spontanität und ihre individuelle Zufälligkeit, sie wird auch auf strikten Informationsaustausch, auf ihren denotativen Kern reduziert. Alles Beiläufige, Unspezifische, subjektiv oft nicht Eingestandene, aber gleichwohl Erwünschte fällt weg, am Arbeitsplatz ebenso wie bei den alltäglichen Besorgungen. Doch sie sind keine fakultativen, beliebig eliminierbaren Zutaten; vielmehr konstituieren sich aus ihnen Sozialität, emotionale Anrührung und humane Sinnlichkeit, das, was Sozialpsychologen etwas nüchtern als elementaren „Beziehungsaspekt" bezeichnen (Watzlawick u.a., 1974). Mit seiner Hilfe gelingt die permanente Interpretation des Gesagten, die sog. meta-kommunikative Selbst- und Fremdverständigung, Einordnungen, Relativierungen und Ironisierungen mithin, die dem Denotat erst die semantische Vollständigkeit und Vielfalt verleihen.
Instrumentierter und computernormierter Datenverkehr ist hingegen gänzlich eindeutig, soll heißen: semantisch einschichtig, mit akkuraten Oppositionen und unweigerlichen Schlußfolgerungen. Wenn inzwischen Experten bereits von nächsten Gerätegenerationen schwärmen, die menschliches Denken, sog. heuristische Operationen, perfekt simulieren könnten, so ändert dies grundsätzlich nichts an der diametralen Verlaufsmethode. Sie bleibt analytisch, d.h. sie basiert auf der destruktiven Zergliederung des angegangenen „Problems" in logische Dichotomien, auch wenn sie sich als synthetisches Konstrukt zu „versinnlichen" trachtet.
Denn ihre technische Kapazität und ökonomische Attraktivität resultiert außer aus der strikten Zweckrationalität aus dem unerbittlichen Zeitdiktat. Ihm wird die instrumentierte Kommunikation gänzlich unterworfen, gleichsam als Äquivalent für die bewirkte tendenzielle Aufhebung räumlicher Entfernungen und gegenständlicher Dimensionen. Nur zeitliches Format nehmen die Computeroperationen an, sofern sie nicht auf Disketten gespeichert werden, einen räumlichen Umfang fixieren sie kaum noch. Sämtliche Nutzungskosten sind zeitlich definiert. Wer künftig Informationen vom Bildschirm abruft, zahlt nicht nur für Material (Hardware) und Programm (Software) als fixe Kosten wie beim herkömmlichen Träger,

sondern auch – und voraussichtlich mit wachsendem Anteil – für die
Zeit, die er zu Abruf und Aufnahme braucht. Daher wird jeder Kommunikationsanbieter genau kalkulieren (müssen), wie viele Informationen
(sprich: Zeiteinheiten) er und seine potentiellen Kunden sich werden leisten können.
Schließlich ermöglicht der elektronische Bildschirm die Messung kognitiver Arbeiten in Zeiteinheiten, das tayloristische Prinzip erobert nahezu
sämtliche Tätigkeiten – mit Ausnahme vielleicht jener, die anderen Verwertungsmaximen unterliegen (z.B. Management). Selbst die einst vorindustrielle Routine-Heimarbeit kehrt in rationalisierter Form wieder. Entsprechende Pilotversuche laufen bereits, und Politiker feiern sie als attraktive Chance für Mütter mit Kleinkindern und für Arbeitnehmer in ländlichen Regionen. Vier Prozent der Arbeitnehmer werden in 10 Jahren nach
Berechnungen des Deutschen Instituts für Urbanistik an solchen „dezentralen Heimterminals" arbeiten, in den USA, schätzt man, sogar nahezu
zehn Prozent. Denn die Büros sind dann allen Prognosen zufolge leergefegt, Beschäftigungen für Frauen dürften vornehmlich in dieser Form angeboten werden (Weber-Nau, 1984).

Theoretisch betrachtet, wird man die forcierte Verzweckung und Entsinnlichung der instrumentellen Kommunikation, unter der heute schon viele
Beschäftigte zu leiden haben, womöglich kompensieren können, sofern
genügend und anregende Gelegenheiten geschaffen werden. Aber es bedarf dann eben der professionellen Kompensations- und Kommunikationsofferten, und die Vielzahl von Encounter- und Selbsthilfegruppen,
von Aktivferien und sinnlichen Tätigkeiten, von alternativen, genossenschaftlich orientierten Bewegungen bis hin zu weltanschaulichen Vereinigungen und religiösen Sekten sind sinnfälliger Ausdruck dieser unerfüllten
Bedürfnisse. Die Segmentierung ihrer Befriedigung, auch erste Voraussetzung ihrer Vermarktung, scheint jedenfalls unaufhaltsam, immer weniger
Individuen genießen offenbar den Vorzug, ganzheitliche Erlebnisse und
Erfahrungen gewärtigen zu können: „Heimarbeiterinnen", konstatierte
die Psychologin Ursula Lehr bei einem SPD-Hearing, „verlieren alle positiven Erlebnisfaktoren der eigenen Leistung, Anerkennung durch andere,
Erweiterung des Lebensraumes und der sozialen Kontakte – erleiden aber
auch zugleich die negativen Auswirkungen familienzentrierter Mütter, wie
zu enge, zu häufige, aber nicht sehr intensive Kontakte zu den Kindern
und der Wegfall von außerhäuslichen Anregungen und Stimulationen, die
sich auch der Familie mitteilen" (zit. nach Weber-Nau, 1984).

Eine neue kopernikanische Wende?

Aber ihre Deprivationen bleiben auf Dauer wohl nicht auf sie beschränkt. Wenn die alltäglichen Besorgungen, das Einkaufen, der Behördengang, die Erledigung bei Post und Bank, der Bezug öffentlicher Leistungen, allmählich jenem instrumentell-ökonomischen Kalkül zu gehorchen haben, dürfte die soziale Kontaktarmut noch weiter um sich greifen. Denn für viele, vor allem für die sozial „randständigen" Bevölkerungsgruppen wie Alte, Ausländer, Behinderte, aber auch für Kinder und Hausfrauen, beinhalten solche Verrichtungen zugleich auch ungerichtete Kommunikation, soziale Erfahrung, bisweilen auch Bewährung und Anerkennung der eigenen Handlungsfähigkeit, so bescheiden sie auch immer ausfallen mögen. Meist sind damit zudem beiläufige Beratung, Orientierung oder gar Hilfestellung verbunden, auf die viele dringend angewiesen sind. Die elektronische Version der Besorgungen, in der Regel vom Heimterminal aus verrichtet, wird dieses kommunikative Surplus und Nebenbei nicht ohne weiteres bereitstellen; bei ihr verkommt es voraussichtlich zur besonderen Serviceleistung. Schwellenängste werden dadurch gewiß nicht vermindert. Und ist sie erst als exklusiver Kundendienst entdeckt und ausgegrenzt, dürften ihre gesonderte Honorierung in der privaten Wirtschaft, ihre nachzuweisende Berechtigung im öffentlichen Sektor nicht lang auf sich warten lassen.

Höhere Anforderungen besonders an all jene, die es nicht (mehr) gewohnt sind, ihr Anliegen strikt zu formalisieren, präzise auf die vorfindliche Bedienungsstruktur der Automaten auszurichten, werden die neuen Systeme gewiß stellen. Bequemlichkeit und rasante Datenübermittlung fordern ihren apparativen Preis. So mancher in den Versuchsgebieten von Bildschirmtext in Düsseldorf/Neuß und in Berlin hatte Mühe, mit den vermeintlich logisch aufgebauten, mancherorts aus Werbezwecken irreführenden Suchbäumen zurechtzukommen und tatsächlich den gewünschten Anbieter anwählen zu können. Dies, obwohl sich ohnehin vorwiegend Personen mit überdurchschnittlichem formellem Bildungsniveau, mit qualifizierten Berufspositionen und mit gehobenem Einkommen an Pilotprojekten beteiligten.

Vor einer derart „wachsenden Wissenskluft" warnen amerikanische Wissenschaftler nun schon seit einigen Jahren. Sie meinen damit die Tendenz, daß nur auch sonst sozial privilegierte Bevölkerungsgruppen mit der ständig wachsenden Informationsflut ihren Interessen gemäß umzugehen wissen. Die überwiegende Mehrheit scheint darin „unterzugehen" oder gegen sie abzustumpfen, weil sie keine Kriterien der Auswahl und der zielgerichteten Bewertung vermittelt bekommt.

Schon läßt sich aus den USA die Kunde von einer neuen romantischen, fast mystizistischen Strömung, von einer evolutionären Bescheidenheit vernehmen, die unter den Computerfreaks grassiert. Sie markiert wohl die psychische Reaktion auf die hypertrophe Entsinnlichung der Mensch-Maschinen-Interaktionen (und trifft sich zudem auf merkwürdige Weise mit dem dominanten konservativen Klima). Zu dieser Erkenntnis kommt die amerikanische Soziologin S. Turkle (1984), Professorin an der renommierten Technologenschmiede der USA, dem MIT (Massachusetts Institute of Technology), nachdem sie über 8 Jahre hinweg rund 400 Computernutzer, vom mit elektronischem Spielzeug virtuos hantierenden Kleinkind über die fanatischen, jugendlichen Hacker bis hin zum Forscher der sog. Artificial Intelligence (AI), eingehend befragt und beobachtet hat. Für die meisten von ihnen verkörpert der Computer nicht nur ein selbstverständliches und faszinierendes Werkzeug, vielmehr veranlaßt er sie, jeden auf seine Weise, über die eigenen Fähigkeiten und Perspektiven, aber auch über die der Menschen insgesamt nachzudenken.

Denn in wachsendem Maße billigen sie dem Computer offenbar eine eigene Existenz, eine Art Zwitterstatus zwischen Ding und Mensch zu; seine intellektuelle Konkurrenz ist völlig akzeptiert, ja oft schon so weit internalisiert, daß man Rationalität, Logik, selbst die Vernunft freiwillig an ihn abtritt und sich zu existentieller Identitätssicherung „in zunehmendem Maße auf die Seele und den Geist innerhalb der menschlichen Maschine" konzentriert.

Für S. Turkle und ihre AI-Kollegen zeichnet sich mit der Computerisierung der Welt — und die sehen sie im selbstgerechten Ethnozentrismus nur aus amerikanischer Sicht — eine weitere kopernikanische Wende ab: Die evolutionäre Hierarchie werde neu aufgestellt, der Computer rückt dem Menschen näher, oder: die Menschen (de)generieren zu „fühlenden Computern, zu emotionalen Maschinen".

In unerschrockener Naivität ist hier artikuliert, was die Telematisierung für die Individuen elementar zeitigen könnte: den Angriff auf das menschliche Denken und Handeln, auf das menschliche Selbstverständnis. Eine politische und gesellschaftliche Antwort darauf steht bei weitem noch aus, ja sie wird derzeit im bornierten Fortschrittstaumel nicht einmal gesucht. Im Gegenteil: die herrschende Politik forciert ihrerseits die zu befürchtenden Deformationen und Disparitäten, die sich hinter der gleißerischen Fassade totaler Information und fulminanter Unterhaltung auftun. Als Seismograph des affirmativen Bewußtseins reflektiert die kurante Sprache nur die sich anbahnende Verschmelzung und verheißt sie als neue Erfahrungsqualität; es bedarf der gesellschaftlichen und pädagogischen Aufklärung, um die strukturellen Frakturen und Fehlentwicklungen zu kennzeichnen und sie strategisch zu nutzen.

Dieser Aufsatz ist in der Zeitschrift „Die Neue Gesellschaft – Frankfurter Hefte", 1/1985, S. 28–33, erschienen. Abdruck mit freundlicher Genehmigung des Autors und des Verlages.

Zitierte Literatur

Orwell, G.: 1984. Roman, neu übersetzt von Michael Walter, Frankfurt/M. u.a. 1984
Turkle, S.: Die Wunschmaschine. Vom Entstehen der Computerkultur, Reinbek bei Hamburg 1984.
Watzlawick, P. u.a.: Menschliche Kommunikation. Formen, Störungen, Paradoxien, 4. Aufl. Bern u.a. 1974
Weber-Nau, M.: Kinder, Küche und Computer. Zu neuen Formen der Heimarbeit, in: Frankfurter Rundschau vom 8. Dez. 1984
Weizenbaum, J.: Die Macht der Computer und die Ohnmacht der Vernunft, Frankfurt/M. 1978

Hermann Korte

Bedingungen und Folgen der Computerunterstützung am Arbeitsplatz

Eine vom Bundesministerium für Forschung und Technologie in Auftrag gegebene repräsentative Untersuchung aus dem Mai 1983 hat ergeben, daß 73% der Befragten beim Computer auch an Fortschritt denken, 74% dieser Gruppe aber gleichzeitig Arbeitslosigkeit mit dem Computer verbinden. Man erwartet eine Reduzierung körperlicher Arbeit und bessere Dienstleistungen, befürchtet aber gleichzeitig intensivere Überwachung, unpersönlichere Verwaltungsvollzüge und die Vernichtung von Arbeitsplätzen.
Vorteile und Nachteile sind hier recht realistisch eingeschätzt worden. Verschiedene Forschungsprojekte haben dazu in den letzten Jahren entsprechende Belege geliefert. Die Ergebnisse erlauben eine Reihe von Anmerkungen, die über die Verhältnisse in den einzelnen Betrieben oder Branchen hinausgehen und strukturelle Besonderheiten dieser neuen Technologie aufdecken.
In der gewerblichen Wirtschaft, in der industriellen Produktion umfaßt der Einsatz der Computertechnologie mittlerweile alle Phasen eines Auftrags: Entwicklung und Konstruktion, Arbeitsvorbereitung, die zentrale Steuerung von Robotern und auch die Überwachung des gesamten Produktionsablaufs. Darüber hinaus ermöglicht eine Rechenanlage die computermäßige Durchführung von Bearbeitungs-, Planungs- und Verwaltungsaufgaben. Technisch-wissenschaftliches Ziel ist dabei die Optimierung des Informations-, Material- und Fertigungsflusses. So können z.B. einzelne Abteilungen wie Konstruktion, Einkauf, Rechnungswesen etc. durch Datensichtgeräte ständig im Dialog mit dem Zentralrechner Informationen anfordern, ändern und nutzen, ohne überhaupt mit einer anderen Abteilung in Kontakt zu treten. Beim direkten Zugriff zu den Daten im Rechner wird die Kooperation mit Dritten sogar hinderlich.
In den letzten Jahren hat die Zahl der entsprechenden Geräte sprunghaft zugenommen. Beschleunigt wird die umfassende Einführung solcher Anlagen vor allem auch dadurch, daß diese in der Zwischenzeit wesentlich kleiner und dabei auch das Verhältnis von Anschaffungskosten und Lei-

stung günstiger geworden ist, was insbesondere mittelständigen Unternehmen eine Teilhabe an dieser technischen Innovation ermöglicht. Heute kann man Datenverarbeitungssysteme, die früher einen großen klimatisierten Raum gefüllt haben, in kleinen Kisten, so groß wie ein Kühlschrank, unterbringen. Das eröffnet Entwicklern und Anwendern von Geräten und Bedienungssystemen eine erhebliche Ausweitung der Einsatzmöglichkeiten, wobei die Entwicklung ihren Höhepunkt noch lange nicht überschritten hat. Für die nächsten 10 – 15 Jahre können wir absehen, daß die Übertragung – auch die Fernübertragung – von Daten erheblich verbessert wird. Das bisher bestehende Problem für die Computerwirtschaft, Daten über längere Strecken fehlerfrei zu transportieren, ist mittlerweile so gut wie beseitigt. Unterschiedliche Industriebetriebe können als Satelliten eines integrierten, überregionalen oder auch internationalen Systems fungieren, viele auch örtlich voneinander getrennte Arbeitsschritte können nahtlos miteinander verknüpft werden. Die Vorteile der Computer-Technologie sind einmal die sehr schnelle Informationsverarbeitung und die fast grenzenlose Speicherung sehr komplexer Informationen, sowie die jederzeitige Verfügbarkeit der gespeicherten Informationen, was bei konventioneller Bearbeitung immensen Zeitaufwand zur Folge hätte, falls diese Möglichkeit überhaupt bestünde. Es handelt sich – und das ist wichtig – nicht nur um die Automation von körperlich-handwerklicher Arbeit, sondern auch um die Rationalisierung geistiger Tätigkeiten. In dieser Verbindung erst erlangt Computer-Technologie ihre eigentliche Bedeutung. Teilautomation und Automation hat es schon immer gegeben. Auch gab es schon immer Fortschritt bei der Informationsaufbereitung und -speicherung, aber daß diese Tätigkeiten und Fähigkeiten als Funktionen in *einer* Anlage vereint sind, daß Qualifikation und Wissen von Personen auf Rechenanlagen überwechseln, das macht die eigentliche innovatorische Bedeutung von Computer-Technologie aus. Mit ihr hat die Taylorisierung der Kopfarbeit begonnen.

Probleme bei der Einführung von Computer-Technologien ergeben sich im technischen und im sozialen Bereich. Bei den sozialen Problemen lassen sich drei Bereiche unterscheiden:
1. arbeitsplatzbezogene,
2. qualifikationsbezogene und
3. organisationsbezogene Problembereiche.

Jedem der drei Bereiche kann man Tatbestände zuordnen, nämlich
1. Computertechnologie ist immer ein Rationalisierungsinstrument und nicht ohne weiteres ein Beitrag zur Humanisierung des Arbeitslebens.

2. Computertechnologie führt in verstärktem Maße zur Dequalifizierung und ist schließlich
3. ein neues und sehr wirkungsvolles Organisations- und Kontrollinstrument.

Computer als Rationalisierungsinstrument

Betrachtet man die Gründe, die von den Unternehmern, aber auch von Politikern für die Einführung von Computer-Technologien angeführt werden, so wird offensichtlich, daß eine Rationalisierungsstrategie verfolgt wird. Die angestrebten Ziele sind u. a.: Kosteneinsparung bei der Arbeitsvorbereitung, Effizienzsteigerung bei den Mitarbeitern, Zeiteinsparungen für Produktion und Lagerhaltung, Reduzierung der Fehlerhäufigkeit, schnellere Angebotserstellung, erhöhte Produktflexibilität und schnellere Reaktion auf Märkte, letztlich eine Verbesserung der Konkurrenzsituation und der Ertragschancen. Jeder einzelne Punkt mag für sich betrachtet ökonomisch sinnvoll und für die Wettbewerbsfähigkeit und damit das Überleben des Betriebes notwendig sein. Eines bleibt jedoch unbestreitbar: Es handelt sich stets um Rationalisierungen, also vor allem auch um die Kapitalisierung von Lohn-Arbeitsplätzen. Die Einführung dieser neuen Technologie erfolgt schrittweise. Zuerst wird nur eine Abteilung auf ein entsprechendes System umgestellt. Es wird dabei oft zusätzliches Personal benötigt, und es stellt sich schnell eine Faszination dieser neuen Technik ein. Die Bedienungsgeräte sind leicht zu handhaben und zeigen bereits in Sekundenschnelle Ergebnisse an.

Hinzu kommt, daß das Gefühl, die einzige oder erste Abteilung im Betrieb zu sein, die eine so moderne Einrichtung hat, eventuelle Bedenken zerstreut. Ist erst der Umgang mit der neuen Technik Normalität geworden und ist das Programm den speziellen betrieblichen Erfordernissen angepaßt, dann stellen sich Langzeitfolgen ein. Dann wird der Rationalisierungseffekt am verringerten Personalbedarf sichtbar. Es sind dann aber nicht mehr nur die Mitarbeiter und Mitarbeiterinnen in den entsprechenden Abteilungen betroffen, sondern die Systeme ufern dann schnell aus und erfassen immer mehr Arbeitsplätze. Man kann als Regel festhalten: Ein Bildschirmarbeitsplatz kommt niemals allein! Sachliche und ökonomische Gründe machen es notwendig, nach und nach alle Abteilungen, alle vorkommenden Arbeitsschritte zu erfassen.

Computer-Technologie ermöglicht nicht nur die routinierte Wiederholung getrennter Arbeitsschritte, sondern auch die Teil- und Vollautomation von geistiger Arbeit. Dadurch wird die Arbeit zwar leichter beherrschbar, führt auf der anderen Seite aber zu Monotonie und Unterforderung, vor allem was den inhaltlichen Aspekt der Arbeit betrifft und darüber hinaus in ganz spezifischer Weise zu Überforderung, wie etwa durch das Erfordernis ständiger Konzentration und die damit zusammenhängenden andauernden Streßsituationen. Man muß daher festhalten, daß die Einführung von Computer-Technologie nicht automatisch eine Humanisierung im Arbeitsleben zur Folge hat.

Ganz im Gegenteil kann es sehr leicht zur Verschlechterung für die Arbeitnehmer führen. Die schnelle Abfolge routinisierter Arbeitsschritte z.B. führt zu einer Erhöhung des Arbeitstempos, zur Arbeitsintensivierung. Die technischen Arbeitsmittel wie Anzeigetafeln, Bildschirm, Tastatur etc. verringern Möglichkeit und Notwendigkeit, mit Arbeits-Kollegen Blick- und Sprachkontakte zu pflegen. Bildschirmarbeitsplätze führen zur Vereinzelung und damit zur Isolierung von Kolleginnen und Kollegen. Rationalisierungen und Automation sind nichts Neues, sie begleiten die technische Entwicklung seit jeher. Die Tarifparteien haben dazu vor allem in den letzten 20 Jahren einen umfangreichen Katalog von Schutzmaßnahmen zur sozialen Gestaltung dieser von allen im Prinzip für notwendig gehaltenen Entwicklungen ausgehandelt. Ärztliche Untersuchungen vor und während der Bildschirmarbeit, Beschäftigungsverbote für Schwangere und ältere Mitarbeiter sind in den entsprechenden Katalogen der Gewerkschaften ebenso enthalten wie die Warnung vor Schichtarbeit oder Hinweise auf die Übergrenze der Anteile von Bildschirmarbeit an der Gesamtarbeitszeit.

Computer als Vehikel der Dequalifizierung

Jede neue Technologie benötigt neue Fähigkeiten, d.h. neue Qualifikationen werden erforderlich, andere werden entbehrlich. Dieser Vorgang verschärft sich bei der Computer-Technologie in spezifischer Weise. Bei der untersuchten Computerisierung von Konstruktions- und Entwicklungsabteilungen wird die Kopfarbeit der Konstrukteure und Ingenieure in kleinste Schritte aufgeteilt und dann anschließend z.B. auf sogenannten Menütafeln wieder zur Verfügung gestellt. Der Konstrukteur wählt aus den vorgegebenen Möglichkeiten aus, auf dem Bildschirm entsteht die

Konstruktion, die anschließend vom computergesteuerten Zeichengerät – der technische Zeichner ist schon wegrationalisiert – in Minutenschnelle fehlerfrei und wiederholbar aufgezeichnet wird. Personenbezogene Qualifikationen wie langjährige berufliche Erfahrung, konstruktive Phantasie und Entwurfsgeschicklichkeit sind nicht mehr gefragt. Die Tätigkeiten werden monotoner und mehr und mehr ihrer Inhalte beraubt.
Die Systeme sind so ausgelegt, daß Höher- und Weiterqualifizierung nur in ganz geringem Rahmen erforderlich ist. Die kurze Anlernzeit wird von den Anbietern der Computer-Industrie bereits in ihrer Werbung vermarktet. Den Umgang mit einem Bildschirmterminal kann man in der Tat in wenigen Stunden lernen. Was man dabei jedoch alles nicht lernt, das ist weit entscheidender. Man lernt z.B. nicht, wie ein solches Gerät prinzipiell funktioniert, wie die Programme erstellt und angepaßt werden. Man lernt auch nichts über die Technologie an sich. Das einzige, was man lernt, ist die Bedienung eines Terminals. Man kann die Geräte bedienen, aber nicht beherrschen.
Der Anwender wird zum *Be*diener einer Apparatur degradiert. Von selbstgestalteter Arbeit kann dabei keine Rede mehr sein.
Eine weitere Ursache für die Dequalifizierung besteht darin, daß nur die Bedienung der am Arbeitsplatz selbst sich befindenden Geräte erforderlich ist. Es wird nicht vermittelt, wie die eigene Arbeit in den Gesamtzusammenhang des betrieblichen Geschehens eingeordnet ist, welche vor- und nachgelagerten Arbeiten in anderen Abteilungen wie erledigt werden und wie dort die neue Technologie eingesetzt wird oder eingesetzt werden kann. Es wird meist nicht einmal eine allgemeine Einführung in die Computer-Technologie angeboten.
Durch den Transfer der Qualifikationen von Menschen in einen Rechner wird die personenbezogene Qualifikation entbehrlich. Die neue Qualifikation, die man durch Anlernen für einen ganz bestimmten Arbeitsplatz gewinnt, ist über diesen kleinen Teilbereich hinaus auf dem Arbeitsmarkt wenig wert. Der allgemeine Vorgang der Dequalifizierung bei technischer Innovation wird also einmal durch die Besonderheit dieser neuen Technologie, durch die Überführung individueller Fähigkeiten und Kenntnisse in die allgemein handhabbare Modellroutine des Rechners verstärkt. Daß dies bei Konstrukteuren und den anderen Fachkräften in Konstruktions- und Entwicklungsbüros ganz besonders zu Buche schlägt, liegt auf der Hand. Eine weitere Dequalifizierungsursache liegt in der Form der Schulung, die aus Gründen der Konkurrenzsabgrenzung in der Hand der Anbieter verbleibt. Diese sind darauf bedacht, eine kurze Einübungszeit zu

erreichen und bieten darüber hinaus auch an, in der Einführungsphase Spezialkräfte für die Eingabe der Programme zur Verfügung zu stellen. Dies führt dann dazu, daß nur wenige Mitarbeiter eine umfassende Qualifikation erlangen können, was die Dequalifizierungstendenz durch die angelegte Trennung von wenigen qualifizierten und vielen geringer qualifizierten Mitarbeitern verstärkt.

Computer als Organisations- und Kontrollinstrument

Arbeitsorganisation und Betriebsstrukturen sind Ausdruck unterschiedlicher Machtverhältnisse zwischen Menschen, von Machtunterschieden, die nicht endgültig fixiert sind, sondern sich z.b. im Laufe der letzten 100 Jahre etwas vermindert hatten und sich jetzt wahrscheinlich wieder vergrößern werden.

Dem Arbeitgeber wird durch die neue Technik die Möglichkeit an die Hand gegeben, die gesamten betrieblichen Abläufe zentral zu steuern, zu koordinieren und zu kontrollieren. Der zentrale Computer kann jede Bedienung der peripheren Geräte registrieren, und die Rechenzeit kann ebenso kontrolliert werden wie die Einschaltzeiten, die Zahl der Arbeitsschritte, die Fehlerhäufigkeit – um nur einige Möglichkeiten zu nennen. Der Zentralcomputer bietet ein nahezu perfektes System der Leistungsüberwachung.

Bildschirmarbeit oder Umgang mit anderen Dialogsystemen ist Ausdruck vertikaler Kooperation; horizontale Kooperationsschritte sind systemwidrig, geradezu störend und werden nicht zugelassen. Damit verstärkt die Computer-Technologie die Bedeutung vertikaler Organisationsstrukturen von oben nach unten; Herrschaft über das System und nicht Kooperation unter den Beteiligten ist vorherrschendes Kennzeichen. Wer über den Zentralrechner verfügt, verfügt auch über die Gesamtheit des entpersonalisierten Wissens. Die Spitzenposition in der vertikalen Organisation des Betriebes macht unabhängig vom Fachwissen der Mitarbeiter und ermöglicht den zentralen Zugriff. Es wird also nicht nur die Leistung kontrollierbarer, sondern die fortschreitende Entpersonalisierung des Wissens verändert auch die formellen und informellen Herrschaftsverhältnisse einseitig zu Ungunsten der Arbeitnehmer. Je mehr Teile des Betriebes erfaßt werden, um so größer wird der Machtvorsprung der Hierarchie-Spitze. Zwar sind moderne Industriebetriebe zu differenziert, als daß ein Wiederaufleben eines partriarchalischen Herr-im-Haus-Unternehmertums möglich wäre, aber tendenziell geht's rückwärts in diese Richtung. Das wird sicher nicht von allen bedauert. Wer Wirtschaftspolitik auf Unternehmergewinne ausrichtet, dem wird die technologisch herbeigeführte Wende zu autoritärer Machtstrukturen im Betrieb sicherlich nicht ungelegen kommen, und er wird wenig Interesse daran haben, die sozialen Folgen der Computer-Technologie kennenzulernen, geschweige denn zu verhindern.

Gekürzte Fassung eines Berichtes über das BMFT-Forschungsprojekt „Die Bedingungen und Folgen computergestützten Konstruierens am Arbeitsplatz", gesendet in WDR 3 am 12. Januar 1984. Wiedergabe mit freundlicher Genehmigung des Autors.

Otto Ulrich

Computer-Totalitarismus
Zur Mechanisierung der geistigen Tätigkeit

Die Realität der Optimisten

Manche machen es sich leicht, zum Beispiel so: Der kleine „Personalcomputer" ist nur ein weiteres Hilfsmittel zur Bereitstellung gespeicherter Informationen. Was liegt näher, als ihn wie jedes bisherige bekannte technische Produktionsmittel in den betrieblichen oder behördlichen Arbeitsprozeß einzubauen. In dieser Perspektive liefert der Computer dann jenen Rohstoff, aus dem die Zukunft entstehen soll, die in verschiedenster Form veredelte neue Ressource „Information".
Sowohl der zukünftige „Handel mit Informationen" als auch die zum Sachzwang stilisierte japanische und amerikanische Herausforderung im Bereich der Telekommunikationsindustrie liefern die Begründung dafür, warum die „Computerisierung" kein Selbstzweck sein soll, sondern technologische Grundlage zur „Modernisierung" der Industriegesellschaften. Ganz offiziell und unter aktiver Förderung des Staates wird so unsere Gesellschaft einem umfassenden Rationalisierungs- und Zentralisierungsprozeß ausgesetzt. Dabei bestätigt sich erneut, daß die technisch-wissenschaftliche Elite (jetzt die Informatiker und Ingenieure) die eigentlichen sozialen Revolutionäre sind (Galbraith).
Fragen nach dem Wert des Menschen und seiner Zukunft als Subjekt im Strudel der „informationellen Revolution" werden als Widerstand, als Non-Akzeptanz, als Unverstand, als störend und mittelalterlich diffamiert. Was technisch möglich ist, wird gemacht, und es wird weiterhin – in sozialer Perspektive – nichts dazu gelernt! Lehrt die öffentliche kritische Thematisierung des technischen Fortschritts in den letzten Jahren wirklich nichts Neues? Die damals, vor etwa 10 Jahren einsetzende, zunächst ignorierte, lächerlich gemachte Diskussion über die Risiken des technischen Fortschritts für die *ökologische* Umwelt verlief im Prinzip und in der Struktur nach dem gleichen Muster wie heute, wo auch jeglicher Hinweis auf eine möglich werdende radikale Wandlung der *informationel-*

len Umwelt mit seinen Konsequenzen für die zwischenmenschlichen Beziehungen wiederum als pessimistisch u.ä. qualifiziert wird.
Die ökologische Krise einerseits und der hochtechnologisch, superindustriell orientierte „Fortschritts"-Typ andererseits und die Ignoranz technikkritischer Positionen wiederum haben wesentlich zur Entzauberung der technischen Zivilisation und zur Bildung und Formierung der neuen sozialen Bewegungen beigetragen. Damals wie heute war es die interessengeprägte Realitätsperspektive der technologischen Optimisten, die — kontraproduktiv — die politische Formierung und Parlamentarisierung der Technikkritik (z.B. in Form der „Grünen") provoziert haben. Vieles spricht dafür, daß auch heute wieder nur sogenannte sachgesetzliche Argumente von Meinungsverstärkern institutionell eingebundener Interessen darüber befinden, ob es eine „gesellschaftliche Herausforderung der Informationstechnik" gibt, oder ob dies als Modethema, als Alibiveranstaltung, aufs Programm gesetzt wird.
Aber wird nicht wieder die Rechnung ohne den Wirt gemacht (d.h. ohne Sensibilität für soziale Prozesse, ohne Ahnung von den tiefgreifenden Konsequenzen des Wertewandels)? Die Analogien drängen sich auf: Die Zerstörung der natürlichen Lebensbedingungen war nicht länger zu tabuisieren, denn sie wurde faßbar, erlebbar, sie erzeugte Betroffenheit und wurde damit politisierbar. Heute wird — global und lokal — auch von offizieller Seite gegen die weitere Zerstörung ökologischer Systeme *therapierend* angegangen. Die Verstärkungsfunktion der neuen sozialen Bewegungen, die konkrete Betroffenheit vor Ort und radikal neue Formen der politischen Aktivierung von nicht kanalisierten Interessen haben zu einer weit verbreiteten Sensibilisierung gegenüber den Ergebnissen des konventionellen Fortschrittmodells geführt. Verstärkt wurde damit aber generell die grundsätzliche Skepsis gegenüber jenen Argumenten, die — auch heute wieder — mögliche Risiken einer technischen Zerstörung unserer informationellen Umwelt, jetzt durch vernetzte Computersysteme als unbegründet, als unwissenschaftlich usw. darzustellen versuchen.
Der technische Fortschritt in Gestalt der Mikroelektronik und des darum gebauten Computers und zahlloser anderer vernetzbarer Telekommunikationsgeräte setzt jetzt an einer anderen (der soziopolitischen) Sphäre des Menschen an, stiller, zunächst nicht konkret erlebbar (wie Waldsterben heute), aber ebenso grundsätzlich verändernd wie „Saurer Regen" und dessen Konsequenzen für den Menschen mit seinen ökologischen Abhängigkeiten.
Jetzt geht es um die Formalisierung des Alltagslebens, die Objektivierung

von Bewußtseinsformen und deren Zerstückelung in logische „wenndann"-Strukturen. Die Normierung („McDonaldisierung") der sinnlichen Wahrnehmung, die Mechanisierung der geistigen Arbeit, das Vordringen von „Maschinen-Denken" aufgrund formalisierter, beschreibender Realitätswahrnehmungen ist die neue, schleichende, direkt (noch) nicht faßbare, also politisierbare, Herausforderung der Computerisierung.
Die Gefahr eines Positivismus, der bewußt Sinnfragen ausklammert, liegt in der Logik einer Tendenz, die die direkte, zwischenmenschliche Kommunikation durch eine technische, standardisierte ersetzen will. Dies Verlaufsmuster der Mechanisierung jetzt auch geistiger Tätigkeiten soll entfaltet werden.

Zur Logik der neuen Mechanisierung

„Information" wird – in der Perspektive der Realisten – mehr und mehr zu einer Ware, zu einem auch handelsfähigen Produkt, das vom Produzenten, dem selbständig operierenden Informationssystem, erzeugt und elektronenschnell von Datenbank zu Datenbank über das dazwischen liegende Supernetz (unser weit verzweigtes Telefonnetz) transportiert wird. Die Ungleichzeitigkeit von Ort und Zeit hebt sich auf. Vollständige Zentralisierung und totale Dezentralisierung (Verteilung der Technik z.B. in Form von Datenbanken) sind – einmalig in der Geschichte – Kennzeichen ein und derselben elektronischen Superstruktur. Das Informationssystem z.B. der Bank kann mit dem der Versicherungsgesellschaft, das wiederum mit dem der Steuerbehörden, diese wieder mit dem des Kraftfahrtbundesamtes, mit dem Bundeskriminalamt usw. verknüpft werden.
Die zukünftigen Informationssysteme sind tendenziell global, zeitunabhängig, technisch in einem einzigen Netzwerk miteinander verzahnt. In dieser Perspektive erhält der „kleine Personalcomputer" eine politische Dimension, weil er als ein Glied im Prozeß eines gigantischen, heranwachsenden Jumbo-Informationssystems begriffen wird. Aber das allein reicht nicht aus, den „neuartigen gesellschaftlichen Immobilismus" (Weizenbaum) zu erklären.
Ein Blick auf die formalen Prozesse des Computers hilft weiter: Computer beruhen ihrer ganzen Funktionsweise nach auf der Formalisierung von Entscheidungsstrukturen. Die einzige Logik, die ihnen entspricht, kann nur nach den Kriterien richtig oder falsch vorgehen (binäre Logik). Die dazu notwendige Formalisierung inhaltlicher Aussagen erfolgt dergestalt,

daß genau definiert wird, welche Form Aussagen besitzen müssen, und daß nur eine bestimmte Kombinatorik von Aussagen zulässig ist (*und* und *oder* und *nicht*), die dann nach ihrem jeweiligen Wahrheitsgehalt abgefragt werden. Dieses Verfahren (man nennt es algorithmisch) zur Lösung von Problemen ist einem Spiel vergleichbar, z.B. dem Schachspiel; es funktioniert nur, wenn die Spielregeln vorher festgelegt sind und sich alle daran halten. Solche Lösungsverfahren können sehr komplex, ja fast unüberschaubar sein. Ihr mechanischer Charakter bleibt aber auch dann erhalten. Gerade die Logik der Computerprogramme veranlaßt zu der Meinung, der Computer befreie von dem routinehaft Wiederkehrenden. Nur befreit er die Betroffenen nicht davon, sondern konfrontiert sie an ihrem Bildschirm-Arbeitsplatz ständig mit derartigen streng geregelten Abläufen.
Kein Problem kann durch einen Computer erklärt werden, er kann es nur zerlegen und damit bearbeitbar machen. Computer simulieren Wirklichkeit, aber nur in der Form, daß alle Uneindeutigkeit im integrierten Schaltkreis verschwindet. Das Eindringen der Mikrocomputer in immer mehr Bereiche, ihr Alltäglichwerden auch für den, der nicht in einem Rechenzentrum arbeitet, ist es, das uns die Auseinandersetzung aufzwingt. Welche Auswirkungen der Umgang mit ihnen – ob freiwillig oder unfreiwillig, ob am Arbeitsplatz, in der Schule oder zu Hause – haben wird, liegt in der Grauzone des Vermutens. Jedenfalls wird es kein Mehr an Sinnlichkeit und Spontaneität sein können. Es wird ein Mehr sein, ein Weiterführen dieser Computerrationalität, die sich nicht fragen kann, warum sie handelt, sondern nur immer perfekter bestimmen kann, wie sie handelt.
Die Null-Eins-Logik kann keine Widersprüchlichkeit, Mehrdeutigkeit, Unwägbarkeit ertragen. Und das ist es eben, was sich von Seiten des Rechners in das menschliche Erleben und Verhalten hineindrängt. „Menschen, die ständig mit routinierten Abläufen zu tun haben, werden in gewisser Weise routine- und automatenhaft". (Volpert) Die neuen Wissensmaschinen stehen schon bereit, um das Verschwinden der Fähigkeit zu assoziativem Denken zu beschleunigen, den Menschen von seiner unverwechselbaren Subjektivität zu entleeren. Computer, Roboter, Bürosysteme, Expertensysteme sind jene Maschinen, die, mit Programmen der „künstlichen Intelligenz" ausgestattet, eine historisch neue Phase der Mechanisierung, jetzt der geistigen Tätigkeit einleiten.
Arbeit erhält eine neue Qualität, weil es diesmal – in Weiterentwicklung entsprechender Erfahrungen aus der industriellen Revolution – nun um die Entleerung, die Wissensenteignung jener Reservate menschlicher Individualität geht, die bislang als unantastbar „menschlich" galten: das logi-

sche Folgern und Kombinieren, der Dialog, das Erkennen von Problemen durch Sprache und Bild, das assoziative Schließen vom Einzelnen zum Ganzen usw.
Aber nicht nur das. Begleitet wird diese schleichende Zersetzung von für uneinnehmbar gehaltenen Bastionen des menschlichen Denkens durch Vorstellungen, die den Menschen, ja, die ganze Gesellschaft nach Kategorien beurteilen, die eindeutig der Computerwissenschaft entnommen sind. Mit Begriffen wie „Intelligenz", „Sprache", „Gedächtnis", „Entscheidungen" usw. läßt sich ein Computer, aber nicht menschliche Erfahrung – obwohl es laufend geschieht – beschreiben. Beide, Mensch und Computer, sind vollständig verschieden, ebenso wie sich die „Steuerbarkeit" einer komplexen Gesellschaft nicht mit Regelungsbegriffen aus der Systemtheorie bewerten läßt.
Aber es geschieht in dem Maße, wie versucht wird, den Menschen in eine formalisierte Computerwelt einzupassen. Der Mensch wird, gerade weil er als Mensch noch Träume, Ahnungen, Emotionen, Gefühle, Glauben, Hoffnung hat, immer mehr als eigentliches Hindernis für eine effektive Nutzung der neuen Maschinen erkannt. Die Faszination des Instrumentes, die verzweifelten Anstrengungen es zu beherrschen, führen aus der Perspektive einer selbst auferlegten Sachzwang-Logik dazu, allgemein verpflichtende soziale Normen, kulturelle Werte, sogar die Subjektivität des Menschen, den normierten Bedingungen einer neu entstehenden riesigen „Megamaschine" anzupassen, zu unterwerfen. Dieses Projekt hat auf allen Ebenen des gesellschaftlichen Lebens begonnen. Die Formalisierung auch der geistigen Tätigkeit und Wissensverarbeitung setzt sich überall durch, sie läßt nur noch rationales, beschreibendes, positivistisches, also unpolitisches Denken zu. Kreativität und Kritik wird wie alles Nicht-Quantifizierbare in den Bereich der Irritationen überwiesen – deshalb blüht wohl auch die Fantasy-Welle, wenn auch entpolitisierend und entmündigend. Kreativ und kritisch ist man dann nicht mehr im Bereich der Planung und Steuerung von Produktion und Politik, sondern im Bereich der Meditation und des Batikens.
Ein Maschinen-Denktypus überwuchert die grundlegende Erkenntnis, daß Sinn und Vernunft Rationales und Irrationales gerade aufeinander beziehen und wesentlich mehr sind als zweckrationale Verarbeitung von Information. Wenn sich die vom Computer halbierte Rationalität durchsetzt, macht sie den Menschen zum Anhängsel der Wissensmaschine. Dann programmieren nicht nur Menschen die Computer, sondern die Computer programmieren die Menschen.

Was da durch die Computerisierung im Bereich der informaionellen Umwelt des Menschen angerichtet wird, ist Gleichschaltung nach den Bedingungen der Maschine. Was ist das anderes als ein technologisch erzeugter Totalitarismus – eben „Computer-Totalitarismus"!

Was läßt sich tun?

Die Verfügbarkeit über den Einsatz der neuen Wissensmaschinen wird bestimmt von gesellschaftlichen Interessengruppen. Diese sind politisch beeinflußbar, wenn auch immer schwerer. Gleichwohl ist der Ausgang der Computerisierung unserer Gesellschaft jetzt noch offen. Aber nicht anachronistische Maschinenstürmerei ist Gebot der Stunde. Es geht um die Definition und Durchsetzung von Regeln. Einsatzprinzipien (in Holland werden schon spezifische Einsatzmoratorien diskutiert), die den hektischen, perspektivlos-einseitig verlaufenden Prozeß der Informatisierung einbettet, kanalisiert und die weitere technische Entwicklung in die Abhängigkeit von der Erreichung menschlich oder gesellschaftlich als wünschenswert definierter Ziele bringt.

Dieser Aufsatz ist in der Zeitschrift „Die Neue Gesellschaft – Frankfurter Hefte", 1/1985, S. 21–23, erschienen. Abdruck mit freundlicher Genehmigung des Autors und des Verlages.

2 Für und Wider CAD: Reflexionen und Erfahrungsberichte

Einführung

von Gernot Feldhusen

Computer haben die Architektentätigkeit schon lange erreicht, aber in Deutschland bisher nur in Bereichen, die für den Architektenberuf nicht als wesentlich gelten. So herrscht (noch) die berühmte trügerische Ruhe. Aber die Computer haben das Zeichnen gelernt, was vor wenigen Jahren zwar nicht als undenkbar, aber eben als technisch unmöglich galt. Darüber hinaus können die Computer mittlerweile räumlich-ästhetische Visionen vermitteln und zwar in einem frühen Stadium der Planung und auf eine Weise, die mit dem klassischen Medium der Architekten, der Zeichnung, nicht möglich gewesen wäre. Nun geht es an das „Eigentliche" der Architektentätigkeit, an die Fähigkeit des räumlichen Vorstellungsvermögens, und es drängt sich die beunruhigende Frage auf: Sind die Architekten, vor allem die freiberuflichen Architekten auf diese Herausforderung vorbereitet?

Joachim Langner erinnert in seinem Beitrag an den Sackträger im Basar, den die Erfindung des Rades überrascht. Reagiert dieser mit der Blockade seines Verstandes, „überrollt" ihn die Entwicklung im wahrsten Sinne des Wortes. Reagiert er mit Aktivierung, wird er schnell entdecken, daß der Basar mit seinen engen Wegen nicht überall und nicht sofort für den Karren geeignet ist. Bestimmte Lasten müssen weiterhin getragen werden, aber der Träger muß auch das Schieben lernen. Ähnlich geht es dem Architekten. Er wird sich mit dem „Biest" Computer vertraut machen müssen. Langner empfiehlt die quasi homöopathische Therapie: mit kleinen Schritten anfangen und langsam die Dosis steigern. Ähnlich Martin Streb, der dem Computer gegenüber im grundsätzlichen keine Berührungsangst zeigt, der aber „zuwarten" kann und will. Hans Stumpfl ist da entschiedener. Er wagt die Prognose, daß das computergestützte Zeichengerät sich in Architekturbüros aufgrund technischer Mängel nicht durchsetzen wird. Er empfiehlt dagegen den Bildschirm und damit einen elektronischen Planungs-, Kooperations- und Partizipiationsprozeß, geht also einen Schritt weiter. Solche Gedanken werden aber viele Architekten „aus dem Stand" nicht vollziehen wollen und auch können.

Wie aber kann sich der Architekt mit dem „Biest" Computer vertraut machen? Drei Feststellungen könnten hier hilfreich sein. 1. Die Geschichte des CAD dauert schon länger, als die meisten ahnen. 2. Entwerfen ist auch ein Prozeß der Informationsverarbeitung. 3. Entwerfen ist zwar ein geistiger Prozeß, aber auch dieser läßt sich in Schritte zerlegen. Damit wird auch eine ganzheitlich-kreative Geistestätigkeit durch Maschinen unterstützbar. Ich habe in meinem Beitrag versucht, die allgemeinen theoretischen Grundlagen des CAD zu erörtern und vor allem die amerikanische Entwicklung aufzuzeigen, die unserer voraus ist, weswegen wir daraus lernen können. Klaus Hüttner beschreibt sehr einleuchtend das gedankliche Prinzip des CAD, nämlich die gebäudespezifische Datenbank, welche mit der Verwaltung graphischer und nicht-graphischer Daten mit allen ihren Vorzügen der Genauigkeit, Fehlerfreiheit etc. den „menschlichen" Entwurfsprozeß unterstützt und verbessert. Damit ist CAD eindeutig ein Werkzeug, aber es ist gleichzeitig mehr, nämlich ein neues Medium, in dem sich geistige Prozesse ausdrücken. Diederichs, Cembrowski und Kapitza beschreiben informativ den „Maschinenpark" und seine Ausführungsmöglichkeiten in der Bauplanung. M. Meinel ergänzt diese Perspektive durch solche im Städtebau. Mit diesen Beiträgen wird die Diskussion um das „Wesen" des Entwurfsprozesses zwar kaum mehr als angerissen, aber dennoch eine Diskussion vorgeführt, in die einzusteigen jeder Architekt nicht umhin kommen wird, weil die Computer eben eine sehr praktische und „handgreifliche" Dimension haben. Architekten werden vermutlich „umlernen" müssen, als Angehörige eines der letzten hand- und „geistwerklichen" Berufe, die vom Computer erfaßt werden. Sollten sie es wirklich schlechter machen als der Sackträger des Basars?

Joachim Langner
Berührungsangst

Der gelernte Sackträger in Baghdads Basaren und Soukhs, jene gewitzte Mischung aus Kraft, gelenkiger Schnelligkeit, Erfahrung und selbstbewußtem Durchsetzungsvermögen, hält sich selbst für unersetzbar. Jetzt und in der Zukunft auch.
Da überrascht ihn die Erfindung des Rades.
Schon glaubt er, man würde ihn eines Tages womöglich für überflüssig halten, und diese Befürchtung setzt Emotionen frei, erzeugt Aggressionen und blockiert seinen Verstand.
Die Geschichte bietet Tausende an Beispielen vergleichbarer Generationskonflikte, hervorgerufen durch das Aufeinanderprallen von Überlieferung und Neuheit, in deren Folge der Sohn den Vater schnell und voller Vorurteile für einen alten Esel hielt, während jener ihn „Luftikus" beschimpfte und das Ende der Welt nahen sah.
Ähnliche Gedanken befallen manchen Architekten, der seinen zehnjährigen Sohn beim Computerspiel beobachtet, vermag er selber doch gerade nur mit Mühe und verborgenem Widerwillen seinem Taschenrechner Ergebnisse mit Hilfe der vier Grundrechenarten zu entlocken.
Einmal mehr erreicht er jetzt in seinem Berufsleben eine Weggabelung, die ihm die berühmten zwei Möglichkeiten anbietet:
Entweder er ist mutig und fleißig, dann trocknet er den Bach seines Nachholbedarfs dadurch aus, daß er so schnell wie möglich Nachhilfestunden nimmt, um sich dadurch, meist schneller als vermutet, in Besitz der notwendigen Kenntnisse und Fähigkeiten zu setzen. Schließlich ist er ja auch nicht mit einem Auto-Führerschein auf die Welt gekommen.
Oder er ist feige und träge, dann besteht seine einzige Energieentwicklung darin, die Flinte, so weit es geht, ins Kornfeld zu werfen. Bekannte Beispiele aus der Vergangenheit lassen den Beobachter vermuten, der Flintenwerfer würde fürderhin viel Zeit darauf verwenden, einen philosophischen Überbau als Begründung für diese Heldentat zu entwickeln, um mit mehr oder minder faulen Ausreden vor sich selbst bestehen zu können.
War es in vergangenen Zeiten hauptsächlich der Kleriker oder der Medizinmann, der in der Erfindung der Postkutsche, der Waschmaschine oder des Kühlschranks ein Werk des Teufels sah, so haben auch andere Personen

sich dem Fortschritt entgegengestellt, Industrieapparate oder dergleichen zerschlagen, sobald sie hinter solcherart Geräten einen Angriff auf ihre Existenz vermuteten.
Wer kennt nicht die Einwände überängstlicher Vorväter , die seinerzeit selbstsicher prophezeiten, die Kühe würden angesichts einer mit dreißig Ka-emm-ha vorüberrauschenden Dampfeisenbahn saure Milch geben; ihr Blutkreislauf würde kollabieren und sie würden auf den Wiesen tot umfallen.

Kommunikationsmittel Sprache

Wer Neues erfindet, weicht gleichzeitig vom Gewohnten ab. Diese Binsenweisheit enthebt ihn nicht der Pflicht, von eben jenem Bekanntheitsgrad des Gewohnten auszugehen, will er seine „neumodische" Erfindung anderen erläutern. Nur dann werden seine Zuhörer bereit sein, ihm zu folgen. Mißachtet er dieses grundlegende pädagogische Gesetz, so wird es für ihn wie für die anderen viel komplizierter.
Auf allen Gebieten machen es die Neuerer ihren Mitbürgern doppelt schwer, schüren sie doch deren Mißtrauen nicht allein durch die Erfindung und Verbreitung einer neuen, spezialisierten und sich rasch verselbständigenden Ding- und Begriffswelt, nein, sie vergrößern den Abstand darüber hinaus noch durch den auftrumpfenden Gebrauch eines sonderlichen Dialekts, man nennt ihn Expertensprache.
Ein Beispiel: welcher noch so gutwillige Anfänger-Architekt fühlt sich aufgeklärt durch Vereter-Sätze wie:
„Die Power-Box von Ixpex ist ein Winchester-Massenspeicher für IBM PC, Apple und alles, was mit Multibus, Q-Bus oder S 100-Bus arbeitet. Dem Benutzer des 5 1/4 Zoll-Laufwerkes stehen je nach Ausführung 5 bis 22 Megabytes in schnellem Zugriff zur Verfügung (Latenzzeit 8,3 Millisekunden, Übertragungsrate 5 Megabit pro Sekunde)"?
. . . Verdammig! Da kommt doch bei jedem Leser sofort Stimmung auf! Unversehens wandelt sich der eben noch hoffnungsfrohe Einsteiger zum gänzlich versäuerten Aussteiger: es folgt die bekannte Wurfgeste in Richtung Papierkorb. Der Architekt fühlt sich von unverständlicher Werbung umzingelt und sucht verdrossen das Heil in der Flucht. Zum Leidwesen des Verkäufers, der sich ja zu Recht überhaupt nicht verstanden fühlt, wird der vermeintliche Kunde sich sobald nicht mehr mit dieser Sache beschäftigen.

Sicherlich wird eines Tages einmal ein Psychologie-Doktorand die übertriebene Selbstdarstellungsart der Reklamefuzzies untersuchen, die einen fast masochistischen Gefallen daran finden, sich eines gewollt aufgeblasenen Kauderwelsches zu bedienen, anstatt die klare und verständliche Ausdrucksweise der Umgangssprache als Verständigungsmittel zu verwenden.
Leider erweisen sich viele der von fleißigen Elektronik-Vertretern abgehaltenen mündlichen Verkaufsberatungen und Pseudoseminare (mit kaltem Buffet) von ähnlich durchschlagender Qualität, verfügen doch die meisten Verkäufer zwar über eine schnellkursangelernte Apparatekenntnis, jedoch über keinen blassen Schimmer einer Ahnung von den Vorgängen und Arbeitsabläufen in einem Architekturbüro. Deshalb verschanzen sie sich hinter ihrem Verkaufschinesisch, in der Hoffnung auf schnellen Vertragsabschluß, bevor der Kunde noch merkt, daß zum Betrieb seines repräsentationsaktiven Wunderwerks, kurz „hardware" genannt, noch etwas anderes gehört, mit Namen „software". Und wie bei mancher „sanften" Blonden nistet gerade hier der Teufel im Detail.
Man sollte nicht glauben, wie viele überstürzt erstandene kostbare Geräte nur teil- oder gar völlig ungenutzt in Deutschlands Büros herumstehen und nicht mehr vollbringen als einen dollen Eindruck auf nichtsahnende, aber irrtümlicherweise Großes dahinter vermutende Besucher.
Dabei können diese Geräte demjenigen, der sie gut zu nutzen versteht, soviel helfen wie die weiland Heinzelmännchen den Handwerkern einer berühmten rheinischen Großstadt.
Einsichtige begreifen schnell wie unsinnig es wäre, einen Trupp dieser fleißigen Hilfskräfte engagieren zu wollen, bevor man sich Gedanken gemacht hat, welche Hilfe man von ihnen überhaupt erwartet. Richtige Arbeitsvorbereitung verhindert frustrierende und teure Leistungsverzögerungen.
Übersetzt auf den erwünschten Computerkauf heißt das: Keine Anschaffung von Maschinen, solange man nicht über eine umfassende Analyse des eigenen Betriebs verfügt, sowie eine Definition all dessen, was man sich vom Gerät verspricht.

Vor der Kaufentscheidung liegt das Ordnen der Bürotätigkeiten

Die Reihenfolge der notwendigen Vorarbeiten sollte also etwa so aussehen:

Erstens: Definition der eigenen Leistungen. Dabei mag einem der Paragraph „Fünfzehn" der Gebührenordnung HOAI mit den detaillierten Einzelbeschreibungen als Wegweiser dienen, denn sie stellen ja auch eine Art Berufsbild des Architekten dar. Diese Arbeit erfordert etwa den Aufwand von zwei Denkstunden und füllt als Notiz vielleicht nur eine einzige Blattseite.

Zweitens: Überprüfung der eigenen Leistungeschritte hinsichtlich moderner „Verfahrenstechnik".
Kopier- und Lichtpaustechnik, Vergrößerungen, Verkleinerungen und so weiter...
Was könnte mit Hilfe konventioneller Bürogeräte vereinfacht werden?

Drittens: Kritische Betrachtungen der büroeigenen Ordnungssysteme: DIN 276. SfB-System. Heinze-Codierung. Ordnung in Anlehnung an Lehmbrocks Kartei „Bau, Raum, Gerät", oder andere ...
Hierbei sollte zu denken geben, daß der öffentliche Bauherr den Architekten grundsätzlich dazu verpflichtet, nach DIN vorzugeben. Wer also glaubt, je einen Auftrag von Kommune, Land oder Bund zu erhalten, sollte sich von vornherein entsprechend einrichten.
Obwohl keines der großen, weit verbreiteten Ordnungssysteme ausschließlich Vorteile bietet und nicht auch Nachteile besitzt, ist es vorteilhaft, sich frühzeitig einem davon anzuvertrauen und nicht etwa ein eigenes zu entwickeln versuchen. Trotzdem geht man kaum fehl, wenn man vermutet, daß die sechzigtausend Architekten der Bundesrepublik über fünfzigtausend selbstgemachte Ordnungssysteme verfügen. Das ist verpulverte Energie. – Was hat dieser unnütze Ausdruck scheinbarer Individualität mit Architektur zu tun?

Viertens: Ausschreibungswesen.
Diese Frage subsumiert sich heute eigentlich auf die Entscheidung: Sollen Texte eigener Dichtkunst oder die aus dem Stan-

dardleistungsbuch verwendet werden? Darüber wird später noch ausführlicher zu lesen sein.

Fünftens: Erste Information über hardware-Systeme, nur zum Kennenlernen. Danach Vorentscheidung:
5.1 Schreibautomat
5.2 (Mini) Computer für den AVA-Bereich (Ausschreibung, Vergabe, Abrechnung)
5.3 CAD-System, umfassend für die Entwurfs-, Planungs- und AVA-Leistungsphasen

Sechstens: Suche nach der die eigenen Architektenleistungen unterstützenden „software".
Empfehlenswert ist die Anlehnung an ein büronahes software-Haus. Wie man ja das Autofahrenlernen tunlichst mit Hilfe eines Fahrlehrers bewerkstelligt und nicht in Selbstlernmethode, ist es ratsam, sich auch auf diesem zunächst unbekannten Gebiet von einem Architektur-Computer-Fachmann beraten zu lassen, nicht von einem Vertreter einer bestimmten Herstellerfirma.

Siebtens: „hardware"-Kauf (Miete, -Leasing)

Das Motto heißt: „1. Ordnung 2. software 3. hardware"

Geht jemand den umgekehrten Weg, so kann es geschehen, daß er zwar stolzer Besitzer eines glänzenden Porsche geworden ist –, den er auf dem Zugspitzplatt oder als Bewohner der Hallig Hooge aber gar nicht gebrauchen kann.
Nun gehört Ordnungssinn ja nicht gerade zu den hervorstechenden Tugenden von Architekten, deren gern benutztes Schutzargument „Phantasie läßt sich nicht ordnen", eher der Flucht vor etwas Unbekanntem, Unüberschaubarem dient als der Entscheidungsfindung.
Natürlich stimmt es, daß die Phantasie sich schlecht in einen Raster pressen läßt, nur ist das in diesem Zusammenhang gar nicht die Frage. Vielmehr handelt es sich zunächst ausschließlich um die prosaisch-geschäftlichen Seiten des Berufsbildes: der geringe Phantasieanteil bei der notwendigen Ausschreibung von Erdarbeiten, von Betonfundamenten, oder beim

Verbundanstrich kann von jedem noch so berühmten Architekten, genauso vernachlässigt werden wie derjenige einer Rechnungsprüfung oder der der leidigen Kostenüberwachungsarbeit.
Und genau diese eher ungeliebten Tätigkeiten sind es, die den Computer zuerst zur Hilfe rufen, und hier kann er wirklich segensreich wirken. Wie der Fahrschüler sich während der ersten Fahrstunde kaum um powerslide oder Formel-1-Getriebe zu kümmern bereit ist, so wenig wird der Einsteiger in die Computerpraxis hier ausgerechnet mit den phantasieabhängigen Tätigkeiten der Leistungsphasen 2 bis 5 beginnen wollen. Es ist nicht so falsch, vorab bei der gewohnten 6 B – Entwurfsmethode zu bleiben und sich Computerkenntnisse erst einmal auf dem Gebiet der Leistungsphasen „6. Vorbereitung der Vergabe" bis „8. Objektüberwachung" anzueignen.
Die Angst des Sackträgers – oder sollte man besser sagen: sein emotional begründeter Widerwille? – beginnt nicht erst beim „Computer", sondern schon viel früher: bei so überlieferten Begriffen wie „Mathematik" oder „Technik" oder „Standdardleistungsbuch". Das sind Worte, auf die der „normale" Architekt ebenso unterbewußt wie automatenhaft mit Antipathie reagiert, befürchtet er doch gerade aus dieser Gegend Scharfschüsse auf seine Existenzgrundlage. Er geniert sich gar nicht, wenn er freimütig zugibt, davon verstünde er nichts. Ja, er kokettiert sogar mit diesem Unwissen und hält die Kenner gern für „Spezialisten" oder gar für „Fachidioten", das ist jener in sich sinnlose Modeschnack, der gern von Nichtskönnern oder (Voll-)Idioten (?) im Munde geführt wird.
Der geographisch schwierig zu definierende Standort weist den Aufenthalt des Architekten irgendwo zwischen Idealismus und Realismus aus, zwischen Geistes- und Naturwissenschaft, selten nur vergleichbar einem ruhenden Fixstern, eher schon einem Pulsar oder gar einem Pendler zwischen verschiedenen Anziehungskräften.
Diese fast sprichwörtliche Unsicherheit und Labilität einer ganzen Berufsgruppe nicht richtig ins Kalkül gezogen zu haben, mag man auch den Erfindern des Standardleistungsbuches ankreiden, wenn sie, zwanzig Jahre nach ihrem Genieblitz, immer noch beklagen, ihr Werk sei zu wenig verbreitet. Sie sind selbst daran schuld!
Ungeschickt und mit nur geringem psychologischem Einfühlungsvermögen haben sie dieser sonst eher positiv zu bewertenden Fleißarbeit ausgerechnet so einen Negativnamen gegeben: „STANDARD"-Leistungsbuch!
Schon bei dem Wort allein stellen sich bei jedem Individualarchitekten die Haare auf dem Buckel.

Welcher unter den sechzigtausend Einzelgängern fühlte sich nicht tief beleidigt, wenn jemand behauptete er schaffe „STANDARD"? Das wird von vornherein nur abwertend verstanden.
Und solch eine Kränkung erzeugt in ihm jene pessimistische Antihaltung, eine Mischung ebenso skeptischen Widerwillens wie fachlicher Ignoranz.
Ohne die Leistungsbücher je geprüft zu haben, wird mancher Architekt forsch und vorurteilig behaupten mit dem STLB könne man allenfalls häufig wiederkehrende Gebäudetypen oder Einfachbauten oder die Supermarktkisten unserer Vororte beschreiben. Das ist der erste Nichtdenk-Fehler. Man will nicht sehen, daß sich jeder Bau, sogar ein vieleckig kurvenreicher wie Scharoun's Philharmonie, in winzige „Standard"-schritte unterteilen läßt.
Die Textordnung der Standardleistungsbücher stellt eine wirklich bedeutende Hilfe auf dem AVA-Gebiet dar und erleichtert jedem Architekten die Erfüllung der HOAI-Leistungsphasen 6 bis 8., gäbe es die STLB's nicht schon, man müßte sie schleunigst erfinden, denn sie sind die beste Grundlage für die maschinelle Hilfe im gegenwärtigen und zukünftigen elektronischen Anwendungsbereich. Man sollte ihren Gebrauch im eigenen Büro eingeführt haben, bevor man einen Computerkauf erwägt.
Dazu sei wiederholt:
Der Architekt muß *vor* dem Kauf eines elektronischen Hilfsgeräts innerhalb seines Büros so deutlich wie möglich klären, was er eigentlich will.
Auf gut Deutsch heißt das: Betriebsanalyse/Arbeitsanalyse.
Glaubt er, er könne sich diese Vorarbeit sparen, so ist seine Enttäuschung schon programmiert, womöglich verbunden mit einem Vermögensverlust. Auch der größte Computer bringt es nicht fertig, einen Durcheinanderladen in einen wirtschaftlich arbeitenden, geordneten Betrieb zu verwandeln.

Die Betriebs- und Arbeitsanalyse

Die Analyse in einfacher Form kann vom Architekten selbst erarbeitet werden. Hierzu bedarf es noch keines Wirtschaftssachverständigen, hat doch der Architekt gelernt, Termin- und Balkenpläne für einfache und mittlere Bauvorhaben auch selbst zu entwerfen und ihre Einhaltung zu überwachen. Erst bei komplizierten Aufgaben, die stark detaillierte Netzplanungen erfordern, bedient er sich der Hilfe eines eigens hierauf spezialisierten Büros.

Für seine Analyse benutze er, als roten Faden, das bekannte Ordnungssystem der in jedem Büro vorhandenen Texte des in neun Phasen gegliederten Paragraphen „Fünfzehn" der Gebührenordnung für Architekten und Ingenieure – HOAI. Auch die dort vorgenommene Unterteilung in „Grundleistungen" und „besondere Leistungen" sollte beibehalten werden – wie man ja im Büro vor der Erfindung eines beliebigen eigenen Ordungsprinzip tunlichst suchen sollte, ob es nicht etwas ähnliches bereits auf dem Markt gibt. Diese HOAI-Texte vergleiche man Satz für Satz und Phase für Phase mit den Leistungen, die das eigene Büro gemeinhin erbringt.

Eine solche Zusammenstellung über die Tätigkeiten des eigenen Büros wird sich von der des benachbarten Kollegen unterscheiden, je nachdem, ob das Büro nur Planungsforderungen erfüllt oder ausschließlich Bauleitungen übernimmt oder, was wohl die Norm ist, alle Architektenleistungen anbietet, von der Phase 1 „Grundlagenermittlung" bis zur Phase 9 „Dokumentation".

Das Ergebnis dieser, an einem einzigen Samstagvormittag erledigten kleinen Denkanstrengung ist ein Schriftstück bis maximal drei Blatt Umfang, mit dem man wirklich gezielt an ein Software-Haus herantreten kann mit der Bitte um Ausarbeitung eines Angebots. Diesem Haus fällt es daraufhin leicht abzuschätzen, bei welchen Leistungen der Architekt spezialisierte Hilfe erwartet, wofür Programme vorhanden sind, welche anderen Programme erst erarbeitet werden müssen, und, letzten Endes, welcher Computerpark sich für diesen Fall eignet.

Nur so wird man sich die Enttäuschung ersparen, Geld für ein Programm oder einen Programmabschnitt ausgegeben zu haben, der sich vorzüglich zur Organisation einer Lagerhaltung eignet, hochinteressant für den Reparaturbetrieb des BMW-Händlers um die Ecke, aber nahezu völlig uninteressant für den Architekten. Skizzenpapier, Bleistifte, Minen, Tusche und Lokusrollen überschaut auch ein großes Büro mit einem Blick, dazu bedarf es keines Computers, wie mancher lebhafte Verkäufer einem weismachen will.

An dieser Stelle darf darauf hingewiesen werden, daß sich ein Software-Haus, dessen Mitarbeitern die Worte „Standardleistungsbuch", „VOB", „Leistungsverzeichnis", „Submission", „Preisspiegel" noch terra incognita sind, für die Beratung eines Architekturbüros als ungeeignet erweisen wird. Wer Banken, Versicherungen oder Zahnärzte zufriedenstellen kann, mag trotzdem für die Bauplanungsbranche untauglich sein. Spezielle Programmaufstellung und -pflege für einen bestimmten Kundenkreis sind langwierig und teuer.

Ein abschreckendes Moment, das hochgradig einen Auslöser von Berührungsangst darstellt, ist darin zu finden, daß der Architekt weitgehend im Ungewissen gelassen wird, darüber, was er denn, über sein Fachstudium hinaus, lernen soll, bevor er den Computer-Umgang beherrscht.
Leider sehen viele Computer-Verkäufer nicht ein, daß gerade sie es sind, die das Unwohlsein bei ihren zukünftigen Kunden hervorrufen und, bewußt oder unbewußt, sogar bleibend vertiefen.
Man betrachte allein Art und Qualität einschlägiger Einführungskurse. Vielfach wird hierin dem Baufachmann weisgemacht, er müsse Basic, Fortran oder wer weiß was für Computersprachen lernen, um sich den Bedarf seiner Programme selbst zusammenbasteln zu können. Von einigen wenigen freaks abgesehen, hat der Architekt zu dieser berufsfremden Tätigkeit aber weder Zeit noch Lust. So mancher ist für einen derartigen Job sogar völlig unbegabt. Er mag aber, was viel wichtiger ist, ein vorzüglicher Architekt sein und würde auch gern den Computer benutzen, gäbe es nur zufriedenstellende Programme.
Wohlgemeinte, aber falsche Forderungen schrecken ab und engen den Markt, zum Leidwesen der Verkäufer, unnütz ein. Die Verkaufspraxis zeigt aber, daß gerade sie häufiger Ursache mit Wirkung verwechseln.
Der Kunde mag noch eben dazu bereit sein, die Handhabung der Maschine zu erlernen, er wird sich aber sträuben, will man ihm weismachen, er müsse Konstruktion oder Funktion erst entwickeln und sich Grundlagen der Informatik aneignen.
Der ehrenwerte Beruf des Programmierers beginnt mit einer spezialisierten Lehrzeit, und er ist so umfangreich, daß ihn nur der Profi richtig auszuüben vermag. Ein Architekt würde hier ewig dilettieren, wollte er nicht wichtige Ziele seines eigentlichen Metiers aufgeben, gar zuschanden werden lassen.
Verkäufer von Maschinen oder Computern sollten sich merken: das Aufstellen von Programmen gehört in den Bereich der Entwicklung und nicht in den der Nutzung.
Der Käufer ist gerade noch bereit, die Benutzeranleitung zu studieren. Er ist aber nicht dazu bereit, einen anderen Beruf erlernen zu müssen. Er will gern Architekt mit Auto und Führerschein-Klasse 3 bleiben. Dagegen sträubt er sich, will ihm jemand weismachen, er müsse erst Automechaniker werden oder drei Monate lang beim TÜV hospitieren. Oder: damit tatsächlich warmes Wasser aus dem Hahn mit dem roten Punkt kommt, sollte er schon wissen, woran er drehen muß. Ihm das detaillierte Wissen um die Funktion eines Dreiwegeventils abzuverlangen, wird ihn überfordern und

bockig werden lassen. Und, vielleicht begnügt er sich dann, völlig frustriert und zum Entsetzen des Verkäufers, mit der altbekannten Wasserpumpe im Hof. Nur so ist zu verstehen, daß sich viele Kollegen heute nach der altbewährten Schere-Uhu-Schnippschnappklebemethode bei der Aufstellung neuer Leistungsverzeichnisse bedienen.
Sie sind die wahren Sackträger im Zeitalter der Lastzüge und Autobahnen.

Was kann die Elektronik eigentlich?

Sie kann den gestreßten Architekten allmählich in die Lage setzen, sich selbst die Basis dafür zu schaffen, den sturen und weniger geliebten Verwaltungsteil seiner Arbeit mit Hilfe technischer Geräte zu vereinfachen und sich gegenüber der Konkurrenz, der wie auch immer gearteten Baubetreuundfertigfritzen zu behaupten. Unter den Abermillionen von Erfindungen der Menschheit gibt es einige, die das Adjektiv „epochemachend verdienen: das Rad, die Dampfmaschine, die Lokomotive, der Otto-Motor, der Mikrochip. Abgesehen von jenen, die unter „Chips" nur einen aus dünnen Kartoffelscheiben hergestellten Partysnack verstehen, meinen viele andere, es sei etwas allein für Großrechner und die Mondfahrt. Dabei werden von diesen lütten Scheiben längst Tastentelefone, Autoeinspritzungen, Kaffeemaschinen, Briefwaagen, Türschlösser und wer weiß nicht was noch alles gesteuert, ohne daß gleich von irgenwoher der Ruf nach persönlicher Freiheit und Rettung des Abendlandes laut wurde.
Eines gilt es bei allen Überlegungen, Sympathien oder Antipathien, zu bedenken:
Mikrochips sind keineswegs von vornherein Feinde der Menschheit, sondern sie sind zunächst so neutral wie andere Erfindungen oder Erscheinungen, zum Beispiel das Feuer. Dieses wärmt einerseits den Frierenden, verbrennt aber auch andererseits sein Haus. Jene erlösen den Menschen von mancher Fron, ermöglichen aber auch Angriffe aus dem Weltraum.

Architektenleistung und Elektronik

Abgesehen von allen möglichen Hilfen, vom automatisierten Telefon bis hin zur elektronischen Briefwaage sind vor allem diejenigen Geräte interessant, die die direkten Tätigkeiten des Architekten erleichtern oder vereinfachen: Schreibautomaten, Minicomputer, Zeichenautomaten. Be-

trachtet man das Berufsbild des Architekten, dargestellt in dem schon erwähnten Paragraphen 15 der HOAI, so läßt sich der Elektronischen Datenverarbeitung (EDV) Leistungsphase für Leistungsphase je ein in der Größe seines Wirkungsgrades variierender Nutzwert zumessen, der von „wenig Hilfe" bis zu „große Hilfe" reicht.
Die meiste Hilfe erfährt der Architekt auf dem Gebiet Angebot-Vergabe-Abrechnung, kurz AVA genannt. Hier wird ihm nicht nur eine große Arbeitserleichterung geboten, er erhält auch noch, als Belohnung, die viel größere Durchsichtigkeit und Sicherheit der kaufmännischen Maßnahmen sowie bessere Unterlagen für künftige Bauvorhaben.
Eng gekuppelt hieran ist ein anderes Planungsgebiet, das der Zeichentechnik (nicht so sehr das des reinen Entwurfs), denn an einen Computer läßt sich ein Zeichenautomat (Plotter) anschließen. Mit ihm erarbeitete beispielsweise im 84er Jahr Professor Deilmann die Werkplanung des Essener Opernhauses Alvar Aalto's.
Eine Liste der möglichen Hilfestellungen durch datenverarbeitende Geräte zeigt dem Elektronik-Anfänger zweierlei: Nicht die ganze Architektenarbeit kann computerisiert werden, aber über weite Strecken vermag die Elektronische Datenverarbeitung (EDV) sehr hilfreich zu sein. Außerdem erhöht sie Quantität und Qualität, das heißt, es lassen sich im gleichen Zeitabschnitt mehr Varianten untersuchen, und Pünktlichkeit und Genauigkeit werden verbessert. Die Elektronik ist also hier sehr hilfreich, wobei man behaupten kann, das Wörtchen „hilfreich" sei, betrachtet man den Stellenwert der Architektenschaft innerhalb unserer Wirtschafts- und Informationsgesellschaft, eigentlich eine Untertreibung; viel treffender müßte es heißen „existenzrettend". Die Architekten sind ja nicht nur abhängig von der Bauherrschaft sondern auch von der Konkurrenz. Und die hält sich nicht lange mit Adjektiven wie „schön" oder „ästhetisch" auf, „post-" und „neo-" sind ihr schnurz. Post- oder Neo- sollen aber gar nicht per Computer erbracht werden, sondern nur die Leistungen, die jene Baubetreuergeneralmatadoren auch erbringen müssen. Wer also künstlerische Momente mit dem Pflichtkatalog der Gebührenordnung verquickt oder gar verwechselt, wird eines Tages auf seinem Entwürfsangebot sitzenbleiben.

Hilfe durch das Gerät

Die Qualität der Architektur war noch nie vom ausschließenden Einsatz bestimmter Geräte abhängig gewesen. Wer zeichnet heute noch mit der Ziehfeder auf Leinwand? Die Älteren haben miterlebt, wie diese Klecksinstrumente nach dem Krieg vom Graphos abgelöst worden sind und wie dieser seinerseits bald vom Rapidographen in verschiedenen Ausführungen verdrängt wurde. Heute wird der gleiche Rapidograph nicht mehr vom Zeichner gehalten und an einer Schiene entlanggezogen, vielmehr steckt er neben Zeichenkegeln anderer Strichstärken in der Buchse des Zeichenarms eines Automaten und folgt den Kommandos des Zeichners, die sich in einmalige Direktkommandos oder sich wiederholende programmierte und gespeicherte Abrufkommandos unterteilen. Bevor die Zeichenstifte in Bewegung geraten, geschieht die ganze „Zeichen"arbeit aber immateriell, elektronisch, zwar bildschirm-kontrolliert aber sonst unsichtbar auf einem Speichermedium (Band, Diskette, Platte). Natürlich zum Leidwesen der Rasierklingenhersteller, denn radiert und gekratzt wird nicht mehr. Das hat seine Ähnlichkeit mit dem Schreibvorgang eines Textautomaten. Dessen Erfindung werden die Tip-Ex-und Korrekturbandhersteller auch verflucht haben.
Leider ist der Einstieg in die Elektronik nicht nur apparate- sondern auch personengebunden.
Was heißt das?
Früher konnte jeder, der gelernt hatte mit einer gewöhnlichen Schreibmaschine umzugehen, eben sofort richtig schreiben, unabhängig vom Fabrikat. Waren zufällig alle Sekretärinnen gleichzeitig krank, so war jeder Nichtschreiber noch im Notfalle in der Lage, langsam nach dem Adler-System (Suchen-Zustoßen) das Ding zu bedienen, auch wenn er den Blindflugschein nicht besaß. Das hat mit der Elektronik aufgehört. Jetzt braucht man einen Führerschein für jeden Autotyp extra.
Dieses Moment des Auf-Gedeih-und-Verderb-auf-einen-Hersteller-Angewiesensein ist ein von den einander beneidenden Fabrikanten in seinen Konsequenzen nicht genügend berücksichtigtes Detail, das manchen Kunden verprellt und ihn womöglich von der Computeranschaffung abhält.
Abgesehen von solchen Produktproblemen, die noch einer besseren Lösung harren, gibt es auch hinsichtlich der Bedienung einiges zu bedenken: wer im Büro wird dieses Instrument spielen dürfen, können, wollen?
Was einen Schreibautomaten anbelangt, so fällt die Antwort leicht: wer

bislang die Schreibmaschine bedient hat, eignet sich die Spezialkenntnisse für den Textautomaten an und nutzt dessen Vorteile. Auch die Eingabe und das Drucken von standardisierten Leistungsverzeichnissen sind keine Hexenwerkereien, sofern ein Baufachmann im Büro die entsprechenden Positionen herausgesucht und mit den jeweiligen Massenangaben versehen hat. Es empfiehlt sich, daß mindestens zwei Büromitglieder mit dem Apparat umgehen können, sonst steht er ab und zu ungenutzt herum, und es wird peinlich, wenn zum Beispiel niemand Zugriff zu den gespeicherten Adressen hat.

Die Anschaffung eines Computers ist nur für das Einmannbüro einfach, der größere Verein wird einen Fahrplan ersinnen müssen, ist es doch von Vorteil, wenn viele Mitarbeiter motiviert sind und sich interessiert zeigen. Sie sollten auch an der Kaufentscheidung mitwirken.

Der Zeichenautomat wird vorläufig eines der letzten Glieder in der Architekten-EDV-Kette sein, aber keineswegs deren Ende, denn der Fortschritt im Elektronikbereich ist mitnichten eine Grass'sche Schnecke.

Den Architektenkollegen wird jetzt mehr als je zuvor eine gleichermaßen olympische sowie artistische Leistung abverlangt: der altbekannte Sprung über den eigenen Schatten.

„Artistisch" aber leitet sich ab von „ars". Und das heißt: Kunst, Geschicklichkeit, Wissenschaft.

Paul Klee, der Zeichner wurde zum Maler und sagte in Kairouan: „Die Farbe hat mich".

„Hat" der Computer den Architekten? „Hat" der Architekt den Computer?

Oder werden die beiden noch jahrelang einander ausweichen vor lauter Berührungsangst?

Martin Streb
Akzeptanzprobleme, Versagungs- und Entscheidungsgründe

Vorbemerkung

Es ist beabsichtigt, das folgende Statement prononciert subjektiv abzufassen, d.h., es reflektiert meinen persönlichen Erfahrungsstand, meine persönliche Situation und nicht das Thema CAD als solches mit all seinen denkbaren, bereits bekannten oder noch zu entschlüsselnden Aspekten.

Die Bürosituation

Selbständiges Büro seit 1970;
- von 1975-1984 in Partnerschaft mit Dirk Bäumer;
- wechselnde Größe von 5 bis 25 Mitarbeiter,
  von 1980 bis 1984 stets über 21 Mitarbeiter, daher dreiköpfiger Betriebsrat;
- z.Zt. Ministruktur mit einer Sekretärin und freien Mitarbeitern;
- Aufgaben in der Vergangenheit von Städtebau bis Innenausbau, keine Spezialisierung, aber zeitweise Schwerpunkt im sozialen Wohnungsbau (Bürotyp: „Gemischtwarenladen");
- Aufgaben z.Z. Um- und Ergänzungsbauten für Gewerbeobjekte, Innenausbau, Restabwicklung des Projektes An- und Umbau Deutsches Schauspielhaus und sozialer Wohnungsbau.

Erfahrung mit CAD

- keine praktischen;
- eine Vorführung: System Arch-Pac;
- sporadische Beachtung der Fachliteratur und Gespräche mit Kollegen oder Fachingenieuren, die über eigene CAD-Geräte verfügen;
- 1 Projekt: Ausschreibung über LV-Standardleistungsbuch und EDV;

- Projekt Deutsches Schauspielhaus: Kostenberechnung Haushaltsunterlage-Bau über EDV;
- Buchhaltung über EDV.

Grundsatz

Meine Haltung wird bestimmt durch:
„Positives Interesse bei stark abwartender Tendenz."

Warum positives Interesse?

CAD-Einsatz könnte (oder sollte) nach meinem Kenntnisstand:
1. die logische Erweiterung der EDV-Textverarbeitung sein, die auch bei meiner Bürostruktur schon sinnvoll scheint und angestrebt wird (scheitert z.Zt. an der dünnen Kapitaldecke).
2. von Routine-Arbeiten (Wiederholungen, Spiegelungen, Varianten etc.) entlasten, (Zeichen-)Arbeit und damit Geld sparen.
3. die verschiedenen Anforderungs- und/oder Zielebenen im Entwurfsprozeß problemlos optimieren und gemäß den Entscheidungen des Entwerfers in Alternativen zum Ausgleich bringen, so daß für die Grundsatzbestimmung und Kreativität des Entwurfes Kraft und Zeit gewonnen wird, bei gleichzeitiger Transparenz und Rationalisierung der Entscheidungen.
4. die alternativen Arbeitsschritte vom Entwurf bis zur Ausführung schnell mit dem wünschenswerten (oft aus Zeitgründen nicht herstellbaren) Datenmaterial untermauern (m^2, m^3, Kosten etc.).
5. die Kommunikation mit Bauherr, Fachingenieur, Ausführungsfirma etc. durch die höhere Qualität und Informationsdichte in den Plänen sowie die steuerbare Darstellungstechnik verbessern und damit die Koordinationsaufgaben erleichtern.
6. Massenermittlung, Kostenberechnung, Kostenverfolgung sowie Änderung mit Kostenkorrektur planungsbezogen transparent machen.
7. die Planpflege erleichtern in höherer Präzision und Aktualität.
8. ein bürointernes Detailarchiv mit bewährten, fehlerfreien Details aufbauen und ohne Reibungsverluste in Planung umsetzen.
9. die Archivierung und Dokumentation entschlacken, systematisieren und ständig mühelos aktualisieren.
10. Akquisitionsvorteile mit sich bringen.

Warum stark abwartend?

Die Anschaffung eines CAD-Systems verbietet sich für mein Büro aus folgenden Gründen:

1. Die Anschaffungskosten (Hard- plus Software) und Anwendungskosten sind zu hoch (noch?).
2. Der Wiederholungsfaktor ist zu gering oder, umgekehrt, die vielen, meist kleinen Aufgaben erfordern wegen ihrer strukturellen Individualität zuviel Programmarbeit und Anpassung.
3. Die Kontinuität des Einsatzes ist nicht ausreichend gesichert.
4. Die Bedienbarkeit ist zu kompliziert (noch?) Der spätnachmittags bereits abgekämpfte Büroinhaber wird nicht ausreichend fehlerfrei die Kombinatorik beherrschen; am Tage wird er zu häufig unterbrochen.
5. Mindestens ein(e) qualifizierte(r) Mitarbeiter(in) ist kontinuierlich erforderlich (siehe vorg. Punkt), es entstehen neben hohen Kosten Einschränkungen in der Flexibilität.
6. Für den kreativen Entwurfprozeß stellt der Filter über die Anwendung eines noch so perfekten Programmes eine zusätzliche Überlagerungsebene des Denkens und der Konzentration dar, die die Spontaneität behindert und eine bisher nicht erforderliche weitere Belastung erzeugt.
Die Bedienung und volle Ausnutzung des Programmes erfordert aus sich heraus eine Optimierung (eine Art Virtuosität), die von der eigentlichen Aufgabenstellung ablenkt.
7. Die Kontrolle und Entwicklung des Entwurfsprogrammes entspricht nicht dem individuellen Tempo und der Struktur des Denkens „im" Entwerfer, wie es bei der individuellen grafischen (und verbalen) Umsetzung sonst „automatisch" gegeben ist.
8. Es besteht die Gefahr, daß die breite Diskussion im Team durch die Arbeit des Spezialisten mit CAD (der schnell und scheinbar allumfassend Alternativen abklopfen kann) ersetzt wird.
9. Die Zusammenarbeit mit Fremdbüros (Fachingenieure, Verwaltungen, etc.) ist technisch (Kompatibilität der Programme), organisatorisch (Anwendungsdichte), haftungsmäßig (Tendenz zur Perfektionierung der Pläne beim Architekten), honorarmäßig (Ingenieure verwenden Grundpläne des Architekten) nicht ausreichend abgeklärt. Die Zusammenarbeit mit kleineren Fachfirmen statt mit Fachingenieuren wird erschwert bzw. schafft Lücken im System.

10. Die Lust am Zeichnen als Motivation und als Mittel zur Ideenverwirklichung wird ersetzt durch die Konzentration auf Bedienungsanleitungen und Programmsprachen. Das grafische Ergebnis in Form von Skizzen und Plänen wird ersetzt durch das hilflose, wenn auch deutlich eindeutige Bild auf der „Glotze".

Drei Abschlußbemerkungen:

1 Ich kann gelassen abwarten, bis mir CAD seine Hilfsfunktion eindeutig nachweist.
2 Ich kann einen Schritt in Richtung CAD tun durch die Einführung der EDV-Textverarbeitung.
3 Ich benötige CAD nicht.

Statement im Rahmen des BDA-Symposiums „CAD: Architektur automatisch?" am 21. Juni 1985 in Hamburg.

Gernot Feldhusen

Zur Geschichte von Theorie und Praxis des CAD

Das Thema „Computer Aided Design (CAD)" scheint beinahe „über Nacht" in Deutschland große Bedeutung gewonnen zu haben. Zur Zeit vermitteln zahllose Aufsätze, Bücher, Symposien, Ausstellungen, Messen diesen Eindruck. Vielen, die sich diesem Phänomen heute nähern, empfinden diese Entwicklung als „Einbruch", „Revolution" oder ähnliches. Diese Begriffswahl aus dem Bereich sozialer Regellosigkeit ist sicherlich nicht zufällig, denn auch die Reaktion auf dieses Phänomen ist dementsprechend: Überwiegend Verdrängung, manchmal Aggression oder Panik, aber wenig rationale Auseinandersetzung. In dieser Situation scheint es sinnvoll, einige historische Entwicklungslinien aufzuzeigen, welche deutlich machen, daß sich hinter diesem Thema eine Evolution verbirgt, die in Deutschland schlicht nicht wahrgenommen wurde und eben auch heute kaum realisiert wird.

Der Begriff „Computer Aided Design" – heute nunmehr nur noch als Kürzel CAD gebraucht – ist vermutlich bereits in den sechziger Jahren geprägt worden. Offenbar ist zu Beginn der Diskussion auch die Wortbildung „Computer Aids to Design", also „Computerhilfen für das Entwerfen" diskutiert worden, dann aber „Computer Aided Design", also „computergestütztes Entwerfen" vorgezogen worden. „Der Grund lag darin, daß man bereits zu diesem Zeitpunkt erkannt hatte, daß dem Dialog eine zentrale Bedeutung bei einer für den gesamten Konstruktionsprozeß andauernden Rechnerunterstützung zukommen müßte. Computer Aids to Design hätte nur isolierte Arbeitsprozesse ermöglicht". [1]

1963 entstand am MIT (Massachusetts Institute of Technology) im Rahmen einer Doktorarbeit das erste Programm für Computergraphik. 1969 brachte eine Firma das erste kommerzielle CAD-Programm heraus, mit dem Architekten und Ingenieure die Produktion von zweidimensionalen Zeichnungen automatisieren konnten. [2] In einem Buch von Nicolas Negroponte „The Architecture Machine" aus dem Jahre 1970, das über Experimente des MIT berichtet, wird der Begriff CAD bereits sehr selbstverständlich benutzt. [3] Erstaunlich an den dort referierten Experimenten ist, daß der Computer bereits als Dialogpartner angesehen wird, mit dem man in 2 Sprachen, nämlich verbal und graphisch, kommuniziert.

Auch in Deutschland gibt es mit dem allgemeinen Vordringen und der Ausbreitung der EDV eine Diskussion um die Anwendung von Computern im Bauwesen, die Ende der 60er Jahre begann. Zum einen beschäftigt sich diese mit der standardisierten Beschreibung von Bauleistungen, die im Bereich Ausschreibung, Vergabe, Abrechnung eingesetzt werden kann und soll. Ein „Gemeinsamer Ausschuß für Elektronik im Bauwesen", der aus Vertretern der Bauindustrie, der Verwaltung, der Architektenschaft etc. zusammengesetzt ist, hat dabei auch die Anwendungsmöglichkeiten der EDV geprüft und schließlich ein Ausschreibungssystem mit standardisierten Textkomplexen, das sogenannte „Standardleistungsbuch", herausgebracht. [4] Da der sogenannte „AVA-Bereich" auch zum wesentlichen Leistungsbild des Architekten gehört und Anfang der 70er Jahre das Standardleistungsbuch durch Erlasse vorgeschrieben wird, bleibt die Forderung an die Architekten nach dem Einsatz nicht aus. Dementsprechend wird diskutiert, auch innerhalb der Architektenkammern. [5] Da Mitte der 70er Jahre geeignete EDV-Anlagen jedoch nocht recht groß und teuer sind, kommt es im freiberuflichen Architekturbüro auch im AVA-Bereich zu einer recht langsamen Entwicklung in der Anwendung.[1] Zum anderen setzt eine Diskussion um den Vorgang des Entwerfens ein, als in der Problematisierung des Berufsbildes Abschied von der dominanten baukünstlerischen Orientierung genommen und den technisch-wissenschaftlichen Veränderungen zu Gunsten einer methodisch-systematischen Orientierung Rechnung getragen wird.[2]

„Die gegenwärtige Architekten- und Planerausbildung, die vor allem darauf abzielt, die Fähigkeit intuitiven Entwerfens zu schulen, bedarf einer methodischen Ergänzung. Bauaufgaben sind so komplex geworden, die zu verarbeitenden Informationen haben allein zahlenmäßig zugenommen, daß Erfahrung und Intuition in Verbindung mit konventionellen Entwurfsmethoden nicht dem sonstigen Stand von Wissenschaft und Technik entsprechen". [6]

Diese Überlegungen aus dem Jahre 1966, die in der Auseinandersetzung mit Christopher Alexanders Planungstheorien und deren Umsetzung in Rechnerprogramme entstanden sind, sind ein typisches Beispiel. Gleichzeitig wird in diesem Aufsatz beklagt, daß es für Bauentwurf und Stadtplanung keine Modellsprache gibt, die es erlauben würde, die notwendige Informationsverarbeitung mit Rechenautomaten vorzunehmen und dabei auch qualitative Daten zu berücksichtigen.

Dies und ähnliche Fragen sind Ende der 60er und Anfang der 70er Jahre an einigen Universitäten und Forschungsinstituten intensiv untersucht wor-

den. Unter dem wissenschaftstheoretischen Paradigma der Systemanalyse und dem der Betriebswirtschaft entstammenden „Linearen Programmieren" wurden numerische Entwurfsmethoden entwickelt, welche unter dem Schlagwort „Grundrißoptimierung" veröffentlicht und diskutiert wurden.[3] Diese Methoden ermitteln anhand bestimmter Merkmale aus eingegebenen Zielen und Maximen, sowie bestimmten Randbedingungen nach dem Prinzip der Minimum-/Maximum-Rechnung ein Optimum, das eben möglichst viele Ziele und möglichst viele Randbedingungen berücksichtigt. [7] Eine solche Entwurfsmethode bot sich z.b. bei dem immer komplexer werdenden Krankenhausbau an, bei dem Anfang der 70er Jahre die Minimierung der Weglängen ein zentrales Entwurfsziel war. [8]
Die Unterwerfung des Entwurfsprozesses unter ein solches oder ähnliches quantitatives Kriterium bedeutet einen Schritt in Richtung „Architekturmaschine", d.h. in die Automatisierung des Entwurfsprozesses, wenn eben ein Problemausschnitt wegen seiner perfekten Lösung, die aufgrund der Zuhilfenahme einer Rechenmaschine möglich ist, die gesamte Problemlösung dominiert. Dennoch stellt nach Joedickes Auffassung diese Art des computergestützten Entwerfens eine Möglichkeit dar, „durch Veränderung der Wichtung und Bewertung einzelner Kriterien unterschiedliche Lay-outs (Grundrisse, GF) zu erzeugen und im Hinblick auf mögliche Konsequenzen (Prognostik) überprüfen. Das computergestützte Entwerfen ist als ein Hilfsmittel zu betrachten, das den Architekten in die Lage versetzt, mehr Varietät als bisher zu erzeugen". [9]
Aber das Problem der qualitativen Merkmale oder Kriterien, die in hohem Maße den komplexen Gegenstand Architektur bestimmen, und ihre Überführung in quantitative Variable bleiben ungelöst. „Es ist deshalb zu befürchten, daß diese methodischen Ansätze in eine für die Architektur bedrohliche Sackgasse führen werden, wenn nicht der Erarbeitung qualitativer Kriterien Priorität eingeräumt wird". [10] Diese Sackgasse der quantitativen Variablen, die sich bei diesem „automatischen Entwurfsprogramm" auftat, ist offenbar tatsächlich nicht betreten worden. Aber auch die stärkere Berücksichtigung qualitativer Variablen fand nicht statt, so daß der gesamte Ansatz dieser Art rationaler Planung nicht weiter verfolgt wurde. Eine Maschine, der man nur Situation- und Zielvariable einzugeben braucht, und die dann das fertige Produkt Gebäude „automatisch" erstellt, fand nicht länger das Interesse der Architekturtheoretiker, schon gar nicht das der praktizierenden Architekten.
Diese Entwicklung hängt sicherlich auch mit Wandlungen in der allgemeinen Architekturdiskussion zusammen. Die planungstheoretische Diskus-

sion wandte sich Anfang der 70er Jahre in Deutschland Überlegungen einer stärkeren Vergesellschaftung durch Partizipation von Planungsbetroffenen zu. Rationalität wurde erweitert durch soziale Verantwortung. Planung als Expertenhandeln wurde in der theoretischen Diskussion häufig negativ bewertet. Zum Ende der 70er Jahre begann dann die Auseinandersetzung mit der sogenannten Postmoderne, eine oftmals fachimmanent genannte Diskussion, der sich die Architekten nur zu gern zuwandten, weil sie oft den Eindruck hatten, die „branchenfremden" Hilfstheorien (Renk) würden ihrer Architekturpraxis aufgepfropft. Das theoretische Interesse am Computereinsatz im Entwurfsprozeß wurde an den Hochschulen offenbar geringer. Auch das praktische, das Anwendungsinteresse war über den AVA-Bereich hinaus gleich null, auch wenn es hin und wieder manchmal fast beschwörende Aufsätze in den Fachzeitschriften gab. Einzelne Interessierte fanden sich mehr und mehr in der Prophetenrolle. [12]
Aber der von Negroponte beschriebene Weg der „engen Vereinigung von zwei ungleichen Partnern (Mensch und Maschine), zwei ungleichen Prozessen (Entwurf und Berechnung) und zwei intelligenten Systemen (der Architekt und die Architekturmaschine)" ist weiter beschritten worden. Vermutlich nicht in Deutschland, jedenfalls wird über keine Projekte berichtet, sondern vor allem in den USA, aber wohl auch in England und Frankreich.[4]
Aber auch in den USA verlief die Entwicklung zum Computer im Bauwesen in den 70er Jahren zunächst durchaus gemächlich im Sinne einer Evolution. Diese Phase ist aber seit Beginn der 80er Jahre vorbei: „The revolution is on". [14] Der für die Computerentwicklung typische Prozeß der „Miniaturisierung" im Bereich der Hardware verknüpft mit enormen Preissenkungen, sowie die kumulative Software-Entwicklung haben dann Anfang der 80er Jahre für einen „Schub" gesorgt, der zu einer Popularisierung des Computergebrauchs in Architektur- und Ingenieurbüros geführt hat. Zusammenfassend läßt sich folgende Entwicklung konstatieren. Die mittlerweile produzierte Software bezieht sich auf alle Bereiche in der Architektentätigkeit. Die Programme stammen zwar häufiger aus anderen Bereichen, werden jedoch mehr und mehr auf die Architekten zugeschnitten.[5] Dies führt auch Anfang der 80er Jahre zu Schwierigkeiten mit dem Ergebnis, daß Büros sich sehr häufig ihre eigene Software entwickeln. [16] Die Investitionskosten sind auch in den USA erheblich und können bis zur Entwicklung der Mikrocomputer nur von sehr großen Büros mit mehreren hundert Mitarbeitern aufgebracht werden. Hier dominieren Ende der 70er Jahre vor allem die kombinierten Architektur- und Ingenieurbüros.[6] Die

mittleren (50 bis 100 Mitarbeiter) und kleinen Büros (10 bis 50 Mitarbeiter) werden erst bis 1986 aufschließen, wenn dann nach einer Prognose 90% aller Architektur- und Ingenieurbüros mit Computern arbeiten. [17] Die reinen Architekturbüros sind hinter die Architektur- und Ingenieurbüros in der Entwicklung zurückgefallen. 1981 waren nach einer Studie des AIA (American Institute of Architects) 25% von 11000 Mitgliedsbüros mit Computern befaßt, während bei den Ingenieuren bereits 84% Computer anwendeten. „Computer Involvement" heißt noch lange nicht Anwendung von CAD. CAD gilt auch 1983 als der „magische" und „faszinierendste" Teil des Computergebrauchs wie in einem „Round-table"-Gespräch deutlich wurde. [18] Der Einstieg in die Computeranwendung findet auch in den USA überwiegend über die Bereiche Textverarbeitung, Kostenkontrolle, Projektmanagement statt. Auch bei der Anwendung von CAD dominieren einige wenige große Büros.

Deutlich unterschieden werden müssen bei CAD erstens die automatisierte Herstellung von zweidimensionalen Zeichnungen, die durch die Eingabe entsprechender Daten (Koordinaten, Maßketten etc.) möglich ist, und zweitens die Herstellung von bildlichen Darstellungen in der Dreidimensinalität in Form von Perspektiven, Isometrien, Modellen, Innenraumsimulationen etc. Die Investitionskosten für die Produktion von Computergraphik sind für den Bereich der Zeichnungen auf Grund der Hardware-Entwicklung gesunken, aber für den Bereich der Dreidimensionalität immer noch erheblich. Ein sogenanntes „Turnkey system", das die Hardware, die Systemsoftware und die Anwendungs-Software aufeinander abgestimmt einschließt und komfortable CAD-Möglichkeiten eröffnet, ist auch für amerikanische Verhältnisse eine Investition, die von den Büros sorgfältig überlegt wird.

Sicherlich nicht nur aus diesem Grund findet seit 1982 etwa eine intensive Diskussion über Vorteil und Wesen des CAD statt.[7] In dieser Diskussion muß es auch viele Skeptiker, Gegner und auch Ängstliche gegeben haben, auch wenn sie sich offenbar nicht unmittelbar zu Wort melden, sondern immer nur berichtet wird, daß es sie gibt.

„CAD ist umgeben von Mythen, übertriebenen Ängsten und unrealistischen Erwartungen. Entspannen Sie sich und werden Sie vertraut mit dem Biest". So beginnt eine umfassende Berichterstattung in der Zeitschrift „Progressive Architecture" vom Mai 1984, welche einige prominente Anwender und auch Architekturschulen untersucht. Die Entmythologisierung ist auch in den USA eines der größten Probleme in der Auseinandersetzung mit CAD. Dies erklärt sich daraus, daß der Computer mit der

Vielfalt seiner verbalen, graphischen und optischen Produkte ganz entscheidend in das „Innere" und „Eigentliche" der Architektentätigkeit eingreift. Die umfangreiche Diskussion in den USA ist daher bestimmt von der Absicht, den Werkzeugcharakter des Computers herauszustreichen und hervorzuheben: „Einige Architekten beharren darauf, daß die intime Hand-/Bleistift-/Papier-Verbindung die unersetzbare „Pipeline" ist, welche ihre Menschlichkeit mit den Steinen der Gebäude, die sie entwerfen, verbindet. Für diese Architekten mag dies auf Grund ihrer jahrelangen Gewohnheit so sein. Aber Graphit fließt nicht aus ihren Fingern: der Bleistift ist nur ein Werkzeug . . . und das ist auch der Computer." William Mitchell, der an der Universität von Californien (Los Angeles) CAD unterrichtet, weist darauf hin, daß auch nicht vom „bleistiftunterstützten Entwerfen" gesprochen wird, um deutlich zu machen, daß es sich beim Computer um ein Werkzeug handelt. Barry Milliken, der Systemmanager von SOM, spricht von der persönlichen Herausforderung für den Professional durch CAD. Diese besteht im wesentlichen darin, daß die Anwendung von CAD ein ganz neues Denken erfordert. Entwerfen wird im Grundsatz als Informationsverarbeitungsprozeß verstanden. Nun aber wird dieser Prozeß neu organisiert, und der Entwerfer muß seine alten Vorstellungen aufgeben. Aus diesem Grund sieht Milliken das wesentliche Problem weder in der Hardware, noch in der Software, sondern in den Menschen. [19] So kann zwar ein CAD-System auch benutzt werden, um eine Zeichnung analog dem manuellen Zeichnen Linie für Linie entstehen zu lassen, aber darin liegt nicht sein Vorteil, sondern in der Maßstabsveränderung, in der Rotation, Wiederholung, im Symbole Einfügen und der Erstellung der dritten Dimension. Dementsprechend muß der Entwerfer umdenken und das CAD-System benutzen. Entmythologisierung muß also auf beiden Seiten durchgeführt werden, sowohl beim Entwerfen als auch bei der Computeranwendung.

Die Diskussion um CAD hat neben dieser persönlichen und gleichzeitig planungstheoretischen Dimension noch andere, nämlich ökonomische und berufssoziologische Dimensionen. Dabei geht es um Fragen des Produktivitätsgewinns, um die Frage des Überlebens kleiner Büros, die veränderte berufliche Leistung und ähnliches. Ein weiterer Bericht von Progressive Architecture im Jahre 1985 steht unter dem Motto: „Computer: die Profession paßt sich an". In diesem Bericht wird die von manchem prophezeite Krise der Profession zurückgewiesen. Vielmehr wird versucht, eine Bilanz zu ziehen, die aus der Sicht der verschiedenen Beteiligten natürlich unterschiedlich ausfällt.[8] Obwohl das Thema der Computer im allgemeinen ist, handeln die einzelnen Reportagen überwiegend vom CAD. Ein Zeichen dafür, daß die eigentliche Irritation nicht vom Computer, sondern eben von seinen speziellen Fähigkeiten im visuell-graphischen Bereich ausgeht.

Die Anwender von CAD, also die Architekten, stellen fest: Die Produktivität wird durch CAD nicht erhöht, jedenfalls nicht wesentlich. Die von Verkäufern angegebenen Produktivitätsgewinne lassen sich nur bei einer 100%igen Auslastung des Computers, d.h. bei einem 24-Stundenbetrieb, erreichen. Diese Situation ist aber nur selten gegeben und birgt etliche Schwierigkeiten in sich. CAD verringert die Fehlerquote, verbessert den Entwurf und ermöglicht einen besseren „Dienst am Kunden". CAD erschließt im Zusammenhang mit „Facilities Management" neue Tätigkeitsfelder und Klienten.[5,9]

Die Architektenberater, meist selber Architekten, stellen fest: Es gibt inzwischen Software speziell für Architekten, die kein Abfallprodukt des Ingenieurbereichs darstellt. Die Produktivität verdoppelt sich insgesamt, vervierfacht sich beim Zeichnen und steigt noch mehr an beim Facilities Management. Die Prognose für den Beruf lautet: Das Entwerfen wird viel häufiger in der dritten Dimension stattfinden und eng mit Kostenanalysen verknüpft werden. Die Honorarstruktur wird sich verändern, es wird mehr Zeit aufgewendet werden, um Alternativen zu erarbeiten. Der Klient wird eine aktivere Rolle spielen können. Die Herstellung von Konstruktionszeichnungen wird automatisiert. Wesentliche Aufgabe des Architekten nach der Computerisierung ist nicht mehr die Produktion von Zeichnungen, sondern die Lösung von Problemen. Die Profession muß den Wert dieser Fähigkeit zur Entscheidung im öffentlichen Bewußtsein fest verankern.

Die Vertreter von Ausbildungsstätten (Houston, Los Angeles) erklären als Ausbildungsziel, die Studenten mit dem Computer als eines der Entwurfswerkzeuge vertraut zu machen, den Computer nicht nur als Zeichenmaschine zu sehen. Denn der Computer ist auch ein neues Medium für den Architekten – mit eigenen neuen Möglichkeiten für das Entwerfen. Dabei ist es nicht notwendig, dem Studenten technische Details über die Computer beizubringen.

Die Verkäufer von CAD-Systemen beschäftigen sich vor allem mit der neuesten Computertechnologie, also dem Personal Computer (PC). Es wird versucht, die CAD-Software dem PC anzupassen. Allerdings sind auf Grund der Hardware Grenzen gesetzt, so daß Verknüpfbarkeit mit größeren Systemen gegeben sein muß. Der PC wird daher bezogen auf

CAD keinen großen Durchbruch bringen. Dennoch werden Anstrengungen gemacht, „Niedrig-Kosten-Systeme" herzustellen. Der echte Markt für CAD auf der Basis des PC wird jedoch bei Büros mit 20-40 Angestellten gesehen, die sich größere Anlagen leisten können, bei denen der PC keine Einzel-Arbeitsstation ist. Die Prognose für den Beruf lautet: Die Architektenprofession wird sich (nach Meinung von IBM z.B.) dramatisch ändern, nämlich vom arbeitsintensiven Kleingewerbe zum kapitalintensiven und diversifizierten Geschäft. „Computer sind kein gutes Omen für kleine Firmen".

Donald Greenberg, der an der Cornell Universität die Entwicklung der Computergraphik bis hin zu Bildern mit fotografischer Qualität vorantreibt, stellt im September 1984 für die USA folgende Fragen [20]:

Warum beschäftigen sich die Architekten nicht mehr mit dem Problem, um den Verkäufern besser gerüstet gegenüber zu stehen?

Warum läßt der Beruf so viel Führung in diesem Bereich vermissen?

Welche Forschung wird von den Architekten selbst gefördert?

Welche Schritte sind eingeleitet worden, um den Beruf entsprechend weiterzubilden?

Was wird getan, um zukünftige Lehrinhalte für die Ausbildung zu definieren?

Fragen, die offenbar trotz der intensiven Diskussion in den Fachzeitschriften in den USA (immer) noch ihre Berechtigung haben.

Was läßt sich auf diese Fragen für Deutschland antworten? Die Diskussion in den Fachzeitschriften ist im vollen Gang.[10] Aber sollte sich wieder einmal bestätigen?: „Architekten lesen nicht". [21] Die Bundesarchitektenkammer, seit langem ein Befürworter der EDV, versucht über die EDV-Labors, die praktische Auseinandersetzung zu fördern. Aber wie es scheint, gibt es nur eine verhältnismäßig geringe Resonanz bei den Architekten. Offenbar ist der „Leidensdruck" bei den Architekten noch nicht groß genug, um zumindest ein „Zwangs"-Interesse zu entwickeln. Die Entwicklung an den Architekturschulen ist zur Zeit noch unübersichtlich. Doch in der Dekanekonferenz scheint ein Funke übergesprungen zu sein. [22] Wo es an den Hochschulen entsprechende Lehrveranstaltungen gibt, ist der Andrang der Studenten groß, vielleicht aus Furcht vor Arbeitslosigkeit, schließlich werden Kenntnisse der EDV für die Konkurrenz am Arbeitsmarkt immer wichtiger. [23] Sind die Architekten, insbesondere die freiberuflichen Architekten also gut vorbereitet auf die Herausforderung des Computers und speziell des CAD, die ihnen von außen aufgezwungen wird, ob sie nun wollen oder nicht? Denn nun kommt sie doch, die ungeliebte theoretische Debatte über Planung, Entwerfen und ihre Zerlegbarkeit in Schritte und Phasen sowie über Kreativität, also über das „eigentliche" der Architektentätigkeit, die vor 15 Jahren als Diskussion über geistige Prozesse noch abgewehrt werden konnte, nun aber als Diskussion über sehr konkrete Maschinen eine neue Qualität, nämlich eine materiell-praktische Dimension erhalten hat, welche Reflexion, Argumentation und Entscheidung unumgänglich macht.

Anmerkungen

1 Eine Umfrage der Bundesarchitektenkammer (vgl. Deutsches Architektenblatt 1982, Nr. 5, S. 596) zum Thema Datenverarbeitung aus dem Jahre 1981, also etwa 10 Jahre nach Einführung des Standardleistungsbuches, ergab einen Rücklauf von ca. 100 Büros. Nimmt man an, daß jedes fünfte Büro mit Datenverarbeitung an dieser Umfrage teilgenommen hat, ergeben sich 500 Büros. Das wäre absolut gesehen eine recht hohe Zahl, relativ betrachtet aber nur 2,5% von etwa 20000 Architekturbüros in der Bundesrepublik zu diesem Zeitpunkt. Schwerpunkte der EDV-Anwendung sind Ausschreibungen, Vergabe und Abrechnung, Textverarbeitung sowie Kostenplanung, Kostenermittlung und Kostenkontrolle. Bei den Programmwünschen wird im übrigen auch CAD angegeben. Offenbar blieb aber der komplette AVA-Einsatz zunächst auch nur sehr großen Büros vorbehalten. (Vgl. Wolf: Kollege Computer im Architekturbüro – ein Erfahrungsbericht. In: Deutsche Bauzeitung 1980, Nr. 3, S. 69).
2 Eine kurze Beschreibung der Berufsbilddiskussion habe ich in „Architekten und ihre beruflichen Perspektiven" (Stuttgart: Deutsche Verlags Anstalt 1982) vorgenommen. H. Renk hat in „Planungstheorie für Architekten" (Stuttgart: DVA 1976) das Entstehen der „Planungstheorien" innerhalb der Architektur beschrieben und analysiert.
3 Hier ist besonders auf die „Stuttgarter Schule" mit Jürgen Joedicke hinzuweisen, an dessen Institut etliche Forschungsarbeiten entstanden und in den „Arbeitsberichten zur Planungsmethodik" veröffentlicht wurden.
4 In England erscheint 1977 das Buch „The automated architect" von Nigel Cross, in dem die Architekten auf die Zukunft und den „Angriff des Computers" vorbereitet werden sollen. In der Zeitschrift „Werk", Nr. 10/1976, wird das System einer computerunterstützten Baukonzeption (CAAO) vorgestellt, das auf der Weiterentwicklung graphischer Interaktionsmöglichkeiten mit dem Computer beruht und in Grenoble vorangetrieben wurde.
5 Die amerikanische Fachzeitschrift „Architectural Record" veröffentlichte im Oktober 1984 einen Führer zur Computer-Software für Architekten und Ingenieure, der in sechs Sektionen aufgeteilt ist und insgesamt aus 350 Angeboten besteht:
   1. Büromanagement
   2. Projektkostenanalyse und -kontrolle
   3. Projektsteuerung und -management
   4. Flächenplanung und Gebäudeverwaltung (Site planning and facilities management)
   5. Computergestütztes Entwerfen und Zeichnen (Computer Aided Design and Draughting, CADD)
   6. Ingenieurplanung

Die Kosten- und Managementprogramme stammen zumeist ursprünglich aus dem betriebswirtschaftlichen Bereich. Die Ingenieurplanungsprogramme kommen aus der Ingenieurwissenschaft. Flächenplanung ist die Weiterführung des alten Ansatzes der Grundrißoptimierung. Die Programme der Gebäudeverwaltung haben auch betriebswirtschaftliche Bestandteile. CADD ist auch im Ingenieurbereich vorangetrieben worden, z.B. bei der Planung von Elektroanlagen, im Vermessungswesen, bei der Planung von Computerships etc. An diesem Führer wird deutlich, daß CAD mit seinen 118 Programmen nur einen Teil des gesamten Anwendungspaketes darstellt. Man sollte also eigentlich von CAP: Computer Aided Planning sprechen, da nur die Pakete 4, 5, 6 den eigentlichen Entwurfsprozeß betreffen, aber das Gesamtpaket eben den gesamten Planungsprozeß und damit das gesamte Tätigkeitsfeld des Architekten berührt.

6 Das Paradebeispiel für das sehr große, kombinierte Architektur- und Ingenieurbüro ist Skidmore, Owings, Merill (SOM), welches sich 1963 einen IBM-Rechner zur Anwendung im Ingenieurbereich anschaffte und kontinuierlich bis 1980 zu einer eigenen Computerabteilung mit 16 Mitarbeitern, 3 Computern, 2 Zeichenautomaten und über 70 Terminals ausbaute, die dann eine eigene SOM-Software entwickelte und diese jetzt auch an Architekten verkauft (vgl. SOM's computer approach. In: Architectural Record 1980, Mid-August, S. 24).

7 In der amerikanischen Fachzeitschrift „Architectural Record" beginnt im Juni 1982 eine intensive Auseinandersetzung mit der Computeranwendung, die bis heute (Oktober 1985) fortgesetzt worden ist. (vgl. hierzu die Literaturangaben, in denen die wichtigsten Aufsätze aus dieser Diskussion enthalten sind). Die Diskussion zeichnet sich durch Sachlichkeit im Sinne einer Kosten-/Nutzen-Analyse aus, was natürlich mit den Autoren zusammenhängt, die aus dem Lager der Architektenberater (Teicholz), bzw. der Anwender (Milliken) oder der Hochschullehrer (Mitchell) stammen, bzw. über den Verlag der Zeitschrift (McGraw Hill) und dessen Engagement in Informationssystemen für das Bauwesen (Sweet's Informationssystem) mit der Thematik befaßt sind (Mileaf).

8 Der Versuch der Zusammenfassung der ausführlichen Reportagen in diesen Berichten kann auf keinen Fall die Vielzahl der gegebenen Informationen ersetzen. Daher wird dringend die Lektüre der beiden Reportagen (Progressive Architecture Mai 1984 und Mai 1985) empfohlen, insbesondere auch der Aufsatz von Mitchell "What was CAD?" (Progressive Architecture, Mai 1984, S. 61), der sich mit den zu erwartenden Auswirkungen auf die Profession beschäftigt.

9 „Facilities Management" ist die Betreuung eines Gebäudes während der gesamten „Lebenszeit" für den Klienten (= Bauherr), also angefangen von der Gebäudeverwaltung, -unterhaltung, -umplanung bis zur Gebäude-Neuplanung. Die Speicherung eines Gebäudes im „Computermodell" (siehe Beitrag von Hüttner in diesem Buch) ermöglicht vor allem problemlose Umplanungen. In sehr vielen Beiträgen wird facilities management gewissermaßen als „Retter in der Not" für die Profession gesehen.

10 Das sogenannte Orwell-Jahr 1984 brachte (zufällig?) eine deutliche Belebung der bis dahin fast eingeschlafenen Diskussion. Zwei Marktführer bei den Architekturzeitschriften (Baumeister und Bauwelt) scheinen zwar nicht sonderlich engagiert zu sein, aber die „Deutsche Bauzeitung" (Nr. 12), „Der Architekt" (Nr. 10) und „Arch+" (Nr. 77) widmen dem Thema jeweils ein ganzes Heft, während im „Deutschen Architektenblatt" eine fast kontinuierliche Berichterstattung erfolgt. Arch+ widmet seitdem sogar in jedem Heft mit dem sogenannten „CAD-Journal" dem Thema Aufmerksamkeit. Sollte man von einer Tradition bei Arch+ sprechen, wenn man an die Aufsätze zur Systemanalyse usw. in den ersten Heften denkt, als die Zeitschrift noch in Stuttgart verlegt wurde?

Literatur

[1] Schwarz, F.: Menschliche Intelligenz wird operationalisiert. In: Süddeutsche Zeitung, 27. 9. 1985
[2] Teicholz, E.: Computers: Can computer aided drafting be effective and affordable for the small firm? In: Architectural Record 1983, Nr. 2, S. 37
[3] Negroponte, N.: The Architecture Machine, Cambridge, (Mass.): The MIT Press 1970. Auszüge in: Werk 1971, Nr. 9, S. 546. Kritik dazu: Garbrecht: Kommt die Architekturmaschine? In: Baumeister 1971, Nr. 11, S. 1454.
[4] Wiedmann, H., Eggeling, P.: Standardisierte Leistungsbeschreibungen – Hilfsmittel für die Planung und Grundlage für die Bauausführung. In: Bauwelt 1971, Nr. 20, S. 856
[5] Bundesarchitektenkammer: Datenverarbeitung in Architekturbüros. In: Deutsches Architektenblatt 1974, Nr. 9, S. 603
[6] Kiemle, M., Sieverts, Th.: Rationalisierung der Entwurfsprozedur. In: Stadtbauwelt 1966, Nr. 10, S. 797
[7] Joedicke, J., Schirmbeck, E., Schmöller, E., Seibert, H.-U.: Numerische Entwurfsmethoden – Problemstrukturierung am Beispiel der Krankenhausplanung. In: Bauen und Wohnen 1973, Nr. 5, S. 209. Eine der ersten Arbeiten zu diesem Thema: Keller, S.: CORELAP u.a. Grundrißoptimierung – eine Übersicht. In: Baumeister 1968, Nr. 8, S. 928
[8] Spieker, H.: Der Fetisch „Weglängen". Zur Wirtschaftlichkeit im Krankenhausbau. In: Bauwelt 1974, Nr. 41/42, S. 1379
[9] Joedicke u.a. 1973, S. 208, 209
[10] Joedicke u.a. 1973, S. 209
[11] Meyer, P., Schmöller, K.: Mit der automatischen Datenverarbeitung in die Architekten-Zukunft. In: Deutsche Bauzeitung 1980, Nr. 3, S. 56
[12] Straub, K.: Der Computer im Architekturbüro – Utopie oder Realität. In: Deutsches Architektenblatt 1975, Nr. 15, S.885
[13] In: Werk 1971, Nr. 9, S. 546
[14] Mileaf, H.: Computers: The evolution is over, the revolution is on. In: Architectural Record 1982, Nr. 6, S. 19
[15] Mileaf 1982, S. 21
[16] Mileaf, H.: Computers: Where is your firm to get software? In: Architectural Record 1983, Nr. 1, S. 41
[17] Mileaf 1983, S. 21
[18] Round Table on computers in architecture. In: Architectural Record 1983, Nr. 5, S. 39
[19] Milliken, B.: Computers: The personal challenge of CAD. In: Architectural Record 1983, Nr. 3, S. 41
[20] Greenberg, D.: The coming breakthrough of computers as a true design tool. In: Architectural Record 1984, Nr. 9, S. 150
[21] Feldhusen, G.: Lesen: Nichts für Architekten? In: Der Architekt 1981, Nr. 11
[22] Herritsch, H.: Zur Arbeitsmarktsituation der Architekten und Bauingenieure. In: Deutsches Architektenblatt 1985, Nr. 8, S. 985
[23] Wertz, E.: Der Mikrocomputer und die Dekane- und Abteilungsleiterkonferenz Architektur und Raumplanung. In: Arch+, Nr. 77, Nov. 1984, S. 57

Claus Jürgen Diederichs, Heinz Werner Cembrowski und
Heribert Kapitza

CAD in der Bauplanung — Bestandsaufnahme und voraussichtliche Entwicklungen

1 Begriffsbestimmung und Einordnung

Unter dem Begriff CAD werden alle die rechnerunterstützten Aktivitäten zusammengefaßt, die die ingenieurmäßige Planung und Konstruktion bis hin zur Bauvorbereitung analysieren, strukturieren und algorithmieren. Rechnerunterstützte Arbeitsabläufe bedingen, daß die Kommunikation zwischen Benutzer (Mensch) und CAD-System (Maschine) im Vordergrund steht [1]. Für alle rechnerunterstützten Ingenieurarbeiten hat sich der Oberbegriff CAE (Computer Aided Engineering) durchgesetzt. Dazu gehören:
- CAP (Computer Aided Planning) für die Arbeitsplanung und -vorbereitung,
- CAD (Computer Aided Design) für Entwurf, Konstruktion und Berechnung,
- CAM (Computer Aided Manufacturing) für Fertigungssteuerung,
- CAQ (Computer Aided Quality) für Qualitätssicherung und
- CAT (Computer Aided Testing) für Testverfahren.

2 Gründe für den Einsatz von CAD-Systemen in der Bauplanung

In den Industriebetrieben der Bundesrepublik Deutschland sind bisher ca. 200 CAD-Anlagen im Einsatz, davon jedoch nur einige wenige im Bereich des Bauwesens. Diese Zurückhaltung ist mit folgenden Gründen zu erklären:
- mittel- bis kleinständische Struktur der Architektur- und Ingenieurbüros (im Mittel haben Planungsbüros weniger als fünf Mitarbeiter),
- bisher teure Hard- und CAD-Bausoftware (für 3-D-Systeme mit Anschluß an Datenbanken),
- komplexe Bewertungs- und Auswahlvorgänge mit entsprechender Unsicherheit bei der Investitionsentscheidung,

- fehlende Anpassung der für andere Bereiche vorhandenen CAD-Hard- und -Software für das Bauwesen sowie
- Hemmschwelle gegenüber der EDV und Informationsdefizit der Entscheider, vor allem im Architekturbereich.

Dabei stellt das Bauwesen mit einem jährlichen Bauvolumen von rund 250 Mrd. DM durchaus eine Herausforderung für CAD-Hersteller dar. Nach grober Schätzung können ca. 50 Prozent der Planungsaufgaben im Bauwesen als CAD-fähig bezeichnet werden. Dabei dient der CAD-Einsatz nicht nur der Zeichnungserstellung, sondern es werden auch die vorlaufenden und nachfolgenden Ingenieuraufgaben unterstützt [2]: Informationsbeschaffung, Arbeitsplanung und Verwaltung, Entwurfsplanung, Berechnung, Zeichnungserstellung, Dokumentation und Informationsweitergabe.

Als wesentliche Vorteile der CAD-Anwendung werden erwartet:
- kürzere Konstruktionszeiten,
- Erleichterung von Alternativplanungen,
- flexibles und schnelles Reagieren auf kurzfristige Änderungen,
- bessere Qualität der Ergebnisse unter weitgehender Ausschaltung formaler Fehler,
- Entlastung der Mitarbeiter von Routinetätigkeiten und
- Weiterverwendung der graphischen Gebäude- und Bauteilgeometrie für andere Programmodule wie Massenermittlung, Ausschreibung, Vergabe und Abrechnung.

Aus diesen Vorteilen resultieren höhere Qualität der Planungsergebnisse bei verminderten Kosten und Zeitgewinn für schöpferische Gestaltungs- und Ingenieuraufgaben.

3 CAD-Hardware

Die Hardware ist in den letzten Jahren durch einen kontinuierlichen Preisverfall gekennzeichnet. Dieser betrug in den letzten drei Jahren 1:10 bei den Prozessoren und 1:3 bei den Peripheriegeräten. Durch diese Entwicklung ist es heute auch dem kleinen Architektur- und Ingenieurbüro möglich, CAD-Hardware zu mieten oder zu kaufen. Sie setzt sich zusammen aus einem Zentralrechner, externen Massenspeichern, Ein- und Ausgabegeräten. Je nach Anlagenkonfiguration sind Ein- und Mehrplatzsysteme zu unterscheiden. Den Aufbau eines CAD-Arbeitsplatzes zeigt Bild 1.

Bild 1: Aufbau eines CAD-Arbeitsplatzes

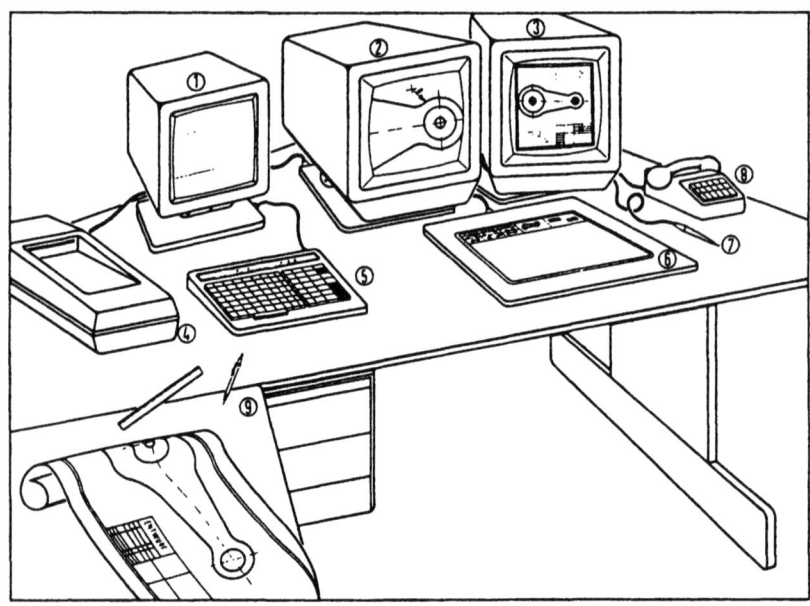

① alphanumerischer Bildschirm
② graphischer Bildschirm (zur Darstellung von Vergrößerungen, Details, Änderungen)
③ graphischer Bildschirm (zur Gesamtdarstellung)
④ Hardcopygerät
⑤ alphanumerisches Tastaturgerät
⑥ Eingabetablett mit Menüleiste
⑦ Eingabestift
⑧ Telefon/DFÜ-Anschluß
⑨ Ablage-Zeichenfläche für konventionelle Arbeiten und Handskizzen

3.1 Rechner

Kernstück der CAD-Hardware sind ein Zentralrechner und/oder mehrere dezentrale Rechner, die universell nicht nur für CAD-Aufgaben verwendet werden. Je nach Leistungsanforderungen werden Mikro-Computer, Rechner der mittleren Datentechnik oder Großrechner eingesetzt.
Die Leistungsfähigkeit von Mikro-Computern wächst rapide. Neben den herkömmlichen 8-Bit-Rechnern mit 64-KB-Arbeitsspeicher sind zwischenzeitlich 16-Bit-Rechner mit 1 MB und auch 32-Bit-Rechner mit bis zu 16-MB-Arbeitsspeicher auf dem Markt. Wegen ihres günstigen Preis-Leistungsverhältnisses sind diese Mikro-Computer auch für kleine und mittlere Ingenieurbüros wirtschaftlich nutzbar.

Rechner der mittleren Datentechnik arbeiten vorwiegend mit 32-Bit-Prozessoren. Sie verfügen damit über fast alle Eigenschaften der Großrechner, so daß kaum Beschränkungen in der Anwendung gegeben sind.
Großrechnersysteme auf Bit-Basis oder Wortmaschinen mit je 32 bis 64 Bits und Arbeitsspeichergrößen zwischen 16 und 32 MB haben ihre Bedeutung vorwiegend als Datenbankrechner zur Speicherung und Wiedergewinnung großer Informationsmengen, wie sie bei komplexen Ingenieurbauwerken benötigt werden.

3.2 Externe Massenspeicher

CAD-Anwendungen erfordern wegen ihres hohen Datenvolumens große periphere Speicherkapazitäten. Daher kommen nur Fest- oder Wechselplatten in Frage, deren Mindestkapazität für komplexere CAD-Anwendungen 80 MB nicht unterschreiten sollte [3]. Zur Datensicherung dienen Magnetbänder (streamer tapes) oder auch Disketten.

3.3 Eingabegeräte

Die zur rechnerinternen Darstellung graphischer Gebilde notwendigen Eingaben können sowohl alphanumerisch über die Tastatur als auch graphisch mittels entsprechender Digitalisiergeräte vorgenommen werden. Die alphanumerische Tastatur gehört auch bei CAD-Anlagen zur Standardausrüstung. Sie dient der Programm- und Dateneingabe.
Durch eine entsprechende Software ist die alphanumerische Tastatur in eine Funktionstastatur umwandelbar. Bei großen CAD-Systemen ist eine Mehrfachbelegung notwendig, die gekoppelt wird mit einem Wechsel von Menümatrizen. Durch Tastendruck wählt der Benutzer die vordefinierte Funktion.
Eingabetabletts, auch Digitalisierer genannt, lösen durch Aufsetzen eines Zeichenstiftes oder Aufsetzen einer Fadenkreuzlupe auf dem Tablett den Eingabevorgang aus. Häufig wiederkehrende Zeichnungselemente oder häufig benötigte Programmbefehle werden als Symbole auf dem Menüfeld kenntlich gemacht. Das graphische Tablett stellt für den Konstrukteur die ergonomischste Eingabeform dar, weil die Vorgehensweise den gewohnten Arbeiten mit Papier und Bleistift sehr nahekommt. [4].
Fertige Zeichnungen können über analog arbeitende Digitalisiergeräte ein-

gegeben werden. Dazu wird die Zeichnung auf ein Digitalisierungsbrett gespannt und Punkt für Punkt abgetastet.
Bei der Touch-Screen-Methode berührt der Benutzer mit einem Finger die Oberfläche des Bildschirms. Dadurch entsteht eine optimale Koordination zwischen Auge und Finger, der auf das auszuwählende Objekt zeigt. Wegen der beschränkten Genauigkeit wird diese Methode vorwiegend für die Auswahl von Menüfeldern angewandt.
Zur Vereinfachung der Cursorsteuerung am Bildschirm stehen Steuerknüppel (joy stick), Rollkugel (tracker ball), Maus (mouse) und Lichtgriffel (light pen) zur Verfügung.

3.4 Ausgabegeräte

Unter der graphischen Ausgabe wird die Darstellung von Daten in bildhafter Form verstanden. Man unterscheidet graphische Bildschirme, die ein Bild kurzfristig darstellen sowie Dokumentationsgeräte, die ein bleibendes archivierbares Abbild liefern (Plotter und Hardcopygeräte).
Graphische Bildschirme werden häufig durch alphanumerische Bildschirme ergänzt, um die Darstellungsfläche des Graphikschirms nicht durch alphanumerische Daten wie Befehle oder Anfragen an das System zu beeinträchtigen. Bei den graphischen Bildschirmen unterscheidet man je nach Bildaufbau Vektorgeräte mit direkter Strahlablenkung und Rastergeräte mit zeilenförmiger Strahlablenkung. Vektorbildschirme haben eine Auflösung von 512 × 512 bis 4096 × 4096 Pixel, Rasterbildschirme eine solche von 512 × 512 bis 2048 × 2048 Pixel. Neben der Auflösung beeinflußt die Anzahl der Informationsbits pro Pixel die notwendige Speichergröße. Ist für jeden Bildschirmpunkt nur ein einziges Bit im Bildwiederholungsspeicher vorgesehen, so können auf dem Schirm nur helle und dunkle Punkte erscheinen. Bei einer Pixeltiefe von z.B. 8 Bits können $2^8 = 256$ Farben erzeugt werden.
In den letzten Jahren werden zunehmend programmierbare Mikro-Prozessoren in die Bildschirm-Peripherie eingebaut. Die wichtigsten Aufgaben des Displayprozessors sind die Entlastung der CPU von Routineprozeduren sowie die Gewährleistung zufriedenstellender Antwortzeiten. Als Technik der Zukunft wird von den Herstellern eindeutig die Raster-Scan-Technik genannt.
Die Zeichnung stellt im Bauwesen den wichtigsten Informationsträger dar. Dabei reicht eine graphische Darstellung der Zeichnungen auf dem Bild-

schirm allein nicht aus. Automatische Zeichenmaschinen können programmgesteuert Zeichnungen erstellen. Die Plottergröße reicht vom Tischmodell im Format DIN A4 bis zum mehrere Meter langen Großplotter (Flachtisch-Plotter).
Man unterscheidet Pen-, Raster- und Foto-Plotter. Bei den Pen-Plottern handelt es sich um Vektorgeräte, die Zeichnungen mit Stiften aus Vektoren in x- und y-Richtung aufbauen. Die Stiftplotter können maximal acht Zeichenstifte ansteuern, die entweder mit unterschiedlichen Strichstärken oder unterschiedlichen Farben besetzt werden. Bei Trommelplottern werden die Zeichnungsträger (Papier oder Folie) durch eine Trommel in der x-Richtung und die Zeichenwerkzeuge durch einen Werkzeugträger in der y-Richtung bewegt. Trommelplotter werden in den Breiten 27,5 bis 182 cm angeboten. Ihre Auflösung liegt bei 0,1 bis 0,025 mm, ihre Zeichengeschwindigkeit beträgt rund 5 bis 75 cm/s. Der Preis für ein Gerät mit DIN-A0-Breite liegt zwischen 30 000 DM und 60 000 DM.
Tischplotter sind dagegen großformatige Präzisionszeichenmaschinen mit Geschwindigkeiten von 5 bis 95 cm/s in Richtung beider Achsen. Die Genauigkeit erreicht Werte zwischen 0,05 und 0.0125 mm. Der Preis für ein DIN-A4-Gerät beträgt ca. 4 000 DM, für ein DIN-A0-Gerät zwischen 40 000 DM und 80 000 DM.
Raster-Plotter arbeiten nach dem Raster- oder Matrixverfahren, bei dem das Bild aus einzelnen Punkten zusammengesetzt wird. Bei den Raster-Plottern ist ein zusätzlicher Hard- und Software-Aufwand nötig, um die von einem CAD-System erzeugten Plot-Daten, die im allgemeinen als Vektoren abgelegt werden, in die spezielle Rasterform umzuwandeln.
Mechanische Printer-Plotter sind Geräte, die sowohl als schnelle Drucker als auch zum Plotten eingesetzt werden können. In einem oder mehreren Schreibköpfen sind Schreibnadeln angeordnet. Die Schreibköpfe werden zeilenweise vor- und rückwärts über das Papier geführt. Die zweite Achsrichtung wird durch den Papiervorschub realisiert. Die erreichbare Auflösung liegt bei max. 40 Punkten pro Zentimeter. Die Papiervorschubgeschwindigkeit ist unabhängig von der darzustellenden Informationsmenge und erreicht bei einfarbiger Ausgabe bis zu 75 cm/min [5]. Der Preis dieser Geräte ist abhängig von der Zeilenbreite, der Druckgeschwindigkeit und der farblichen Darstellung und liegt zwischen 20 000 DM und 40 000 DM.
Elektrostatische Printer-Plotter arbeiten mit Spezialpapier und erzielen eine Auflösung von ca. 75 Punkten pro Zentimeter. Papiervorschubgeschwindigkeiten von 5 bis 7,5 cm/s sind üblich. Der Preis beträgt abhängig von der Auflösung und der Druckbreite zwischen 20 000 DM und 100 000 DM.

Tintenstrahl-Plotter (Ink-Jet-Plotter) sind Dokumentationsgeräte zur Darstellung gerasterter Farbbilder. Die Auflösung liegt bei ca. 50 Punkten pro Zentimeter. Es werden Trommelvorschubgeschwindigkeiten von bis zu max. 5 m/s erreicht. Der Preis für einen DIN-A1-Plotter liegt zwischen 100 000 DM und 150 000 DM.

Foto- oder Mikrofilmplotter werden primär zur Archivierung genutzt (COM Computer Output on Microfilm). Sie erlauben es, Zeichnungen sehr schnell auf einen Film zu projizieren [6]. Die Filminhalte sind ohne Rechner lesbar und als vergrößerte Zeichnungskopie reproduzierbar. Die Auflösung von Mikrofilm-Plottern liegt zwischen 1 024 und 4 096 Punkten/Achse. Der Preis beträgt ca. 100 000 DM.

Hardcopy-Geräte bieten die Möglichkeit, den vollständigen Bildschirminhalt in Sekundenschnelle auf Papier auszugeben. Vorteilhaft ist, daß der Bildschirminhalt ohne Softwareunterstützung und somit ohne Rechnerbelastung dokumentiert wird. Man unterscheidet elektrostatische, photographische, Matrix-Hardcopies oder Farbkopierer. Die Hardcopy ist in ihrer Qualität nicht mit einer Plotterzeichnung vergleichbar (unmaßstäbliches und kurzfristiges Informationsmaterial). Ihre Anwendung beschränkt sich daher auf Fälle, wo sehr schnell ein Abbild des Bildschirminhaltes gewünscht wird, das jedoch nicht allzu hochwertig zu sein braucht.

Für die Wahl eines Plotters sind nicht nur die geschilderten Merkmale der einzelnen Plottertypen entscheidend, sondern auch die Einsatzmöglichkeiten je nach Anlagenkonfiguration. Dabei sind insbesondere die hardwareseitigen Schnittstellen (z.B. V24 oder RS 232C) und die Übertragungsgeschwindigkeiten (zwischen 300 und 19 200 Baud = Bit/s) zu beachten.

Wichtige Fragestellungen für die Plotterauswahl sind [7]:
- Für welche Anwendung wird die Zeichenmaschine eingesetzt?
- Welche Präzision wird gefordert?
- Wird Mehrfarbigkeit benötigt?
- Welcher Zeichnungsträger und welches Format wird gewünscht?
- Wie viele Zeichnungen sollen pro Tag erstellt werden?
- Welche Übertragungsgeschwindigkeit ist erforderlich?
- Wie hoch ist der Rechner schon belastet?

In diesem Zusammenhang ist auf die dominierende Rolle des Plotters bei den Hardware-Investitionen hinzuweisen. Die wichtigsten Kosteneinflußgrößen sind: die Zeichengröße (im Bauwesen DIN A0), die Anzahl der Zeichenstifte, die Plottgeschwindigkeit und die Technologie des Plotters.

3.5 Anlagenkonfiguration

Je nach geforderter Leistung und Systemaufbau werden schlüsselfertige und rechnerflexible CAD-Systeme unterschieden. Ferner ist zu unterscheiden zwischen Stand-Alone-Systemen und Netzwerksystemen. Bei schlüsselfertigen Systemen (Turnkey-Systems) werden die Hard- und Software aus einer Hand bezogen. Die gesamte Verantwortung für Installation, Wartung und Pflege von Hard- und Software liegt bei einem Auftragnehmer. Dadurch werden eine kurzfristige Einsatzfähigkeit und ein sicheres Funktionieren ermöglicht. Bei den meisten Turnkey-Systemen ist die CAD-Software auf die Programmiersprachen des verwendeten Rechners, die Größe des Zentralspeichers und der peripheren Speicher sowie auf die graphischen Peripheriegeräte und das Betriebssystem angepaßt. Dadurch ergibt sich das für den graphisch-interaktiven Dialogbetrieb sehr wichtige kurze Antwortzeitverhalten. Diesen Vorteilen stehen als Nachteile die große Abhängigkeit von einem Hersteller und die eingeschränkte Portabilität der CAD-Programme und -Daten gegenüber. Die Systeme selbst sind oft so konzipiert, daß sie den Anschluß an firmenfremde Bausteine praktisch ausschließen [8]. Die Programme sind allgemein gehalten und im Sinne des Ingenieurs als nicht anwendernah zu bezeichnen, da sie gleichermaßen allen Ingenieurdisziplinen gerecht werden sollen [9].

Bei rechnerflexiblen Systemen ist die CAD-Software auf verschiedenen Universalrechnern lauffähig, sofern Mindestanforderungen hinsichtlich Betriebssystem, Programmiersprache, Speicherkapazität und Anschlußmöglichkeiten von Peripheriegeräten erfüllt sind. Neben höheren Anschaffungskosten gegenüber schlüsselfertigen Systemen setzen sie vor allem EDV-Kenntnisse für die Schnittstellenprogrammierung voraus. Dem Vorteil der leichten Anpassung an gegebene Aufgabenstellungen steht der Nachteil der geteilten Systemverantwortung gegenüber. Werden Hard- und Software von verschiedenen Herstellern bezogen, so ist in der Regel weder der eine noch der andere bereit, Garantie und Wartung für das Gesamtsystem zu übernehmen.

Da jedoch der Anwender bei auftretenden Fehlern häufig nicht entscheiden kann, in welchem Bereich die Ursache liegt, ist es für ihn wichtig, nur einen verantwortlichen Partner zu haben. Daher kann zu rechnerflexiblen CAD-Systemen nur geraten werden, wenn entsprechendes eigenes Knowhow vorhanden ist. Verschiedene Firmen bieten OEM-Gewährleistungsverträge (original equipment manufacturing) an, die im Schadensfall die Funktionsverantwortung für Hard- und Software tragen.

Die Bearbeitung von CAD-Aufgaben kann mit zwei unterschiedlichen Hardware-Konzepten erfolgen:
- Stand-Alone-Anlagen im Single- oder Multiuser-System oder
- Netzwerke, bei denen verschiedene Rechnerkonfigurationen mit unterschiedlicher Peripherieausstattung zu einem leistungsfähigen Verbund zusammengeschlossen werden.

Bei Multiuser-Systemen haben mehrere Benutzer die Möglichkeit, „gleichzeitig" von mehreren Peripheriegeräten aus mit unterschiedlichen Programmen (Multi-tasking) an demselben Rechner zu arbeiten. Jeder Teilnehmer kommuniziert intermittierend mit der Zentraleinheit mit einer so hohen Geschwindigkeit, daß er den Eindruck hat, sie stehe nur ausschließlich ihm zur Verfügung. Tatsächlich wird jedoch die Verfügbarkeit der Zentraleinheit in sehr kleine Zeitscheiben aufgeteilt. Jeder Teilnehmer erhält eine bestimmte Zeitscheibe und muß jeweils warten, bis eine Zykluszeit abgelaufen ist. Den möglichen Aufbau von Multiuser-Systemen zeigt Bild 2.

Unter dem Netzwerk (LAN Local Area Network) versteht man die Koppelung mehrerer dezentralisierter CAD-Stationen über gemeinsame Leitungen zu einem Rechnerverbund. Durch Rechnernetze kann mit Low-cost-Bausteinen die Leistungsfähigkeit von Multiuser-Anlagen erreicht werden. Wesentliche Vorteile dieses Konzeptes sind die Anpassungsfähigkeit an betriebliche Anforderungen, die gute Erweiterbarkeit, die geringen Einstiegskosten und das dadurch geringe Investitionsrisiko. Das CAD-Know-how kann mit dem Ausbaugrad des Systems wachsen.

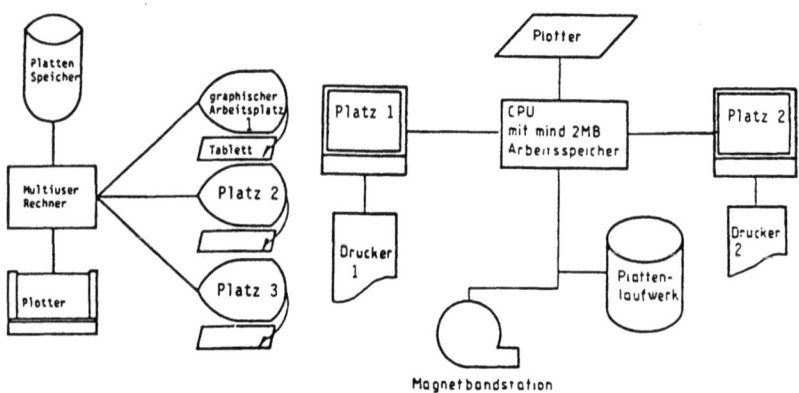

Bild 2: Multiuser-Systeme

Netzwerke erlauben eine gemeinsame Nutzung von Datenbanken, Anwendersoftware sowie von teuren Peripheriegeräten wie Massenspeichern, Plottern und Druckern. Die Rechner können untereinander Daten austauschen und mit anderen auch in der Leistung unterschiedlichen Rechnern gekoppelt werden. Generell unterscheidet man bei den Netzwerken zwischen Stern,- Bus- oder Ringstruktur (vgl. Bild 3). Bei der Sternkoppelung dient ein Rechner als übergeordneter Leitrechner, der die Kommunikation der übrigen Stationen überwacht [10]. Die derzeit dominierenden LANs haben jedoch eine Bus-Topologie (z.B. Ethernet oder Omninet) oder Ring-Topologie (z.B. Token-Ring). Beim Bus-Netz kann jeder Teilnehmer über Kabel mit jedem Teilnehmer kommunizieren ohne durchsatzbegrenzende Zentrale. In einem Ringnetz werden alle Nachrichten in einer Ringrichtung von Station zu Station weitergegeben. Rechnernetze sind in der Bürokommunikation heute schon gängige Begriffe. Dies gilt zukünftig auch verstärkt für den CAD-Bereich.

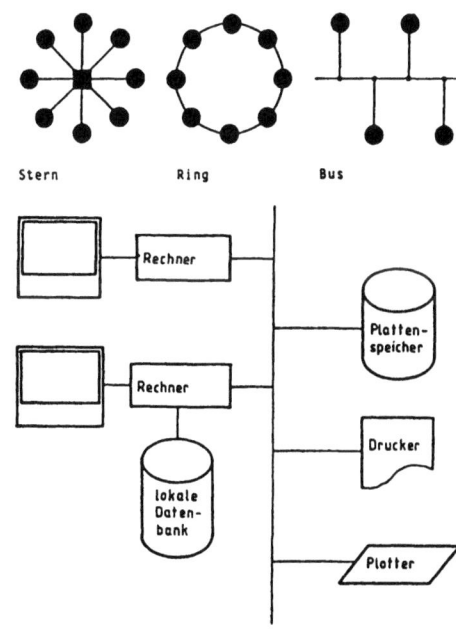

Bild 3: Netzwerk-Topologie

4 Grundsoftware

Zur Grundsoftware sollen alle problemabhängigen Programme gezählt werden, die nicht bestimmte Anwenderprobleme lösen, sondern z.b. den interaktiven Kommunikationsteil eines CAD-Systems steuern.

4.1 Betriebssystem

Das Betriebssystem hat die Aufgabe, mit Hilfe von Systemprogrammen die Bedienung und Steuerung der einzelnen Hardwarekomponenten zu gewährleisten. Die Einbettung des Betriebssystems innerhalb der CAD-Softwarekomponenten zeigt Bild 4 [11]. Das Betriebssystem umfaßt einen Ablaufteil (Steuerung des zentralen Rechenwerkes sowie Systemsicherung mit Zugriffskontrolle und Speicherschutz) und einen Datenverwaltungsteil (Ansteuern von Ein- und Ausgabegeräten, Aufbau und Verwaltung der Dateien).
Für Netzwerkanwendungen wird derzeit das Betriebssystem Unix bzw. Xenix favorisiert. Es wurde für 16-Bit-Rechner entwickelt und zwischenzeitlich auf 32-Bit-Rechner erweitert.

Bild 4: Software-Komponenten eines allgemeinen CAD-Systems

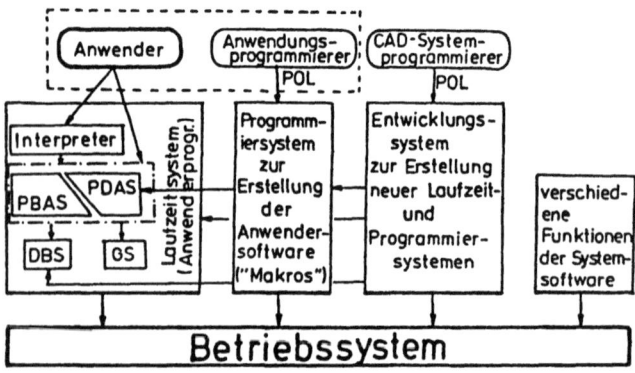

PBAS = problemorientierte Anwendersoftware
PDAS = produktorientierte Anwendersoftware (Makros)
DBS = Datenbanksystem
GS   = Graphiksystem
POL = problemorientierte Sprache

4.2 Compiler und Dienstprogramme

Compiler-Programme übersetzen problemorientierte Programmiersprachen wie z.b. FORTRAN, COBOL oder BASIC in die rechner-verständliche Maschinensprache.
Dienstprogramme lösen häufig wiederkehrende Problemstellungen in einer für den Benutzer anwenderfreundlichen Art und Weise (z.b. relationales Datenbankverwaltungssystem dBase III oder Knowledgeman Plus).

4.3 Rechnerinterne Modellbildung (RID)

Das Problem der Geometrieverarbeitung besteht in der Erstellung geeigneter geometrischer Modelle in digitaler Form (rechnerinterne Modelle). Die EDV ist in der Lage, verschiedene Modelle mit Hilfe numerischer Werte und definierter Abhängigkeiten aufzunehmen und zu speichern.
Die vom Benutzer am CAD-Arbeitsplatz eingegebene Bauteilgeometrie (z.B. eine Stütze) wird mit problemorientierten Programmen in eine digitale rechnerinterne Darstellungsform (RID) umgesetzt. Zu unterscheiden sind 2-D- bis 3-D-Modelle. Die weitergehenden 3½-D- bis 4½-D-Modelle sind für die Bauplanung nicht relevant (4. Dimension durch Einführung einer Zeitachse).
Bei 2-D-Modellen werden räumliche Gebilde rechnerintern durch zweidimensionale Abbildungen kanten- oder flächenorientiert dargestellt. Bei einer kantenorientierten Verarbeitung können nur Konturelemente beschrieben werden. Der Bereich zwischen den zusammenhängenden Konturen ist nicht definiert. Es ist daher nicht möglich, diesen Bereich automatisch zu schraffieren.
Bei flächenorientierter Verarbeitung wird der Bereich zwischen geschlossenen Konturzügen als ebene Fläche definiert. Da Art, Anzahl und Anordnung der Projektionen festliegen, werden 2-D-Systeme vorrangig im Bereich der Varianten- und Prinzipkonstruktionen eingesetzt (Fertigteile, typisierte Bauteile).
2-D-Systeme haben trotz ihrer hohen Verbreitungsquote von ca. 80 Prozent [12] den Nachteil, daß Aussparungen beliebiger Form, Größe und Anordnung kaum dargestellt werden können und Massenberechnungen nicht möglich sind.
Wird senkrecht zur bestehenden Grundrißfläche die dritte Dimension

(Höhe) parallel verschoben, so entsteht ein räumliches 2½-D-Modell (Bild 5). Den geschlossenen Konturzügen wird eine konstante oder variable Raumtiefe zugeordnet, d.h., Flächen werden schichtenweise aufeinandergefügt. Damit können Mengen ermittelt und Flächen berechnet werden. Dies gilt jedoch nicht für schräge Bauteile wie Dachkonstruktionen, Treppen oder Vouten von Stahlbetonträgern.

In einem 3-D-Modell können geometrische Objekte entweder in einem Draht- oder Kantenmodell, einem Flächenmodell oder einem Volumenmodell dreidimensional dargestellt werden (Bild 6).

Bei Kantenmodellen ergeben sich Probleme beim Weglassen verdeckter Kanten. Es fehlen dann die erforderlichen Flächen- und Volumeninformationen (Bild 7).

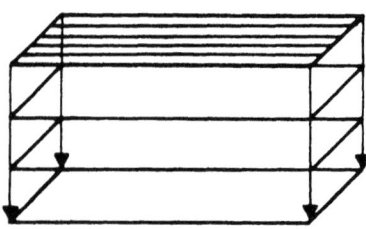

Bild 5: Prinzipskizze eines 2½-D-Modells

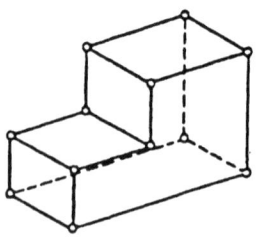 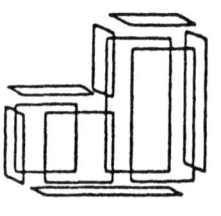 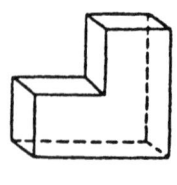

Kantenorientiert　　　　　　Flächenorientiert　　　　　　Volumenorientiert

Bild 6: Modelle eines geometrischen Objektes

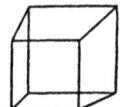 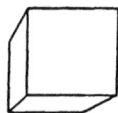 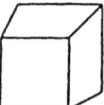

Bild 7: Mehrdeutigkeit einer perspektivischen Darstellung

Das Flächenmodell beschreibt nur bestimmte Bauteilflächen, ohne daß eine Verschneidung der Flächen und eine Bestimmung der Materialseite möglich ist.

Nur das Volumenmodell erlaubt eine vollständige Erfassung der Gestalt beliebiger Bauteile. Es können Grundkörper wie z.B. Quader, Zylinder, Pyramide u.a. durch die Mengenoperationen Vereinigung, Differenz und Durchschnitt miteinander verknüpft werden (Bild 8). Die Vorteile von Volumenmodellen sind:
- Das Erstellen beliebiger Konstruktionszeichnungen (Grundrisse, Aufrisse, Schnitte, perspektivische Darstellungen) ist mit Hilfe eines einzigen Programmsystems möglich.
- Da das Volumenmodell eine vollständige und genaue Beschreibung der Bauteilgeometrie wiedergibt, ist es geeignet, auch nichtgeometrische Daten wie Materialbeschreibungen, Mengenermittlungen und Kostenaussagen zu einzelnen Bauteilen zu verwalten, da diese Informationen immer den Bezug zu einer Bauwerkslokalität benötigen.

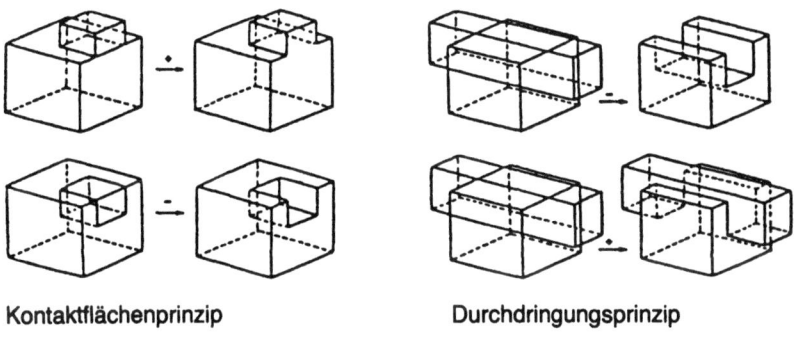

Kontaktflächenprinzip   Durchdringungsprinzip

Bild 8: Volumenelementverknüpfung

Nachteilig ist die ungewohnte Vorgehensweise, ein Bauwerk mit Hilfe von 3-D-Modellen zu erstellen. Zur Verarbeitung und Verwaltung der großen Anzahl von Daten ist ein leistungsstarker Rechner erforderlich, damit ein vertretbares Antwortzeitverhalten gewährleistet wird.

4.4 Graphische Hilfsfunktionen und Manipulationen

Die CAD-Systemsoftware stellt dem Benutzer eine Reihe von Hilfsfunktionen zur Vefügung, die ihm den Entwurfsprozeß erleichtern. Die graphischen Manipulationen bestehen im wesentlichen aus den Funktionen Translation, Rotation, Spiegelung, Skalierung, Duplizierung und Windowing. Windowing ist die Vergrößerung oder Verkleinerung der Bildschirminformation, wobei stets der gesamte Bildschirm zur Darstellung genutzt wird. Beim Viewporting kann der Bildschirm in mehrere „Fenster" unterteilt werden, die verschiedene Graphiken darstellen und unterschiedlich verändert werden können.
Eine wesentliche Arbeitserleichterung stellt die Ebenen- oder Folientechnik dar. Der Anwender hat eine bestimmte Anzahl von Ebenen (layers) zur Verfügung, die er getrennt mit beliebigen graphischen oder textlichen Elementen belegen kann. So können z.b. tragende und nichttragende Bauteile, Installationen, Bemaßung und Beschriftung in unterschiedlichen Ebenen generiert werden.

4.5 Graphische Datenverarbeitung

Die graphische Datenverarbeitung übernimmt die softwaremäßige Ansteuerung der graphischen Peripheriegeräte (Bildschirm, Plotter und Speicher). Sie ist außerdem für die Manipulation und Verwaltung der graphischen Daten verantwortlich.

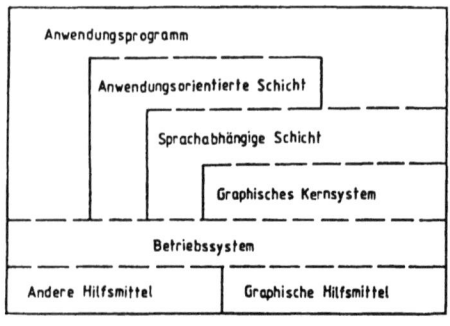

Bild 9: Einbettung des graphischen Kernsystems GKS zwischen Anwenderebene und Betriebssystem

Wegen der stürmisch verlaufenden Hardware-Entwicklungen wird von den CAD-Systemanbietern eine Standardisierung der Hard- und Software-Schnittstellen gefordert. Ein wichtiger Schritt in dieser Richtung ist das graphische Kernsystem (GKS). Bild 9 verdeutlicht die Einbettung des GKS zwischen Anwenderebene und Betriebssystem [13]. Die allgemeine Nutzung des GKS zielt darauf ab, möglichst viele Gerätefamilien wie Bildschirme und Plotter an eine breite Palette programmierbarer Anwendungsprogramme anzuschließen. Durch das GKS sind folgende Funktionen zu erfüllen:
— Ein- und Ausgaben für Grundelemente,
— Bildmanipulationen, -transformationen,
— Bildstrukturierungen und
— Speicherung graphischer Informationen.
Die Anwendung des GKS ist z.Z. nur im 2-D-Bereich möglich. Selbst einfache Anwendungen erfordern bereits einen hohen Programm- und Speicheraufwand. Sie sind daher bislang nur auf Großrechenanlagen implementiert. Eine praktikable Nutzung auf Mikro-Computer-Anlagen scheidet derzeit noch aus.

4.6 Bemaßung

Die Bemaßung von Bauteilen wird vorwiegend interaktiv, d.h. halbautomatisch vorgenommen. Die zu bemessenden Elemente werden mit dem Eingabegerät (z.B. Maus) identifiziert, und die Maßzahl wird positioniert. Die Maßbrücken einschließlich der Maßpfeile sowie die Maßzahlen wer-

Bild 10: Kettenvermaßung (halbautomatisch)

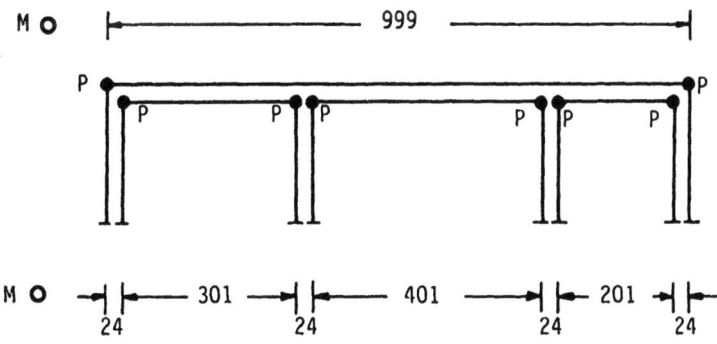

den vom System automatisch ermittelt und dargestellt. Wahlweise ist auch eine manuelle Eingabe der Maßzahlen möglich.
Das rechnergestützte Konstruieren stellt dem Anwender Einzel- und Mehrfachbemaßungen zur Verfügung, wobei die Realisierung bauspezifischer Bemaßungsfunktionen gem. Bild 10 spezielle Anwendungssoftware erfordert. Dabei hat sich die Kettenvermaßung nach Aussagen von CAD-Anwendern im Bauwesen als besonders vorteilhaft erwiesen.

4.7 Kommunikation im Dialogbetrieb

Die Kommunikation zwischen Mensch (Anwender) und Maschine (CAD-System) erfolgt entweder kommando- oder menüorientiert. Bei der kommando-orientierten Kommunikation müssen die Befehle nach einer bestimmten Syntax eingetippt werden. Bei dem derzeit auf dem Markt am häufigsten anzutreffenden menü-orientierten Dialogbetrieb werden dem CAD-Anwender verschiedene Arbeitstechniken zur Verfügung gestellt. Hierzu zählen Tastatur- oder Digitalisiermenüs, die auf einer Funktionstastatur bzw. auf einem Digitizer in Menümatrizen abgelegt werden und sich durch Tastendruck oder Stift aktivieren lassen. Beim Bildschirmmenü werden die Kommandowörter oder Symbole eines Menüs am vertikalen Bildschirmrand untereinander oder am horizontalen Bildschirmrand nebeneinander angeordnet.
Das System bietet die aktuell möglichen Funktionen über einen Menübaum, Menüring oder ein Menünetzwerk an. Letzteres bildet aufgrund der vielfältigen Möglichkeiten den höchsten Stand der Menütechnik.

4.8 Makroerzeugung und Verwaltung

Ein wichtiges Hilfsmittel zur Rationalisierung des Konstruktionsprozesses ist die Verwendung von Makros. Hierbei handelt es sich um Bauteile oder Konstruktionselemente, die aufgrund ihres häufigen Auftretens auf externen Speichern in einer Makrobibliothek abgelegt sind. Als Hilfsmittel zur Erzeugung von Makros bieten viele CAD-Hersteller benutzerfreundliche Makrosprachen an. Die Makros können sowohl in 2-D- als auch in 3-D-Darstellung erzeugt werden (Bild 11). Im Bereich der CAD-Makrotechnik stehen dem Architekten oder Bauingenieur Zeichnungs- oder Parameter-Makros zur Verfügung.

Bild 11: 3-D-Makrokatalog

Unter Zeichnungs-Makros versteht man invariable Benutzerelemente, die beliebig in eine Zeichnung hinein positioniert werden können. Die Geometrie (Menge, Breite, Höhe) dieser Makros ist dabei nicht veränderbar. Im Gegensatz dazu bieten Parameter-Makros die Möglichkeit, Dimension und Gestalt eines Elements am Bildschirm zu variieren. Die Generierung eines solchen Parameter-Makros setzt ein Programm voraus, das die geforderten Zahlenwerte der Bauteilgeometrie in die aktuelle Zeichnung umsetzt [14].

5 Anwendersoftware in der Architektur

Von einer breiten wirtschaftlichen CAD-Anwendung im Bauwesen wird man erst dann sprechen können, wenn die Integration von Planungs-, Ausschreibungs- und Abrechnungsvorgängen in der Architektur, Tragwerksplanung und Technischen Gebäudeausrüstung gelungen ist. Diese horizontale und vertikale Durchgängigkeit von der Vorplanung bis zur Endabrechnung besteht z.Z. noch nicht. Dies liegt z.T. am bisher fehlenden Interesse der CAD-Systemanbieter, eine für das Bauwesen abgestimmte Hard- und

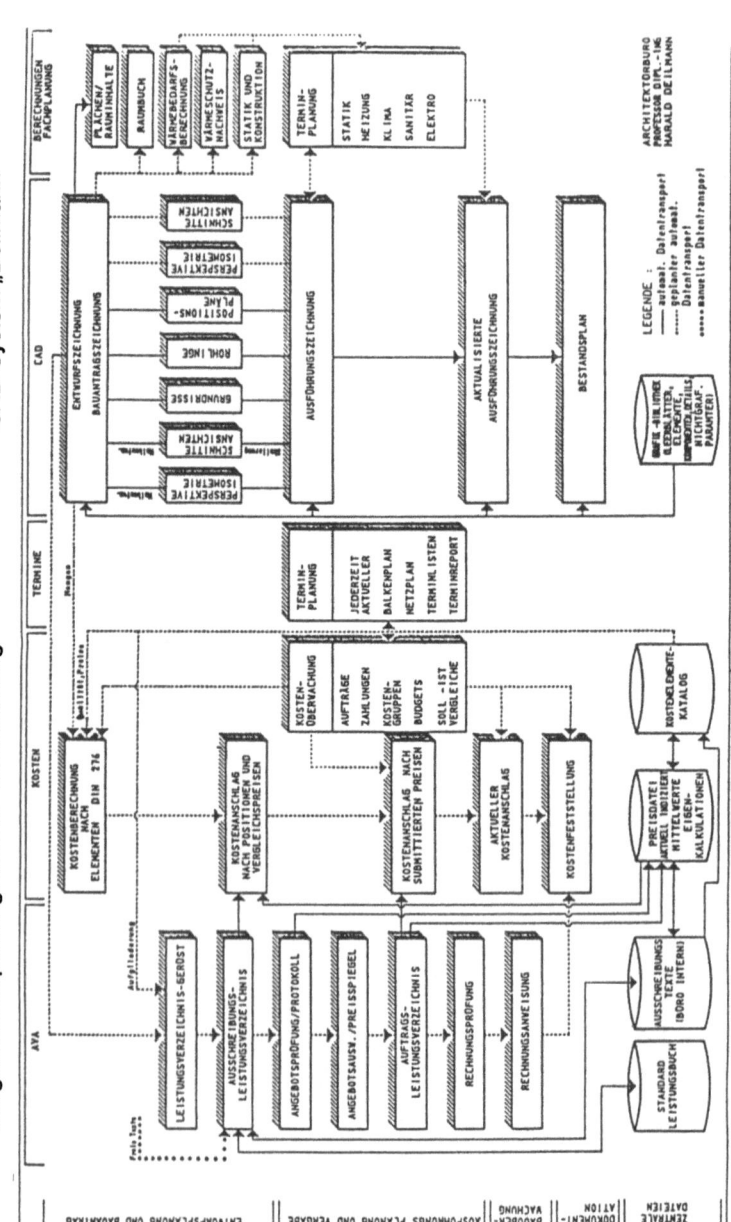

Bild 12: Integrierte CAD-Anwendung im Hochbau

Software mit klarer Schnittstellendefinition zu entwickeln und damit zur integrierten CAD-Anwendung beizutragen. Die in jüngster Zeit zu beobachtenden Fortschritte lassen jedoch eine rasche Entwicklung erwarten, die viele Mitarbeiter in der Planung und Bauabwicklung vor wichtige Entscheidungen stellen wird.

Die Zielsetzungen einer integrierten CAD-Anwendung im Hochbau zeigt Bild 12 [15]. Nach Angaben einiger weniger Anbieter bzw. Anwender (z. B. RIB Stuttgart, Bott Hösbach-Feldkahl, Prof. Deilmann Düsseldorf) ist dieses Ziel bereits erreicht. Die direkten zeichnungsorientierten CAD-Tätigkeiten setzen ein spezielles Architektur-Anwendungssoftwarepaket voraus, das in der Lage ist, bestimmte Anwendungsfunktionen zu erfüllen.

Diese sollten beinhalten:
— spezielle „Wand-Befehle";
— die Möglichkeit der Variation von Wanddicken;
— allgemeine Geometrie-Informationen wie Längen, Winkel, Koordinaten und Flächenangaben;
— Bemaßungs- und Beschriftungsarten;
— Manipulationsfunktionen wie Spiegeln, Trimmen, Löschen usw.;
— die Möglichkeit der Darstellung freier Linien sowie der Ergänzung von z. B. Bäumen und Sträuchern.

Der rechnerunterstützte Arbeitsablauf bei der Gebäudeplanung läßt sich wie folgt skizzieren: Unter Verwendung einer groben Handskizze mit der Grundkonzeption der Bauwerksgeometrie erfolgt die Eingabe über einen Digitizer im direkten Dialog am graphischen Bildschirm. Für die weitere Bearbeitung des Grundrisses wird auf eine Datenbank mit Standardbauteilen, Baumaterialien, Vorschriften und Normen als zentrale Informationsbasis zugegriffen. Das Vermaßen, Beschriften, Schraffieren sowie Zeichnen von Schnitten und Ansichten geschieht dialogorientiert. Mit Hilfe von Raumbüchern werden Volumina und Flächen sowie Mengen abgerufen und für die Ausschreibung, Vergabe und Abrechnung (AVA) zur Verfügung gestellt.

Tragwerksplanung und Technische Gebäudeausrüstung bauen auf den Vorgaben auf und werden mit Hilfe der Folientechnik integriert. Ein Anwendungsbeispiel des RIB in Stuttgart zeigt Bild 13.

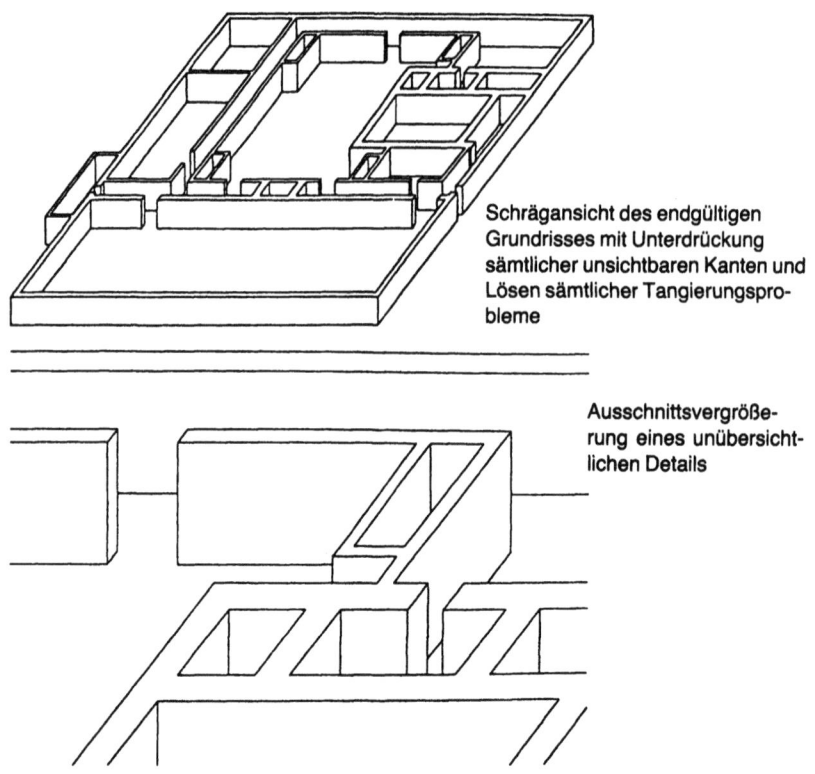

Schrägansicht des endgültigen Grundrisses mit Unterdrückung sämtlicher unsichtbaren Kanten und Lösen sämtlicher Tangierungsprobleme

Ausschnittsvergrößerung eines unübersichtlichen Details

Bild 13: Ergebnisse des RIBCON der RIB in Stuttgart

6 CAD-Systemauswahl

Mit der CAD-Einführung in Planungsbüros wird nicht nur eine möglicherweise schon vorhandene EDV-Anlage erweitert, sondern auch eine neue Technologie verfügbar gemacht. Dies verlangt eine grundlegende Umstrukturierung der Arbeitsweise. Das für ein Architektur- oder Ingenieurbüro geeignete CAD-System kann nur dann erfolgreich eingesetzt werden, wenn die betroffenen Mitarbeiter und deren Vorgesetzte die neue Technologie akzeptieren. Zu den Problemen gehören mangelnder Kenntnisstand, unzureichende Ausbildung und nicht ganz unbegründete Angst

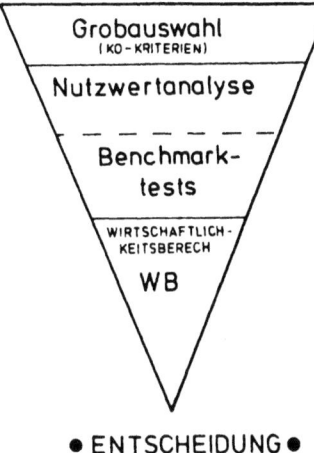

Bild 14: Entscheidungstrichter

vor personellen Einsparungen. Daher ist es unbedingt erforderlich, die Mitarbeiter und in größeren Planungsbüros auch den Betriebsrat rechtzeitig in den Entscheidungsprozeß bei der Auswahl eines CAD-Systems einzubeziehen. Oberstes Ziel ist, eine Systemlösung zu finden, die in der Lage ist, die betrieblichen Anforderungen mittelfristig zu erfüllen [19].

Bei der CAD-Einführung hat sich ein schrittweises Vorgehen in folgenden Phasen bewährt (Bild 14):
- Voruntersuchung mit Erfassung der Planungsarbeiten nach Art und Umfang sowie Einteilung nach CAD-fähigen und nicht CAD-fähigen Aufgaben (repräsentatives Zeichnungsspektrum). Die Organisation eines Projektteams, ggf. unter Hinzuziehung eines Unternehmensberaters, das Abschätzen des CAD-Projektbudgets sowie das Aufstellen eines Zeitplanes von der CAD-Voruntersuchung bis zum Ende der CAD-Einführung bilden weitere Vorplanungsschwerpunkte.
- Systemanalyse mit dem Ziel, das CAD-Umfeld zu untersuchen und im Rahmen einer Grobauswahl ungeeignete CAD-Alternativen auszusondern. Dabei kommt der Aufnahme des betrieblichen Ist-Zustandes besondere Bedeutung zu, da dieser Aufschluß gibt über Arbeits- und Informa-

tionsabläufe innerhalb der Konstruktion, über die technische Ausstattung des Arbeitsplatzes sowie über das Rationalisierungspotential und die Integrationsmöglichkeiten zwischen bestimmten Fachabteilungen.
Anhand dieser Informationen lassen sich konkrete Systemanforderungen für die CAD-fähigen Aufgaben formulieren. Schwerpunkte des CAD-Anforderungsprofils bilden: die Basishardware, die Graphikperipherie, die Grundsoftware, die Anwendersoftware, die Betriebssystemsoftware, die Unterstützungsmaßnahmen, die Herstellerdaten und die Vertragsbedingungen.
Die CAD-Grobauswahl umfaßt darüber hinaus die Gegenüberstellung von Auswahlkriterien mit den tatsächlich vorhandenen Systemeigenschaften der CAD-Alternativen. Als besonders effizient hat sich eine Anwendung von Ko-Kriterien erwiesen.
Ko-Kriterien sind Mindestanforderungen des CAD-Benutzers. Sie zielen darauf ab, offensichtlich ungeeignete Systemalternativen zu eliminieren. Die Erfüllung der Ko-Kriterien durch die einzelnen Systemalternativen wird lediglich durch „Ja" oder „Nein" geprüft. „Nein" bedeutet, daß die entsprechende Systemalternative ausscheidet (Bild 15). Da die Alternativen B und C drei bzw. zwei Ko-Kriterien nicht erfüllen, bleibt in dem Bei-

Bild 15: Beispiel für eine Ko-Kriterienliste (J = Ja, N = Nein)

Nr.	Ko-Kriterien	Systemalternativen		
		A	B	C
1	Markterfahrung im Bauwesen	J	N	J
2	Referenzen	J	J	J
3	3D-System	J	J	N
4	Rechnerflexibles System	J	N	J
5	32-Bit-Rechner	J	J	J
6	Kopplungsmöglichkeiten (Kompatibilität)	J	J	J
7	mind. 6 Bildschirmarbeitsplätze	J	J	J
8	Problemspezifische Bausoftware	J	N	J
9	Variantenprogrammierung	J	J	J
10	Makroerzeugung und -verwaltung	J	J	J
11	Menünetzwerk	J	J	N
12	Dialog in deutscher Sprache	J	J	J
13	Layer-Technik	J	J	J
14	FE-Schnittstelle vorhanden	J	J	J
15	Plotprogramme vorhanden	J	J	J
16	Compiler für höhere Programmiersprachen	J	J	J

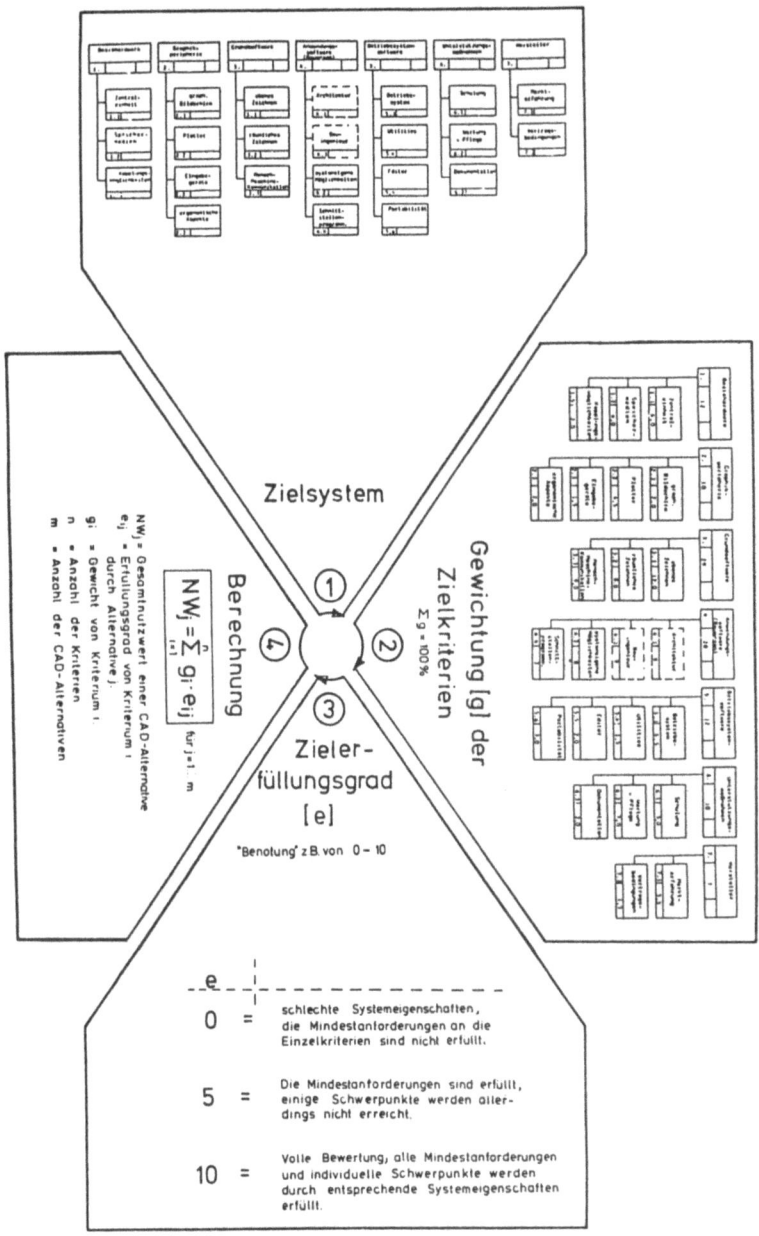

Bild 16: Ablaufschema einer Nutzwertanalyse

spiel gem. Bild 15 nur die Alternative A für die weiteren Betrachtungen übrig. Nach einer Grobauswahl mit Hilfe von Ko-Kriterien sollten möglichst nicht mehr als zwei bis vier Systemalternativen für die eigentliche Feinauswahl in Frage kommen.

• Mit Hilfe der Nutzwertanalyse besteht die Möglichkeit, monetär nicht oder nur schwer bewertbare CAD-Eigenschaften durch eine Nutzenpunktbewertung zu erfassen. Dazu sind erforderlich (Bild 16): das Aufstellen eines Zielsystems, das Gewichten der Zielkriterien, das Messen und Bewerten der Zielerfüllungsgrade mit Nutzenpunkten und das Berechnen der Gesamtnutzwerte [20].

Ein weiteres Hilfsmittel zur Beurteilung der Leistungsfähigkeit verschiedener CAD-Alternativen bieten Benchmarkttests. Sie ermöglichen es, die wichtigsten Systemeigenschaften stichprobenartig anhand von repräsentativen, anwendungsorientierten Aufgaben zu überprüfen. Dabei handelt es sich jedoch um zeit- und kostenintensive Untersuchungen, so daß nur die Systeme der engeren Wahl in diese Tests einbezogen werden sollten. Untersuchungsgegenstände sind z.B.:

- der erforderliche Speicherplatzbedarf, das Antwortzeitverhalten und die Zeichengenauigkeit,
- die Vielfalt bauspezifischer Makros, die Darstellungsqualität der Bauteile hinsichtlich der Schnitte, Bemaßungen und Schraffuren.

Weitere Bewertungsmerkmale sind entsprechenden Kriterienkatalogen zu entnehmen [21].

• Die Systementscheidung fällt in der letzten Phase des CAD-Auswahlprozesses. Sie orientiert sich zunächst an den Ergebnissen der Nutzwertanalyse und der Benchmarkttests. Zusätzlich wird vom Entscheidungsträger eine Abschätzung der Wirtschaftlichkeit der CAD-Investition erwartet.

7 Schlußbetrachtung

Die heutige Situation im Hinblick auf CAD ist ähnlich einzuschätzen wie diejenige der EDV-Einführung vor zehn bis 15 Jahren. Kommerzielle Datenverarbeitung wird mittlerweile in jedem Architektur- und Ingenieurbüro angewendet und ist aus heutiger Sicht nicht mehr wegzudenken. Eine entsprechende Entwicklung zeichnet sich auch für die CAD-Technologie ab. Daher ist den am Planungsprozeß beteiligten Architekten und Ingenieuren nur zu empfehlen, sich schon heute mit den neuen Möglichkeiten vertraut zu machen. Auch angehenden Architekten und Ingenieuren ist anzuraten, sich bereits während des Studiums mit der Anwendung von CAD-Systemen zu beschäftigen, da der CAD-Einsatz nicht nur die konstruktive Bearbeitung, sondern auch die Aufbau- und Ablauforganisation sowie die Arbeitsinhalte der Planer nachhaltig beeinflussen wird.

Über die Auswirkungen der CAD-Technologie gehen insbesondere in Zeiten hoher Arbeitslosigkeit die Ansichten auseinander. Viele Unternehmer sehen in der CAD-Anwendung eine unabdingbare Voraussetzung zur Stärkung der Wettbewerbsfähigkeit und somit zur mittelfristigen Sicherung des Unternehmens. Aus der Sicht vieler Arbeitnehmer bedeutet diese Technologie eine Gefahr für die Arbeitsplätze und ein erhöhtes Risiko für den Einzelnen.

Die CAD-Technologie löst auf dem Arbeitsmarkt drei Effekte aus: Sie erhält und schafft neue Arbeitsplätze, und sie spart gleichzeitig Arbeitskräfte ein. Die Frage, ob per Saldo eine Vergrößerung des Arbeitsplatzangebotes zu erwarten ist, kann nur in branchenspezifischer Differenzierung beantwortet werden.

Dieser Aufsatz ist in der Zeitschrift „Bauwirtschaft", Heft 24/85, S. 903–910, und Heft 26/85, S. 973–980, erschienen. Gekürzter Nachdruck mit freundlicher Genehmigung der Autoren und des Verlages.

Literaturverzeichnis

[1] Cembrowski, H.-W.: CAD im Bauwesen – Überblick über Hardware, CAD-Funktionen und Schwerpunkte der Anwendung im konstruktiven Ingenieurbau. Dipl.-Arbeit am Lehrstuhl für Bauwirtschaft der Bergischen Universität GH Wuppertal, Sept. 1984
Kapitza, H.: CAD im Bauwesen – Stand der Software-Entwicklung im Consulting-Bereich, Wirtschaftlichkeitsberechnungen und Nutzen-Kosten-Untersuchungen. Dipl.-Arbeit am Lehrstuhl für Bauwirtschaft der Bergischen Universität GH Wuppertal, Sept. 1984.
[2] Encarnacao, Hellwig u.a.: GI-Handbuch Nr. 1. CAD/CAM-Handbuch, Teil 1: CAD. Springer-Verlag, Berlin 1984
[3] Eigner, M., Maier, H.: Einführung und Anwendung von CAD-Systemen, Hanser Verlag, München 1982
[4] Reinauer, G.: Der Aufbau von anwendergerechten CAD-Systemen, Schriftenreihe der Österreichischen Computer-Gesellschaft, Band 13. Oldenbourg-Verlag München–Wien 1982

[5] Ganz, R., Dohrmann, H.-J.: Farbgraphische Ausgabesysteme, Zeitschrift für wirtschaftliche Fertigung Nr. 5/1981. S. 223ff.
[6] Duus, W., Gulbins, J.: CAD-Systeme, Hardwareaufbau und Einsatz. Springer-Verlag, Berlin 1982
[7] o. V.: Checkliste für Plotter, Konstruktion und Design, Nr. 6/1983, S. 18
[8] Hatvany, J.: Internationaler Stand des CAD/CAM. Schriftenreihe der Österreichischen Computer-Gesellschaft, Band 16/1982, S. 18
[9] Lang-Lendorff, G.: Stand und Tendenzen des rechnerunterstützten Konstruierens im Hochbau. VDI-Berichte 394 (1981), S. 25
[10] Obermann, K.: CAD/CAM-Handbuch 1983. CAD/CAM Verlag für Computergraphik GmbH, München 1983
[11] Spur, G., Krause, F.-L.: CAD-Technik, Lehr- und Arbeitsbuch für die Rechnerunterstützung in Konstruktion und Arbeitsplanung. Hanser Verlag, München/Wien 1984, S. 62
[12] Obermann, K.: CAD/CAM-Handbuch 1983. IVG-Verlag, Coburg 1983, S. 32
[13] Nowacki, H.: Notwendigkeit und Möglichkeiten der Standardisierung im CAD-Bereich. VDI-Berichte 413 (1981), S. 107ff.
[14] Heinel, K.: Anwendungsmöglichkeiten neuer EDV-Technologien in den Bauverwaltungen unter besonderer Berücksichtigung des CAD. Bauverwaltung Nr. 4/1984, S. 157
[15] Deilmann, H.: Integrierte Bauplanung mit EDV-Unterstützung. CAD-System „Deilmann", Düsseldorf 1984
[16] Werner, H., Stieda, J. u.a.: Rechnereinsatz für Entwurfsaufgaben im konstruktiven Ingenieurbau. Bauingenieur Nr. 58/1983, S. 361ff.
[17] Hahn, V.: EDV im Bauwesen − derzeitiger Stand und Versuch einer Prognose, Industriebau Nr. 5/1983, S. 404
[18] Haas, W.: CAD in der Bautechnik − eine Übersicht. VDI-Berichte 492 (1983), S. 179ff.
[19] Obermeyer, L.: EDV in der Praxis, CAD auf neuen Wegen. Beratende Ingenieure 10/1984, S. 31
[20] Diederichs, C.J.: Wirtschaftlichkeitsberechnungen und Nutzen-Kosten-Untersuchungen, Allgemeine Grundlagen und Anwendungen für bauwirtschaftliche Investitionsentscheidungen. Expert-Verlag Sindelfingen 1985
[21] Brand, H., Rubensdörffer, H.: Qualitätsbeurteilung von CAD/CAM-Systemen, Testhandbuch Band 1. SCS Scientific Control Systems GmbH Hamburg, Mai 1983
[22] Poths, W.: Ermittlung der Wirtschaftlichkeit von CAD-Systemen in: GI-Handbuch Nr. 1 (vgl. [2]), S. 138ff.

Klaus Hüttner

CAD — Automatisation in der Bauplanung

Für Architekten ist es noch immer eine Zauberformel: CAD. Ein Sammelbegriff für Datenverarbeitungsprogramme in Planungsprozessen, ein Produkt der Computertechnologie. Die Mikroelektronik, exponiert durch die Automatisation, gab unserem Zeitalter den Namen. Der Inbegriff des neuen Mediums heißt Computer. — Beunruhigt uns eine Sprachverwirrung oder eine Neuerung, für die uns die Worte fehlen?
Marshal McLuhan hat als erster darauf hingewiesen, wie wichtig es ist, zwischen dem Medium selbst und dem, was es vermittelt, zu unterscheiden. Fragt man heute, ob Architektur durch den Computer automatisch entstehen könne, so ist die Antwort in den Wesensmerkmalen des Mediums zu suchen. — Im Rückblick auf die Erfindung Gutenbergs, am Buchdruck, wird das ganz deutlich. Die geistige Qualität der Schriften, das, was vermittelt wurde, blieb durch deren drucktechnische Reproduktion zunächst unberührt. Die unbegrenzte Verbreitung von Gedanken, das Charakteristikum des neuen Mediums, löste jedoch gesellschaftliche und psychologische Veränderungen aus, die später im „Gedruckten" zum Ausdruck kamen. — So hat auch das Handwerkszeug der Architekten niemals die Architektur geprägt und die Einführung des Bildschirms am Arbeitsplan wird sie nicht formen. Das Medium hingegen, aus dem die CAD-Programme abgeleitet wurden, verändert unsere Gesellschaft seit Jahrzehnten, längst bevor die Architekten durch CAD unmittelbar mit ihm konfrontiert wurden.

Die Architekturmaschine oder Computer sind keine Maschinen

Die heute praktizierte Art zu planen und zu bauen ist ohne die technische Reproduzierbarkeit von Plänen, Berechnungen und Beschreibungen und deren Übermittlung durch die Kommunikationsmedien undenkbar. Ihr Charakteristikum aber ist ein minuziöses Spezialistentum, das weit mehr fragmentarischer Denkweise entsprang als unabdingbarer Notwendigkeit. Seine Wurzeln lassen sich in die geistige Geburtsstunde des Maschinenzeitalters, bis in das phalanstère Charles Fouriers, zurückverfolgen. Walter

Benjamins Erkenntnis, daß die Verzahnung der passions bei Fourier nichts anderes war als eine Analogiebildung zur Maschine im Material der Psychologie, läßt sich mühelos auf das Zusammenwirken der heutigen Professionen ausdehnen. An den langen Listen der Planungsbeteiligten auf den Bautafeln kann man im groben ablesen, was im Detail groteske Blüten treibt. So spezialisieren sich zum Beispiel Architekten mit gleicher Ausbildung als Entwerfer, Werkplaner, Ausschreiber oder Bauleiter. Wenn zudem die Bauplanung in genau abgegrenzte Phasen eingeteilt wird, mit eigenen Leistungsbildern, in Gebührenordnungen verankert, so wird der Eindruck heraufbeschworen, die Fließbandtechnik bestimme die Arbeitsmethode, Architektur sei das Produkt einer Maschine.

Aus Villard de Honnecourts Bauhüttenbuch wissen wir, daß eine Kathedrale im 13. Jahrhundert durch den Aufriß im wesentlichen definiert war. Die Ordnung der Teile zueinander, anerkannte verbindliche Formen und ein gemeinsames Verständnis von dem Bauwerk, waren Richtschnur für alle. Der Konsens, das gemeinsame Verständnis vom Bauen, ist in unserer Zeit nicht wiederzufinden. An seine Stelle trat das Bestreben des Einzelnen, seine persönliche Vorstellung von dem zu errichtenden Gebäude möglichst zweifelsfrei auf Papier darzustellen. Die abstrakte zweidimensionale Darstellung räumlicher Zusammenhänge kann dabei nur durch Hinweise oder Beschriebe den Bezug zur dritten oder gar zur vierten Dimension herstellen. Bauten sind viel zu komplex, um sie auf diese Weise in ihrer Ganzheit erfassen zu können. Der Versuch, sie in immer differenzierteren Planungsdokumenten darzustellen, ist bereits im Ansatz zum Scheitern verurteilt. Die Folge ist eine Papierflut, ein explosionsartiges Anwachsen der Informationsmenge, hervorgerufen durch ständiges Wiederholen gleicher Informationseinheiten in unterschiedlicher Zusammenstellung aus der Sicht der Spezialisten. Abstimmung wird zur Sisyphusarbeit. Das Verbindende fehlt. Nach einer Zeit, in der die Techniken des Zerlegens und der Mechanisierung die Arbeitsweise prägten, verspricht nun die elektronische Datenverarbeitung das Gegenteil, eine Implosion, eine Verdichtung der Information zu bewirken. Das Zeitalter der Mechanisierung ist vorbei. Wir leben im Zeitalter der Automatisation. Computer sind keine Maschinen.

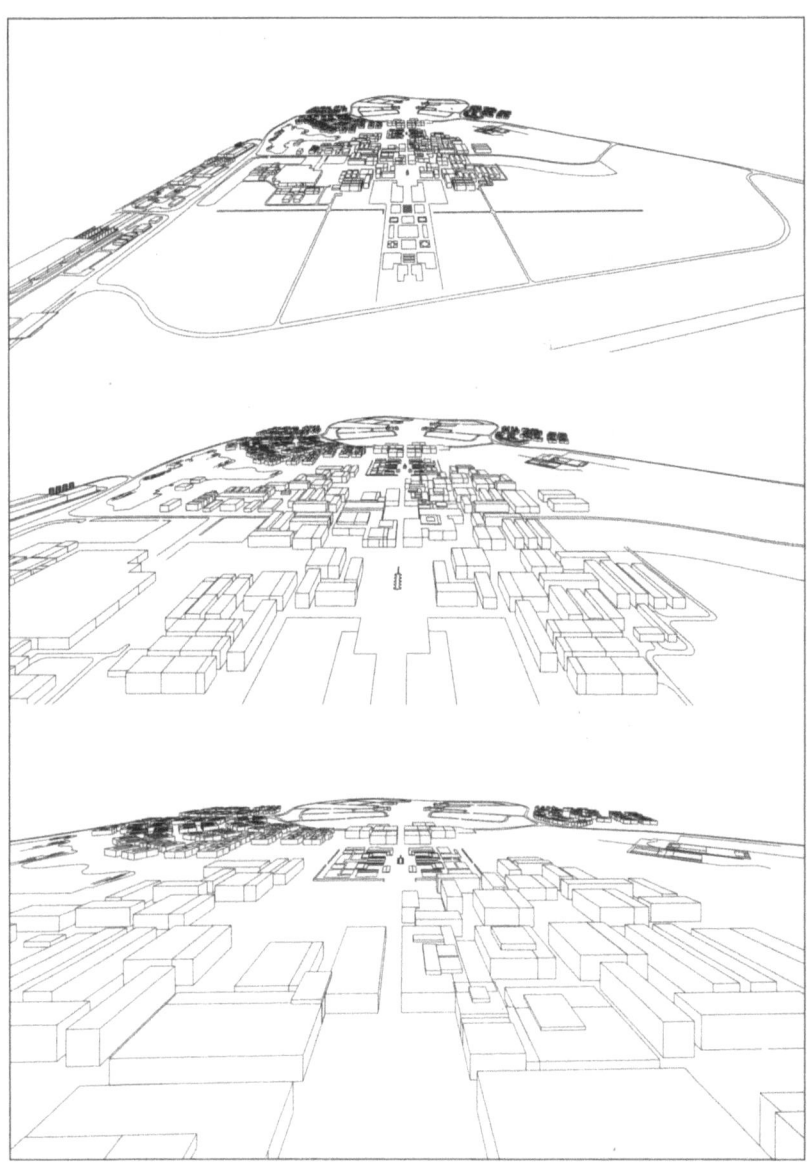

Zur Betrachtung eines Computermodells genügt es, Standpunkt, Blickrichtung und Blickwinkel zu definieren. Die Berechnung der Perspektive geschieht automatisch.

**Das Computermodell
oder die Zeichnung erhält eine ganz andere Bedeutung**

Die CAD-Programme verdrängen die typischen Handwerkszeuge des Architekten, die Reißschiene und den Bleistift, nicht aber die Zeichnung. Sie zu ersetzen, ist nicht — oder noch nicht? — vorstellbar. Die zeichnerische Darstellung bleibt das geeignetste und somit wichtigste Kommunikationsmittel zwischen dem Planer und denen, die seine Arbeit begutachten, koordinieren und ausführen, aber auch zwischen ihm und dem Computer. Computerzeichnungen entstehen im Rechner durch „Magnetschalter", für die nur die Stellungen „1" oder „0" möglich sind. In diesen „bits", zu „Wörtern" zusammengefaßt, sind alle Planungsdaten gespeichert. Verankert sind sie in einer Datenstruktur oder anschaulich, in einem Modell: Eine Sprachregelung, die das Zusammenspiel der einzelnen Teile beschreibt. Sie besagt zunächst nichts anderes, als daß nach programmierten Regeln Daten in einem Rechner automatisch verarbeitet werden, wobei der „Datenfluß" den Parametern der Verknüpfung folgt. Der Hinweis der konventionellen Planungsmethode: „Siehe..." wird ersetzt. Grundriß, Ansicht und Schnitt sind nicht mehr in getrennten Planregistern aufgehoben, sondern fest miteinander verbunden. Zur Dateneingabe bedient man sich weiterhin des Hilfsmittels Zeichnung. Einzelne Bauteile, eine Stütze, eine Wand, eine Tür zum Beispiel, werden auf einem „digitizer board" wie auf einem Reißbrett „gezeichnet", indem man Hilfslinien zieht, deren Schnittpunkte mit einem Fadenkreuz markiert und zu Linien verbindet. Diese „components", die wie Lego-Bausteine auf einer Grundplatte in einem Leergerüst plaziert werden, tragen aber nicht nur Grundrißinformationen, sondern daran gekoppelt auch Ansichten und Schnitte (zweieinhalbdimensionale Modelle) oder räumliche Informationen geometrischer Körper (dreidimensionale Modelle). Das Leergerüst besteht zunächst aus nichts anderem als frei bestimmbaren Abszissen- und Koordinatenachsen, überlagert in einzelnen Ebenen. Erst im Laufe der Planung füllt sich das Gerüst, bis ein Modell entsteht, das in seiner Komplexität dem ausgeführten Bauwerk ähnelt. In diesem Modell sind alle Informationen verankert. Planungsdaten werden nicht mehr auf Papier, sondern im „Gedächtnis" eines Computers gespeichert.
Die Zeichnung wird zum Abbild des Modells, das wir unseren Denkgewohnheiten und unserer Auffassungsgabe entsprechend gleichsam durch eine selektierende Brille betrachten. Aber darin unterscheidet sich eine Computerzeichnung noch nicht von einer Handzeichnung. Das Ar-

Das Computermodell ist von allen Seiten und Winkeln aus einsehbar. Unvollständiges und Fehler werden schonungslos offenbart. Für die Fantasie bleibt dabei kein Spielraum.

gument der Antagonisten des neuen Mediums, daß eine Architekturzeichnung mehr aussagt als das, was in ihr nach den Regeln der darstellenden Geometrie definiert ist – und schon manche Architekturzeichnung fand mit dieser Begründung Eingang in die Sammlung eines Museums - besagt ja nichts anderes, als daß sie die Vorstellung eines Architekten von einem Bauwerk, von dessen „Modell", in sich trägt. Die Form der Darstellung unterliegt selbstverständlich den Gesetzen ihrer technischen Hilfsmittel – geläutert durch den Zeitgeschmack. Mitunter grenzt sie an Possenspiel. So zum Beispiel, wenn Architekturzeichnungen so aussehen, als seien sie vom Computer gefertigt, beim näheren Hinsehen aber die kleinen Unzulänglichkeiten des traditionellen Handwerkszeugs nicht verbergen können.

Entscheidend ist jedoch, daß die Vorstellung eines Architekten von einem Bauwerk, von dessen „Modell" nicht länger zusammenhanglos in Bauplänen dokumentiert wird, sondern in einem räumlichen Computermodell, das wiederum, weil wir es gar nicht anders darstellen und lesen können, auf plane Zeichnungsträger projiziert wird. Die Computerzeichnung erhält eine ganz andere Bedeutung.

**Der Wiederholungsvorgang wird automatisiert
oder Neuerungen kündigen sich durch Vorgriffe an**

Zur Betrachtung des Modells in Form einer Perspektive genügt es, Standpunkt, Blickrichtung und Format des Ausschnittes anzugeben. Die sichtbaren und unsichtbaren Linien und auch die Durchdringungslinien der Körper berechnet der Computer. Bei einer zweidimensionalen Projektion müssen Ausschnitt und Maßstab definiert werden. Die maßstäbliche Verkleinerung erfolgt automatisch. Das Computer-Modell repräsentiert, wie die Maßlinien eines Bauplanes, die wahre Größe des Bauwerks, den Maßstab 1:1. Mit dem Grad der maßstäblichen Verkleinerung muß selbstverständlich, der Lesbarkeit der Zeichnung wegen, die Dichte der Information reduziert werden. Der Mechanismus hierfür ist eine Technik, die bereits für das fotomechanische Schichtverfahren entwickelt wurde. Es war ein Vorgriff auf die Computertechnologie.

Die Bausteine des Computermodells werden unterschiedlichen Kategorien zugeordnet, das heißt sie werden in separaten Schichten gespeichert. Die Organisation der „Kategorien" bestimmt die möglichen Anschauungsformen. Das integrale Modell kann in Form von Übersichtsplänen oder

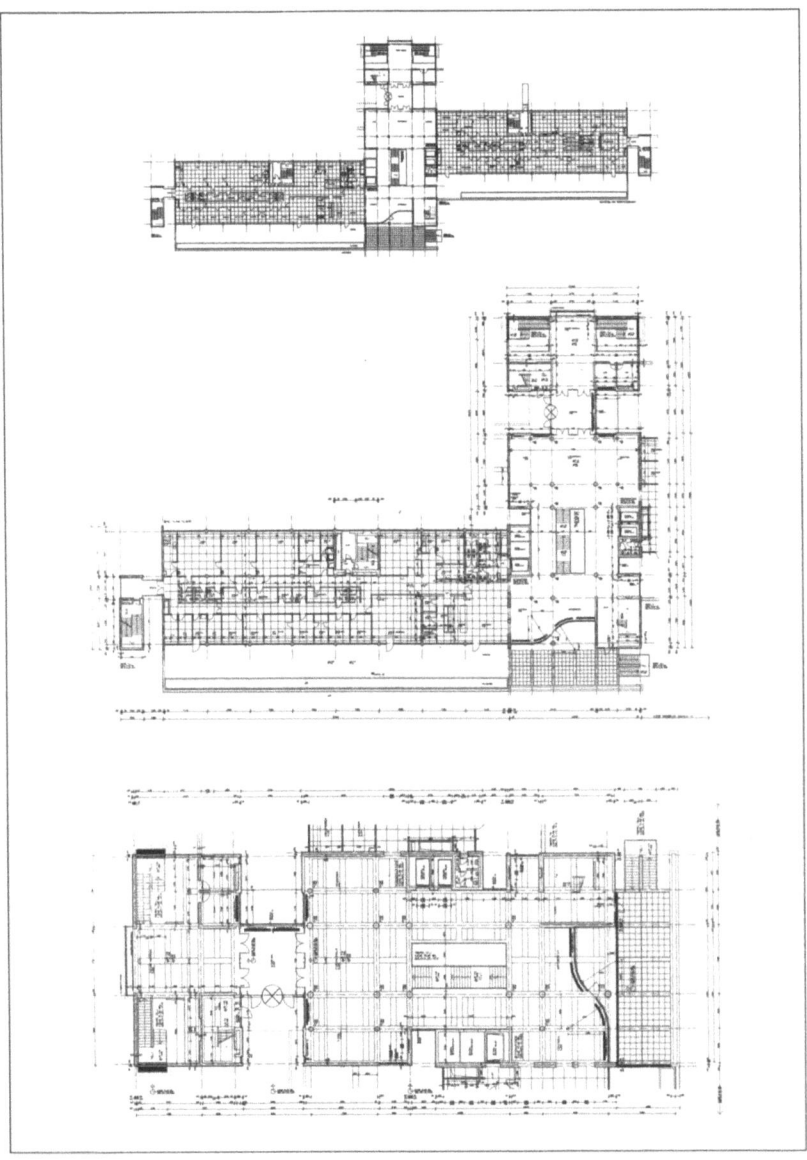

Grundrisse in verschiedenen Maßstäben sind Abbildungen ein und desselben Computermodells. Das Wiederholen gleicher Informationen in unterschiedlichen Abbildungen erfolgt automatisch. Informationsart und -dichte sind dabei frei bestimmbar.

Detailplänen, gewerkespezifischen Plänen oder Koordinationsplänen, Ingenieurplänen oder Architektenplänen betrachtet werden. Durch das An- und Ausschalten von Kategorien werden in einem „Datenfluß-Ventil" Informationen in Betrachtungsebenen weitergeleitet oder zurückgehalten. Eine Tür kann mit oder ohne Türnummer abgebildet werden, Vermaßungen können allgemein oder gewerkespezifisch sein, usw. Das Computermodell kann in Form von konventionellen Bauplänen abgebildet werden, aber auch ganz neue Betrachtungsebenen erschließen.
Sind zum Beispiel die Form eines Raumes, die Lage und Größe seiner Fenster- und Türöffnungen, seine Möbilierung, die Decke mit Leuchten und lüftungstechnischen Auslässen und davon abhängig die Kanal- und Leitungsführungen über der abgehängten Decke aufeinander abzustimmen, können alle relevanten Informationsschichten, farblich differenziert, auf dem Bildschirm sichtbar werden. Durch die Überlagerung der Information im Augenblick der Betrachtung wird stets der neueste Planungsstand sichtbar. Wie schwierig es ist, komplexe bauliche Zusammenhänge mit Hilfe von Plänen zu koordinieren, wird bereits durch das Nebeneinanderlegen der Pläne verschiedener Vefasser deutlich: Da ist zum Beispiel die Anzahl der Leuchten im Deckenspiegel noch nicht auf dem neuesten Stand, im Beleuchtungsplan stimmt die Anzahl, aber die Lage der Leuchten ist noch nicht mit dem Deckenspiegel koordiniert, oder: die Tür im Möblierungsplan wurde geändert, im Grundriß noch nicht, usw.
Und darin besteht der wesentliche Vorteil des Schichtenverfahrens: Jede Information ist nur einmal, in der Schicht, der sie zugehört, gespeichert. Eine Tür zum Beispiel erscheint in Übersichts- und Detailplänen, im Grundriß und im Deckenspiegel, in Architekten- und Ingenieurplänen, mehrmals, aber nur als Projektion derselben Tür. Wird sie verändert oder detaillierter dargestellt, so geschieht dies nicht in einer Vielzahl von Plänen, sondern nur einmal.
All das war bereits im Vorgriff auf die Computertechnologie durch das mechanische Schichtenverfahren möglich – oder zumindest theoretisch möglich. Ein Grund, warum das Schichtenverfahren bislang so selten praktiziert wird, liegt in der Schwierigkeit, alle Planungsbeteiligten auf das gleiche System einzuschwören. – Und das ist auch das Hauptproblem bei der Einführung von CAD-Programmen. Zum anderen ist der hohe Zeit- und Kostenaufwand zu nennen, mit dem das fotomechanische Zusammenkopieren von fünf oder gar zehn Schichten verbunden ist. Der Computer kann mühelos 1000 Kategorien unterscheiden und die Daten automatisch in Sekundenschnelle übertragen, denn die Information ist nicht mehr auf

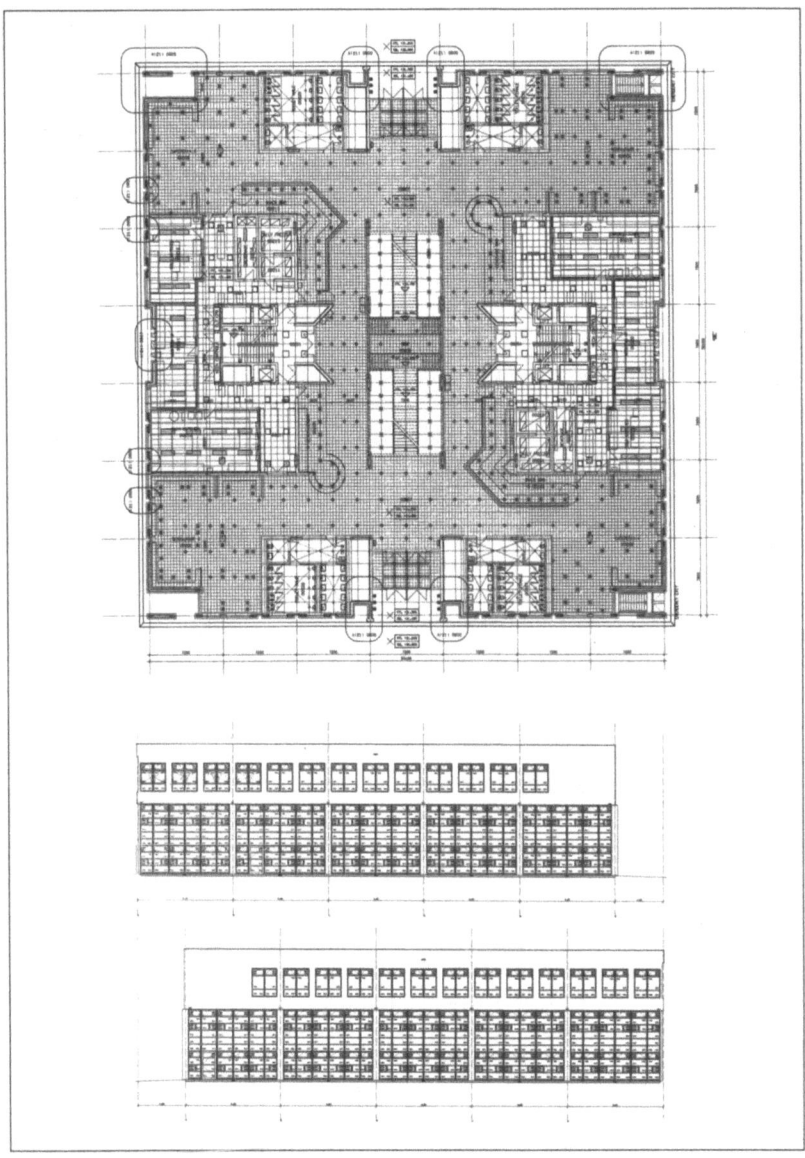

Gewerkebezogene Pläne wie ein Deckenspiegel oder ein Fassadenausschnitt illustrieren den Leistungsumfang. Die dazugehörigen Massenauszüge und Leistungsbeschriebe sind nur unterschiedliche Betrachtungsformen eines integralen Computermodells.

Schichten, als Plan auf einer maßstabilen Folie gespeichert, sondern in einem räumlichen Computermodell fest verankert.
Noch andere Neuerungen sind zu erwähnen: In einem Bauwerk wiederholen sich immer wieder die gleichen Bauteile. Die gleiche Wand, die gleiche Tür, das gleiche Fenster, mitunter auch der gleiche Raum oder die gleiche Raumgruppe lassen sich mit einem Baukomplex identifizieren. Der Befehl an dem Computer heißt: schablonenhaft zu wiederholen, „matrix place"! Eine Stütze wird 20 mal in der X-Richtung, 5 mal in der Y-Richtung in drei Stockwerken übereinander plaziert. Ganze Baukörper werden kopiert, gedreht, gespiegelt, an einer anderen Stelle verankert. – Der Computer zählt stets mit. Codiert man nicht Pläne, sondern Speicheradressen in einer vernetzten Datenstruktur, so können Zuordnungen und Summenbildungen automatisch erfolgen: Massen werden berechnet, in Texte der Ausschreibung eingefügt und Kosten addiert bis hin zur Endsumme.
Eine frappierende Vorstellung: Irgendwo, ganz versteckt im Untergeschoß eines riesigen Bauwerks, genauer gesagt, im Computermodell dieses Bauwerks, wird eine T 30-Tür gegen eine T 90-Tür ausgetauscht, und zur gleichen Zeit werden automatisch die Türliste, das Leistungsverzeichnis, die gewerkespezifischen Kosten und die Gesamtbaukosten verändert.
Die Papierflut, die im Laufe einer Bauplanung anwächst, wurde schon oft als Hemmschuh der Kreativität verschrien. Sie beginnt mit der Dokumentation der Vorplanungsergebnisse. Sofort danach wird der Maßstab gewechselt. Entwurfspläne müssen neu gezeichnet werden, so, als ginge es um eine neue Sache, obwohl die wesentlichen Elemente des Vorentwurfes unverändert geblieben sind und lediglich detaillierter dargestellt werden müssen. Die Bausteine eines Computermodells bleiben dieselben, sie werden lediglich mit neuen Informationen beladen und in einem anderen Maßstab abgebildet. All das, was der Planer bei der Dokumentation des Vorentwurfes bedacht hat, ist bereits gespeichert. Wurde zwischen einer Brandwand und einer Wand anderer Feuerschutzanforderungen unterschieden, geschah dies durch ihre Zuordnung zu unterschiedlichen Kategorien. In ihrem Abbild auf dem Plan mußten sie deshalb noch nicht differenziert dargestellt werden. Erst in den Dokumenten für die Genehmigungsplanung wird das symbolhaft hervorgehoben. Längen-, Breiten- und Höhenmaße sind gespeichert, wenngleich sie erst in den Ausführungsplanungsdokumenten umfassend sichtbar werden. Die Fortschreibung der Information ist selbst mit den Baubestandsplänen nicht zu Ende. Die Bauverwaltung plant um. Für Wartung und Reparatur sind stets neue Tabellen und Berechnungen gefragt.

Das Kennzeichen der Bauplanung ist das ständige Wiederholen erstaunlich weniger Informationseinheiten in immer neuen Zusammenstellungen, in Plänen, Berechnungen und Beschreibungen. Das Merkmal der CAD-Programme ist die Automatisation der hierfür erforderlichen Wiederholvorgänge.

Automatisation oder wohin steuert die Welt der Architekten?

Bereits heute fordern Bauherren ausdrücklich CAD-Planungen. Die „Vorteile" haben sich herumgesprochen: Das Computermodell eines Bauwerks, gespeichert auf Band, ist für die Bauverwaltung wesentlich besser geeignet als Baubestandspläne. Aber auch die Tatsache, daß während der Planung jeder Strich auf dem Papier gleichzeitig ablesbare Massen und Kosten bedeutet, erscheint als unbedingter Vorteil gegenüber einer konventionellen Planung. Doch gerade daraus leitet sich die größte Versuchung des neuen Mediums ab. Es duldet keine Unvollständigkeiten. Nur perfekte Modelle können Abhängigkeiten sichtbar machen. Eilfertige Architekten werden ungeduldigen Bauherrn in kürzester Zeit Computermodelle ihrer Bauvorhaben präsentieren. Am einfachsten läßt sich das durch Wiederverwendung vorhandener Modelle — mit kleinen Abänderungen natürlich — erzielen. Vorhandene Bausteine werden nach alten Regeln neu gemischt. Die Automatisation von Wiederholungsvorgängen birgt die Versuchung in sich, die Bauplanung selbst als mechanisierbaren Wiederholungsvorgang anzusehen. Die Folge wäre eine Verarmung der Architektur. Diese Gefahr läßt sich aus den Reklameschriften der Software-Hersteller unübersehbar herauslesen. Die wenden sich an Produzenten sogenannter „Gebrauchsarchitektur". So, als gäbe es phantasielose Zweckbauten — hin und wieder kontrastiert durch „highlights", die den Stirlings, Meiers und Holleins vorbehalten sind.

Dem steht das Qualitätsbewußtsein der Bauherrn gegenüber. Sie werden auch weiterhin auch für die Fabrikhallen Signifikanz fordern. CAD schließt sie nicht aus. Selbst eine Staatsgalerie in Stuttgart, ein Museum für Kunsthandwerk in Frankfurt am Main oder ein Städtisches Museum Abteiberg in Mönchengladbach können mit vorhandenen CAD-Programmen geplant werden. Voraussetzung wäre allerdings, daß der Vorentwurfs- und Entwurfsphase mehr Zeit eingeräumt wird als bei einer konventionellen Planung. Computermodelle, in denen die Arbeitsergebnisse des entwerfenden Architekten gespeichert werden, können nicht schneller wachsen, als die Vorstellung von dem zu errichtenden Gebäude reift. Die Entwurfsskizze, in der diese Vorstellung langsam sichtbar wird, sich einem ersten vorsichtigen Test unterziehen muß, wobei die Hand des Architekten Wesentliches hervorhebt und über das, was für ihn selbstverständlich ist, hinweggeht, wird der Computer niemals ersetzen können. Das Computermodell, das von allen Seiten und Winkeln aus einsehbar ist, die Computerzeichnung, die der Phantasie ihren Spielraum nimmt, hat frühestens bei der Dokumentation der Vorplanungsergebnisse seine Berechtigung. Aber auch dann verläuft noch kein Planungsprozeß automatisch. Sechs Stunden am Schreibtisch überlegen, skizzieren, detaillieren und koordinieren und zwei, höchstens drei Stunden am Computer arbeiten, erweist sich als praktikabel.

Architektur lebt von einer Mischung aus Innovation und Erprobtem. Der Stand der Technik ist speicherbar, in immensen Datenbänken abrufbereit für die „schnelle Lösung". Wer vertritt dabei die Belange der Architektur? Sind veränderte Gebührenordnungen ein verläßliches Steuerungsmittel? Wohl kaum!

Durch die Automation entfällt die scheinbar lästige Routinearbeit, bei der so viele Flüchtigkeitsfehler gemacht wurden. Gewiß, das Eingeben von Daten in den Computer ist auch nur Routinearbeit, für die die Qualifikation eines Bauzeichners ausreicht – und dennoch hat diese Tätigkeit einen anderen Charakter. Es ist angespanntes, konzentriertes Arbeiten, kein „genüßliches Ausmalen" einer Fassade als willkommene Abwechslung zwischen anderen anstrengenden Aufgaben. – Viele Fragen bleiben offen: Wie nutzen wir die gewonnene Zeit, wenn so viele „Handgriffe" während eines Planungsprozesses entfallen? Sind mehr Freizeit oder eine gründlichere Planung die Alternative?

Es kann nicht das Ziel sein, insgesamt nur schneller und billiger zu planen. Es genügt auch nicht, durch die neue Technik ausschließlich Kostensicherheit und Schadensfreiheit anzustreben. Bei gleichem Planungskostenaufwand könnten mehr Planungsleistungen erbracht werden. Bauplanung könnte komplexer und dennoch überschaubarer werden. Durch die automatische Datenverarbeitung werden Kurskorrekturen von Planungszwischenergebnissen, die sich bei fortgeschrittener Planung als funktionale oder formale Fehlentscheidungen erwiesen haben, ohne großen manuellen Aufwand möglich. Entwickelt sich daraus ein höheres Qualitätsbewußtsein, auch für die Architektur?

Die nächste Generation der CAD-Programme ist in Arbeit. Expertensysteme bieten sich an. Näherungslösungen sollen einbezogen werden. Nicht die Architekten sind es, die „ihre Welt" steuern. Ein neues Medium steuert die Welt – doch wohin?

Vortrag im Rahmen des BDA-Symposiums „CAD – Architektur automatisch?" am 21. Juni 1985 in Hamburg.
Die gezeigten Arbeiten entstanden bei Heinle, Wischer und Partner, freie Architekten, Stuttgart.
Das dazu eingesetzte Computerprogramm „RUCAPS" wurde in England entwickelt.

Maximilian Meinel

Computer Aided Design im Städtebau

1 Die gegenwärtige Situation

Technik

Jede Zeichnung setzt sich aus Geraden und Kurven niedrigerer (Kreis) und höherer (Parabel, Hyperbel, Spirale etc.) Ordnung zusammen. Da jede gerade Linie oder Kurve rechnerischen Bezug zu einem Ordnungssystem haben kann (Koordinaten), ist nicht nur die Gerade oder Kurve selbst, sondern auch ihr Standort definierbar, also berechenbar. Damit ist die quantitative Grundlage jedes Programms für Zeichnen auf EDV-Anlagen (CAD) beschrieben. Qualitativ an den Programmen sind die Kombinationsmöglichkeiten der Geraden und Kurven, ihre Verbindung mit alphanumerischen Zeichen und die Darstellung in 3 Dimensionen, sowie die Ausbildung ihrer Schnittstellen.
Da inzwischen jede Art von Zeichnung auf Bildschirmen hergestellt, gespeichert, vergrößert, in Form einer Zeichnung, in einer oder mehreren Farben ausgedruckt, die Teile in Fläche und Volumen berechnet, gespeichert und weiterverarbeitet werden können, ist der Einsatz von CAD keine Frage technischer Machbarkeit mehr, sondern technischer Entwicklung. Die Einführung wird allein durch das Preis-/Leistungsverhältnis bestimmt. Und hier werden die üblichen Markt- und Kalkulationsregeln den Zeitpunkt der Einführung für jeden Einzelnen bestimmen.
Darüber hinaus darf man davon ausgehen, daß der bald verfügbare Megabythchip (Speicher für 1 Million Computerworte) die Hardwarekosten senken wird und andererseits den für CAD erforderlichen Speicherraum, auch für Mikrocomputer und PC bereitstellt. Da zu gleicher Zeit auch der 32-Bit-Prozessor (dieser kann ein Computerwort von 32 Bit Länge in einem Takt verarbeiten) die Regel sein wird, ist auch der Zeitpunkt abzusehen, an dem CAD zu erschwinglichen Preisen auch im Städtebau zur Verfügung steht. Zur Verfügung stehen bedeutet, Hard- und Software müssen gleichzeitig verfügbar sein. Die Software muß „anwenderfreundlich" sein. Also, der Computer muß ohne langwierigen Einführungskurs simpel zu bedienen sein.

Hat CAD eine Chance?

Jeder Plan, den ein Stadtplaner zeichnet, ist ein Prototyp. Im Gegensatz zur industriellen Produktion bleibt z.b. der Prototyp „Bebauungsplan" das einzige Modell, das gefertigt wird. Die Stärke des Computers ist jedoch, daß er sich wiederholende Tätigkeiten, auch wenn sie sehr kompliziert sind, merkt und bei Bedarf exakt wiederholt. Je öfter er diese Wiederholung durchführt, um so wirtschaftlicher ist sein Einsatz. Kosten der Hard- und Software können dabei schnell und mit einem hohen Prozentsatz des Kapitaleinsatzes abgeschrieben werden.

Aus diesem Grunde wird CAD im Städtebau zuerst dort Eingang finden, wo, ähnlich wie in der Industrie, eine hohe Wiederholungsrate wirtschaftlichen Einsatz garantiert. Das können im Städtebau nur Teile der Leistung sein, die mehr quantitativen Charakter haben.

Planungsinhalte für CAD

Um überhaupt zu einer Beurteilung der angesprochenen Bereiche zu kommen, scheint es mir erforderlich, eingangs zu klären, was Architekten meinen, wenn sie über Städtebau sprechen. Architekten verstehen unter Städtebau meist den Bereich, in dem sie selbst tätig sind, also den Bereich der Stadtplanung und Bauleitplanung. Das ist jedoch nur ein Teil dessen, was der umfassende Begriff „Städtebau" beinhaltet. Um eine „Stadt zu bauen" oder Teile der Stadt, bedarf es des Zusammenwirkens vieler Disziplinen:
Der räumlichen Planung wie *Stadtplanung, Bauleitplanung, Verkehrsplanung, Grünordnungsplanung.*
Der Ver- und Entsorgungsplanungen wie *Wasserwirtschaft, Wasserversorgung, Energieversorgung, Abfallentsorgung.*
Der flächenordnenden und rechtssichernden Disziplinen wie *Geodäsie, Katasterwesen, Bauplanungsrecht, Bauordnungsrecht.*
Der naturbezogenen Disziplinen wie *Geologie, Klimatologie, Ökologie, Landschaftsplanung.*
Dazu kommen noch die politischen Instrumente in der Stadtplanung wie *Bauausschuß, Stadtentwicklungsausschuß und ähnliche sich mit Stadtplanung befassende Ausschüsse.*

Die Speicherdimensionen

Begreift man diese Disziplinen, mit Ausnahme der politischen, als Planungsebenen, d.h. auch im Computer getrennt darstellbaren Ebenen des Städtebaus, so ergeben sich daraus für den umfassend verstandenen Begriff des Städtebaus allein 15 Ebenen, die interdisziplinär zu verarbeiten wären. Unterstellt man des weiteren, daß jede Disziplin in sich selbst noch einmal 5 weitere Verarbeitungsebenen benötigt (was sehr wenig ist), so sind bei komplexer Verarbeitung der Daten im Rahmen von CAD im Städtebau etwa 75 Ebenen zu verbinden, zu optimieren und zu einem Ergebnis zu binden. Ein Bildschirm, wie er für CAD als unterste Größe erforderlich ist, hat mindestens 640 × 400 Bildpunkte. Zu seiner Darstellung müssen also, unter Einbeziehung der o.g. 75 Ebenen, 75 × 640 × 400 Bildpunkte, das sind 19,2 Millionen, gespeichert werden. Für jeden Bildpunkt benötigt man mindestens die x/y-Koordinate des Bildpunktes und die Information, ob Schwarz oder Weiß, also 19,2 Mio. × 3 = 57,6 Mio. oder für einen Plan 0,768 Mio. Einzelinformationen, die zu speichern sind. Kommt dann noch Farbe hinzu führt der Speicherbedarf schnell zum Zwei- bis Dreifachen. Erschreckend sind diese Dimensionen, aber sie werden von den großen CAD-Maschinen heute schon spielend bewältigt. Morgen können das mit Sicherheit auch die Mikrocomputer oder PC. Wir können deshalb davon ausgehen, daß Stadtplanung bald zu erschwinglichen Preisen technisch machbar sein wird.

2 Die mögliche Entwicklung von CAD

Gliederungselemente

Wenn wir beurteilen wollen, was CAD in der Stadtplanung bewirken soll, müssen wir zuerst die zu erbringenden Leistungen auflisten und ihre Machbarkeiten mit CAD untersuchen.
Zwei Planungstypen sind zu unterscheiden:
— Die gesetzlich geregelte, an den amtlichen Lageplan gebundene Planung. Dies ist der Bebauungsplan im Maßstab 1:1000, sowie der an die amtliche Flurkarte gebundene Flächennutzungsplan im Maßstab 1:5000.
— Die sonstigen städtebaulichen Leistungen im Vorfeld der Bauleitplanung und die die Bauleitplanung vertiefenden oder weiter ausformen-

den Planungen ohne gesetzlich geregelte Bindungen bzw. Normencharakter.
CAD kann dabei mindestens zwei Veränderungen in den Prozeß der Stadtplanung einbringen:
- Beschleunigung des Arbeitslaufes der Planung,
- Veränderungen des Arbeitsablaufs durch, aus der Technik der EDV bedingte, innovative Veränderungen.

CAD in der Bauleitplanung

Die Grundlage der Bauleitplanung ist der amtliche Plan. Er ist sowohl für den Bebauungsplan als auch für den Flächennutzungsplan Voraussetzung für jede weitere Planungsstufe. Eine amtliche Karte bedeutet absolute Sicherheit der Winkel- und Längengenauigkeit. Fehlen diese geodätischen Voraussetzungen, wird bereits aus diesen Gründen der Bebauungsplan in einer Normenkontrolle untergehen. Die Methoden der Landesvermessungsämter zur Digitalisierung dieser Karten sind heute noch nicht kompatibel mit den Geräten, auf denen dann in Büros von Architekten weitergearbeitet werden muß.
Die manuelle Übertragung mit EDV kann bestenfalls bei den Plänen ohne gesetzlich geregeltes Verfahren oder bei Planungen, in denen eine bildhafte Planung ausreicht, angewandt werden. Dies ist in einigen Städten bei Bestandsaufnahmen auch schon geschehen.
Auf Dauer bedarf es eines für die Hardware des Planers kompatiblen Datenträgers, der vom Vermessungsamt statt eines Planes ausgegeben wird und auf dem die Daten des Planes gespeichert sind.
Die weitere Bearbeitung sollte dann in unterschiedlichen Ebenen erfolgen. Die Auflösung in Ebenen erfordert zwar mehr Speicherplatz und umfangreichere Software, aber der Vorteil für die Plantechnik ist sicher begreiflich.
Man könnte folgende Planungsebenen des Bebauungsplanes bei Einsatz von CAD ausführen:
Ebene 1: Amtlicher Lageplan
Ebene 2: Straßen- und Wegenetz, Ver- und Entsorgung, Spartenlage
Ebene 3: Haustypen und ihre Positionierung im Plan
Ebene 4: Grünplanung
Ebene 5: Maßangaben und Maßketten
Ebene 6: Baugrenzen, Baulinien und sonstige Planzeichen

Ebene 7: Festsetzungen und Hinweise
Ebene 8: Texte für die Satzung
Ebene 9: Texte für die Begründung
Ebene 10: Rechtswirksamer Plan

Wenn man davon ausgeht, daß die Planungen z.b. der Ebenen 2 und 4 von anderen Büros dem Architekten zugeliefert werden und in sich wieder eigene Ebenen haben können, die Ebenen 7, 8 und 9 zwar originäre Teile des Bebauungsplanes sind, aber z.b. von der Verwaltung selbst bearbeitet werden können, erkennt man die Notwendigkeit der Austauschbarkeit von Datenträgern. Sie sind ja nichts anderes als digitalisierte Pläne oder Texte, die am Ende der Arbeit zu einer Satzung zusammengefügt werden. Dabei sind einige wesentliche Bedingungen festzuhalten:
- Jeder Verfahrensschritt in der Planung muß erhalten bleiben. Er muß ständig wiederherstellbar sein.
- Die Planzeichnung muß eindeutig sein. D.h. die Planzeichen müssen eindeutig denen der Planzeichenverordnung entsprechen.
- Die für die Ermittlung des Maßes der baulichen Nutzung erforderlichen Flächenberechnung muß kontinuierlich nachgeführt werden.
- Die Grundwerte der Nutzung aus der Baunutzungsverordnung müssen für Vergleiche ständig abrufbar sein.

Als weiterer Plan zur Bearbeitung mit CAD kommt der Flächennutzungsplan in Frage. Der Bedarf an Speicherkapazität beim Flächennutzungsplan vergrößert sich in geradezu explodierender Weise, da eine Flurkarte 1:5000 pro cm^2 etwa so viele Informationen wie 50 cm^2 des amtlichen Lageplanes 1:1000 hat. Die digitalisierten Daten der Karte 1:5000 müßten ebenso wie beim Bebauungsplan in Form eines für Mikrocomputer verarbeitbaren Datenträgers zur Verfügung gestellt werden. Natürlich sind auch an den Plotter höhere Anforderungen, insbesonders an das zeichnerische Auflösungsvermögen und an die Zeichengeschwindigkeit, zu stellen. Die Arbeitsebenen sind durch die erforderlichen Themenbereiche vorgegeben. Dies wären beim Flächennutzungsplan:

Ebene 1: Grundkarte 1:5000/10.000
Ebene 2: Bestandsaufnahme, Bestandsanalyse und Prognose
Ebene 3: Verkehrskarte
Ebene 4: Landschaftsplan
Ebene 5: Karte der geplanten Nutzungen
Ebene 6: Erläuterungsbericht
Ebene 7: Rechtswirksamer Plan

Bei beiden Plänen müssen die Bearbeitungsebenen erhalten bleiben. Die Datenträger müßten eigentlich nach Abschluß des jeweiligen Verfahrensschrittes „abgeschlossen" werden können. Sie dürfen nicht mehr veränderbar sein, ebenso der genehmigte rechtswirksame Plan.

Fragezeichen am Rande

Eine Reihe von Rechtsfragen ergeben sich zwangsläufig; z.b.:
- Ist der Plan mit Stempel und Unterschrift die Urkunde, oder ist es eine im Archiv aufbewahrte, verschlossene Diskette?
- Ist ein aus den Daten einer Diskette im Büro des Planers erstellter Lageplan bzw. erstellte Flurkarte noch ein amtliches Dokument?
- Ist eine Abwägung, deren Gewichtung mittels eines EDV-Programms vorgenommen wird, noch eine Abwägung im Sinne des § 1 Abs. 7 BBauG.
- Ist eine Bürgerbeteiligung, die z.b. über BTX läuft, eine Beteiligung im Sinne von § 2a Abs. 2 BBauG?

In der Planungstechnik könnten sich Veränderungen ergeben, wie:
- Die Verbindung mit den Möglichkeiten des Systems BTX (Bildschirmtext) könnte die Bürgerbeteiligung am häuslichen Fernseher ermöglichen. Die direkte Eingabe von Bedenken und Anregungen wäre möglich.
- Festplattenspeicher im Büro des Architekten oder der Verwaltung könnten, zugänglich mit codiertem Schlüssel, den jeweils aktuellen Planungsstand den beteiligten Trägern öffentlicher Belange jederzeit über die normale Telefonleitung zugänglich machen.
- Kompatible Geräte bei Auftraggeber und Auftragnehmer können den Daten- und Textaustausch beschleunigen und damit auch den Zeitbedarf für die einzelnen Verfahrensschritte verkürzen.
- Der Einsatz von CAD erlaubt, ohne großen Mehraufwand eine Vielzahl von Varianten zu erstellen, was der Diskussion mit dem Bürger generell und über BTX zugute käme. Darüber hinaus wären Programme denkbar, bei denen der Bürger selbst Planvarianten erstellt.
- Die Informationen über den jeweiligen Planungsstand, z.B. vor wichtigen Sitzungen, könnten ebenfalls über BTX oder eine sog. „Mailbox" bei der Verwaltung zugänglich gemacht werden.

CAD in der Stadtplanung

Der zweite bei den Gliederungselementen aufgeführte Planungstyp umfaßt alle städtebaulichen Planungsleistungen, die vor- und nachher und neben der Bauleitplanung praktiziert werden. Sie sind beispielhaft in § 42 der HOAI zusammengefaßt. Es handelt sich bei diesen Leistungen, im Gegensatz zur Bauleitplanung, um Leistungen, die keiner gesetzlichen Regelung unterliegen. Im Prinzip sind sie mit der gleichen EDV-Technik zur Herstellung von Geraden und Kurven höherer und niederer Ordnung und ihren Verbindungs- und Kombinationsmöglichkeiten untereinander und mit Text und Rechnung vergleichbar. Es können Leistungen für städtebauliche Rahmenpläne, Baugestaltungspläne, Pläne für städtebauliche Bestandsaufnahmen und ihre Analysen u.ä. sein. Entscheidend für den EDV-technischen Ablauf ist, daß diese Pläne keine Rechtsnormen sind und damit auch keinen Urkundencharakter haben. Das bedeutet, daß Pläne und Texte nicht „abgeschlossen" und veränderungssicher erstellt und aufbewahrt sein müssen.

Dieser Bereich ist sozusagen offen für jede Entwicklung mit innovativem Charakter. Wie CAD und wann CAD hier eingesetzt werden kann, ist wiederum eine Frage des Preis-Leistungsverhältnisses. Große Planungsbüros oder Stadtplanungsämter arbeiten bereits damit, kleinere Büros werden dieses Medium dann einsetzen, wenn sie es sich „leisten" können. Eine Wirtschaftlichkeitsberechnung geht dieser Entscheidung meist nicht voraus.

3 Utopien?

Da die Umsetzung von orthogonal gezeichneten Plänen im Computer in die 3. Dimension heute schon Realität ist, ist die Zeichnung einer Perspektive eine Frage der Leistungsfähigkeit der Hard- und Software. Hochleistungsfähige Geräte sind heute bereits in der Lage, Graphik in Farbe zu erzeugen, die nahe an die Qualität einer Farbfotografie heranreicht. Diese Geräte sind auch bereits in der Lage, diese dann erzeugten Einzelbilder in einer Geschwindigkeit zu erzeugen, die bei einer Reihung dem Eindruck eines Filmablaufes gleichkommt. Damit sind heute bereits die Grundlagen vorhanden, um einen Bebauungsplan in 3-dimensionale Bilder umzusetzen und dies in jedem beliebigen Maßstab und Bildausschnitt.

Man könnte sozusagen in der Froschperspektive ebenso wie in der Luftbildperspektive oder in irgendeiner anderen Lage das Baugebiet durchschreiten oder überfliegen, an beliebiger Stelle anhalten und mal kurz in eine andere Richtung schauen, den Ausschnitt mal näher heranholen und wieder weitergehen oder wieder umkehren. Also, all das tun, was wir selbst oder die Bürger dann tagtäglich nach Fertigstellung des Baugebietes tun werden. Jede diskutierte Alternative könnte im Vergleich (Fenstertechnik) einbezogen werden. Durchgänge durchs Baugebiet könnten sozusagen alternativ und parallel ablaufen.

Das, was vor einigen Jahren verschiedentlich mit Modellen 1:100 und Endoskopkameras unter hohem finanziellen Aufwand gemacht wurde, erzeugt die Maschine in einer kaum ausdenkbaren Vielfalt. Gut, das wird noch einige Jahre dauern, bis das für Stadtplaner allgemein erschwinglich sein wird.

Die Konsequenz aus dieser Technik wäre der 3-dimensionale Bebauungsplan. Auch der Laie wäre damit in der Lage, die immer komplizierter werdenden Bebauungspläne zu begreifen. Wenn wir unterstellen, daß es bald auch problemlos sein wird, die Arbeitsdisketten von CAD auf Videoband zu überspielen, könnte der interessierte Bürger sozusagen einen Spaziergang durch das Baugebiet mit nach Hause nehmen und in aller Ruhe betrachten. Selbstverständlich kann auch der Plan auf diese Weise geliefert werden. Bei den heutigen Preisen von Disketten oder Videobändern sind das alles keine finanziellen Probleme mehr.

Das ist nur eine der möglichen Utopien im Bereich der Stadtplanung. Da die Technik der Hardware und Software dafür im Grundsatz möglich ist und in Teilen anderer Berufssparten schon angewandt wird, ist dies nur noch theoretisch eine Utopie.

Lassen wir's dabei. Bleibt die Frage: Gibt es eine phantastische Zeit des Planens?

Doch darüber wird in diesem Buch an anderer Stelle nachgedacht.

Hans Stumpfl

Die Zeichnung des Architekten
oder die Visualisierung der Daten

Der Textautomat hat sich in kurzer Zeit im täglichen Gebrauch des Architekturbüros durchgesetzt. Die Bedienung ist unkompliziert, zumindest erlernbar geworden. Die Programme werden besser und die Geräte von Messe zu Messe billiger. Das Kontrastprogramm zum Textautomaten ist auf den Messen der Zeichenautomat. Seine Entwicklung ist zur Sackgasse geworden, seine Mängel können mit neuen Papiersorten (Folien beidseitig mit Papier beklebt) und mit neuen Stiften zwar nicht behoben, die bisher unbrauchbaren Geräte können aber wenigstens zur Improvisation genutzt werden.
Das computerunterstützte Zeichengerät wird sich trotz dieser Bemühungen in den Architekturbüros nicht durchsetzen. Ein sehr einfach verständlicher Grund ist die alte Feststellung, daß der Griff zur Feder immer noch der kürzeste Weg ist, um einen schwarzen Tuschestrich aufs Papier zu setzen.
Komplizierter zu begründen ist die Behauptung, daß die Visualisierung von Daten auf dem grafischen Bildschirm neue, der Arbeit am Bildschirm entsprechende Darstellungsmethoden erfordert (wie z.B. eine häufigere Verwendung von Symbolen) und daß die Verfeinerung bereits am Markt befindlicher Kopierverfahren die technische Zechnung des Architekten in absehbarer Zeit zwar nicht überflüssig, aber doch zum Nebenprodukt machen wird. Die dann noch erforderlichen Zeichnungen werden wir auch weiterhin mit Reißschiene und Dreieck herstellen.
Bleiben wir aber bei der ersten Behauptung, daß die heute am Markt befindlichen Geräte in keiner Weise die in die Arbeit mit dem Gerät gesetzte Erwartung (wirtschaftlicher Einsatz – hohe Qualität des Produktes) erfüllen kann. Sowohl der Textautomat wie auch der Zeichenautomat sind Maschinen, die Bewegungen ausführen, die wiederum vom Computer gesteuert werden. Der Textautomat schlägt oder setzt einzelne Symbole bzw. Schriftzeichen nebeneinander. Die Technik des Anschlags oder des Setzens ist mit der Entwicklung des Mikroelektronik perfektioniert. Die Anwendungsmöglichkeiten sind unbegrenzt.
Im Gegensatz zu der einfachen Bewegung des Anschlags beim Text wird in

der Zeichnung der Strich nicht als Zeichen angeschlagen, sondern vom Anfang zum Ende gezogen. Ansetzen, Ziehen und Abheben sind komplizierte, zum Teil gegenläufige Bewegungen, die bei möglichst hoher Geschwindigkeit mit großer Genauigkeit ausgeführt werden müssen. Die bei der Beschleunigung und beim Abbremsen dieser Bewegungen freiwerdende Kraft wird bisher durch Größe und Gewicht der Geräte abgefangen. Mit Walzen, Seilzügen, Laufwerk, Motoren und Ventilatoren erinnern die Geräte an überdimensionierte Maschinen des 19. Jahrhunderts. Die Halterung und Führung der Federn sowie die Federn selbst werden als Präzisionswerkzeug hergestellt.

Die Kosten für Maschine und Zubehör sind hoch. Die Geräte sind störanfällig, und die erforderliche Wartung ist extrem teuer. Striche mit unterschiedlicher Strichstärke können bisher nur mit der Tuschfeder gezogen werden, und damit beginnt die Geschichte unerträglicher Mängel dieser Zeichengeräte, die mit der Mikroelektronik allerdings nichts zu tun haben und daher von Händlern und Technikern sehr vornehm in den Schuldbereich des Anwenders verwiesen werden.

Die Schwierigkeiten mit Tusche, Feder und Papier klingen banal, sind aber für die Arbeit im Büro verhängnisvoll, da der tägliche Ärger zeitraubend und kostspielig die Lust am Gerät verdirbt. Um ein sauberes graphisches Bild zu erarbeiten, ist es sinnvoll, 2 bis 4 Federn unterschiedlicher Strichstärke einzusetzen. Regelmäßig trocknet dabei die Tusche der Federn in Wartestellung ein. Nimmt man dünnflüssige Tusche, überrollt das Gerät den feuchten Strich und verschmiert die Zeichnung. Bis heute ist es mir nicht gelungen, eine einwandfreie Zeichnung aufs Papier zu bringen. Auch bei kleinen Zeichnungen muß nachgearbeitet werden.

Ein anderes Problem schafft das Papier, das sich bei hoher Luftfeuchtigkeit verzieht, beim Trommelplotter aus der seitlichen Führung springt oder am Brett Blasen wirft. Der Zeichenraum muß klimatisiert werden, oder man dreht auch im Sommer die Heizung voll auf . . . usw.

Das computergesteuerte Zeichengerät wird an einer Schnittstelle, an der sogenannten Peripherie der Anlage angeschlossen. Es handelt sich um ein Zusatzgerät, und man sollte bei nüchterner Überlegung auf diesen Teil der Anlage verzichten.

An Stelle dieses Gerätes empfehle ich, einen großen farbigen, grafischen Bildschirm mit möglichst hoher Auflösung des Bildes und einen bequemen Stuhl zu erwerben. Dieser Bildschirm ist in Verbindung mit Einrichtungen der sogenannten Informationstechnologie in naher Zukunft ein wichtiger Arbeitsplatz im Büro des Architekten.

Durch den Anschluß an das öffentliche Fernmeldenetz können sämtliche Daten aus dem Speicher des Architekten auf den Bildschirm des Bauherrn, der anbietenden oder ausführenden Firma, des Bauleiters oder der Genehmigungsbehörde übertragen werden. Umgekehrt können Daten des Fachingenieurs abgerufen und Details aus dem Zentralspeicher in den Entwurf eingesetzt werden. Der Architekt wird sich rasch an die Vorstellung gewöhnen, daß er nicht mehr Pläne herumträgt und Papier produziert, sondern über die angebotenen Mittel einer gar nicht mehr neuen Informationstechnik Mitteilungen transportiert. Die optische Nachrichtentechnik, die Telekommunikation wird den graphischen Bildschirm zum unentbehrlichen Inventar des Architekturbüros machen. Der Phantasie einer neuen Generation von Technokraten sind auf dem Gebiet der Anwendung keine Grenzen gesetzt. Die Zeit der nach DIN gefalteten, leicht nach Salmiak duftenden Lichtpause wird bald vorbei sein.

Die technische Zeichnung des Architekten ist mit der z. B. im Maschinenbau verwandten technischen Zeichnung nicht zu vergleichen: die Architekturzeichnung enthält eine außerordentlich große Zahl von Einzeldaten. Der Computer muß daher ein abnorm hohes Speichervermögen besitzen. Ein Gerät mit Disketten wäre z.B. eine sinnlose Spielerei.

Die Eingabe der Zeichnung ist der Datenmenge entsprechend kompliziert und zeitraubend. Um den Speicher zu entlasten und um Eingabezeiten zu verkürzen, ist eine stärkere Abstrahierung des Entwurfs meines Erachtens zwingend erforderlich. Die Darstellung auf dem Bildschirm kann durch beschreibende Symbole in wesentlichen Teilen vereinfacht werden. Die Eingabe würde so erleichtert. Die Lesbarkeit dürfte nicht erschwert werden.

Gesucht wird also eine Zeichensprache, die Bauherren, Handwerkern und Aufsichtsbehörden in gleicher Weise verständlich ist. Auch die heute übliche Zeichnung des Architekten ist keine naturalistische Darstellung, sondern eine weitgehende Abstraktion der Wirklichkeit. Auch hier muß das Planlesen erlernt werden.

Die Eingabe und die Wiedergabe über den Bildschirm ist in mehreren thematischen Dimensionen möglich. Es ist also eine Darstellung denkbar, die komplexe Zusammenhänge visualisiert. Es ist möglich, vielfältige Aussagen über einen oder mehrere Gegenstände anschaulicher, direkter ablesbar und vergleichbarer darzustellen, als es in der heute üblichen Architekturzeichnung geschieht.

Am graphischen Bildschirm können bei entsprechenden Programmvorgaben Daten auf verschiedenen Darstellungsebenen abgesetzt und in beliebiger Kombination überlagert abgerufen werden. An Hand eines Beispiels ausgedrückt: Der Plan des Heizungsingenieurs mit Schlitzen und Durchbrüchen kann aus dem Speicher des Ingenieurbüros abgerufen, auf einer gesonderten Ebene gespeichert und bei Bedarf in die Darstellung des Entwurfes eingeblendet werden.

Ein anderer Ansatz für die graphische Gestaltung ergibt sich aus der Art der Eingabe: Jeder Strich wird durch die Koordinaten (x/y/z) der Anfang- und Endpunkte dreidimensional eingegeben und räumlich dargestellt. Mit Knopfdruck können aus der Darstellung die Bildebenen X, Y oder Z voneinander getrennt abgerufen werden. Allein diese Hinweise verdeutlichen die Vielfalt der Möglichkeiten der Visualisierung der Entwurfseingaben auf dem graphischen Bildschirm. Die Möglichkeiten beschränken sich nicht mehr auf die Ebene des Zeichenpapiers. Räumliches Darstellen komplexer Zusammenhänge am Bau und räumliches Sehen könnten auch unsere Entwurfsfähigkeiten verändern, wir könnten uns aus dem Zwang der Maßketten lösen und räumliche Maßeinheiten zur Grundlage des Entwurfs machen (nachzulesen bei Le Corbusier).

Die Möglichkeiten der Telekommunikation werden aber nicht nur die Mittel unserer Arbeit verändern. Sie werden unser Arbeitsfeld, unser Leistungsbild, unsere Ausbildung, unsere Honorare, unsere Urheberrechte in Frage stellen. Von Arbeitsplätzen gar nicht zu sprechen. Mit Blick in die Zukunft sollten wir unsere Architektenkammer und ihre Funktionäre zur Aktualisierung der Themen verpflichten, die die Orientierung in einer veränderten Berufswelt erleichtern können. Die Frage nach der Abgrenzung der Leistungen des Architekten bei einem so offenen Austausch von Informationen, wie sie die Entwicklung der neuen Kommunikationsmittel zuläßt, ist bis heute nicht neu gestellt worden.

3 Perspektiven:
CAD – Werkzeug oder Automat?

Einführung

von Walter Ehlers

Ein Werkzeug ist nach lexikalischer Definition ein Gerät zur Bearbeitung von Werkstoffen oder Werkstücken, von der Hand geführt oder in eine Maschine eingespannt, ein Automat dagegen eine mechanische oder elektronische Einrichtung, bei der nach Ingangsetzen ein Vorgang selbsttätig abläuft.
Das Werkzeug kann der Einwirkung durch die Hand unmittelbar folgen, die Einwirkung der Hand wiederum folgt unmittelbar der Eingebung von Gefühl und Verstand des mit ihm arbeitenden Menschen. Mensch und Werkzeug sind verbunden, wirken zusammen.
Der Automat wird für sein Wirken mit einer gesetzmäßigen Wirkungsweise ausgestattet, der Mensch fügt gleichsam ein Modell des fertigen Werkstückes ein. Die Produktion setzt er lediglich in Gang, darüberhinaus ist er nicht mehr beteiligt.
Ein einfaches Werkzeug steht in einer Wirkungskette vom Menschen zum Werkstück wie vom Werkstück zum Menschen. Vielschichtig zusammengesetzte Werkzeuge verlieren diese Wirkung. Im Automaten sind sie, da der Mensch nicht beteiligt ist, gänzlich ausgeschlossen.
Im Computer aided design scheinen beide Elemente enthalten. Einerseits wirkt der Mensch auf das Gerät ein und entwickelt mit Hilfe der Gerätschaften eine Zeichnung, die der Rechner kodiert und auf dem Bildschirm erscheinen läßt oder auf Papier überträgt. Insofern erscheint es als Werkzeug, wenn auch die Kodierung im Gerät nach einem Arbeitsplan bereits selbsttätig abläuft.
Andererseits kann das Gerät aus eingegebenen Zeichnungen neue in anderen Betrachtungsebenen und Maßstäben entwickeln, (z.B. Perspektiven aus Grundriß und Aufriß) oder Kombinationen mit anderen Inhalten durchführen, darüberhinaus eine bestmögliche Zusammenstellung, Funktion oder Gestaltung selbsttätig aufsuchen. (z.B. Optimierung eines Grundrisses). Der Mensch setzt das Gerät in Gang, es arbeitet automatisch.
Die Verbindung beider Arbeitsweisen nennt man Dialog. Ein Dialog ist eigentlich eine Unterredung zwischen Personen. Nimmt der Computer teil, ist er persönlicher Teilhaber an der Arbeit des Entwerfenden?

Angela Schwabl, Ronald Weltzien und Thomas Zancker

Denken und Erfinden: beschreibbare Vorgänge?

Beschreibbare Vorgänge sind Vorgänge, die erforscht und damit nicht nur funktional, sondern auch bezüglich ihres Ablaufs vollständig nachvollziehbar sind.
Vorgänge, die beschreibbar sind, sind auch auf einen Rechner übertragbar. Sind also Denken und Erfinden beschreibbare Vorgänge, werden Computer in der Zukunft — früher oder später — das Denken und das Erfinden übernehmen können?

Contra (Thomas Zancker): Ich will mit einer Metapher beginnen, um den von mir vertretenen Standpunkt bildhaft zu machen.
Es geht dabei um Daniel Düsentrieb, den genialen Erfinder aus den Mickey Mouse Heften.
Wenn Daniel Düsentrieb eine Erfindung machen will, hat er gewisse Hilfsmittel, zum Beispiel die Sinnierkappe, und Methoden: er schlägt sich beispielsweise mit einem Hammer auf den Kopf, um seinen Denkapparat zu stimulieren. Dies ist für ihn tatsächlich eine Technik, mit der er zu genialen Ideen kommt.
Helferlein — das ist ein kleines Maschinenmännchen mit Glühbirnenkopf, das Daniel zur Hand geht — versucht manchmal diese Methode zu imitieren, indem es sich auf den Kopf schlägt, wobei die Glühbirne kaputtgeht und Daniel eine neue einschrauben muß.
Helferlein ist hier das Beispiel einer Maschine, die blind eine Methode nachahmt, ohne Einblick in die tieferen Zusammenhänge. Es muß bei dem Versuch, die Methode des Menschen beim Erfinden nachzuahmen, scheitern. So wird es, wie ich behaupte, in voraussehbarer Zukunft nicht möglich sein, Prozesse wie das Erfinden auf dem Rechner abzubilden.
Pro (Ronald Weltzien): Der Mensch ist nur eine Maschine aus Fleisch und Blut, dieses kann man sich auch anhand des Berufsbildes eines Architekten klarmachen.
Beschränken wir uns hier nicht auf die blinde Anwendung von Methodik, lassen Sie uns von einer Methodik sprechen, der eine gewisse Logik unterliegt und die im allgemeinen der konstruktiven Denkweise des Architekten zugesprochen wird.

Diese methodische Vorgehensweise ist durchaus das Produkt des Denkens im eigentlichen Sinne. Es wird hier also der Prozeß des Erfindens bzw. Entwerfens methodisch angegangen. Methode ist beschreibbar, ebenso wie Denken im Sinne unserer Definition, also darstellbar auf Rechnern.

Wenn wir voraussetzen, daß der Prozeß des Entwerfens aus der Analyse, dem Erfinden selbst (hier die Entwurfsfindung) und der Auswertung des Resultats besteht und dies notwendigerweise mittels Korrektur und Abänderungen mehrmals durchlaufen wird, um zu einem befriedigenden Ergebnis zu kommen, also einen Entwicklungsprozeß darstellt, ist es naheliegend, diesen auch auf dem Rechner ablaufen zu lassen.

Dabei kann durchaus eine Verbesserung der Lösung bei konsequenter Auswertung und entsprechender Korrektur im Sinne von entscheidungsunterstützenden Systemen erreicht werden. In Hinblick auf die vielfältigen kombinatorischen, rechnerspezifischen Fähigkeiten führt dies zu ungeahnten kreativen Möglichkeiten.

Contra: Es geht hier um die Begriffe Denken und Erfinden. Zu beiden will ich an dieser Stelle eine Differenzierung vornehmen. Zwischen Erfindung und Kreativität muß unterschieden werden. Eine Erfindung beruht laut Definition auf einem Einfall der schöpferischen Phantasie. Unter Kreativität kann man die originelle Neuordnung von Information verstehen.

Während man sich noch vorstellen kann, daß ein Computer vorhandene Information sogar ‚originell‘ und ‚neu‘ kombinieren kann (ohne jedoch selbst eine Bewertung vornehmen zu können), wird man ihm Eigenschaften der schöpferischen Phantasie vollends aberkennen müssen. Ihre Quellen sind noch weitgehend unerforscht und werden mit philosophischen Begriffen wie Imagination und Intuition beschrieben. Die meisten Erfindungen sind das Ergebnis eines intuitiven Sprunges. Der Begriff der Kreativität, so scheint es, kann in diesem Zusammenhang einen üblen Beigeschmack bekommen: Wenn eine Art ‚Ideengenerierung nach dem Baumusterkatalog‘ als ‚Kreativität‘ verkauft wird, werden keine neuen Formen entstehen.

Wenn wir vom Denken sprechen, müssen wir uns darüber im klaren sein, daß menschliches Denken auf verschiedenen Ebenen funktioniert. Es gibt beim Denken verschiedene Methoden, ein Problem zu bewältigen. Man kann nachweisen, daß es zwei verschiedene Arten von Bewußtsein gibt, die sogar in verschiedenen Hemisphären des Gehirns lokalisiert sind.

Es gibt das logisch/verbale Bewußtsein, mit dem wir die Sprache oder komplexe mathematische Formeln begreifen. Getrennt davon existiert ein zweites eigenständiges Bewußtsein, welches auf bildlicher (intuitiver) Ebene funktioniert. (Es wird in der Psychologie oft ‚Unbewußtes' genannt. Dieser Ausdruck ist irreführend, weil das emotional/intuitive Denken zwar nur schlecht verbal zu beschreiben ist, deshalb aber nicht unbewußt zu sein braucht). Der Inhalt vieler Träume hat zweifellos Merkmale der Tätigkeit des intuitiven Denkens. Träume sind nicht verbal aber emotional, voller Bilder und ohne logischen Zeitablauf. Die beiden Komponenten unseres Bewußtseins speichern das Wissen in verschiedener Form, fast so wie in verschiedenen Sprachen. Beim intuitiven Denken kommen Urteile nicht Schritt für Schritt zustande, sondern auf einen Schlag. Es ist typisch für sie, daß eine große Menge an Information in ihnen berücksichtigt wird, ohne jeden einzelnen Faktor separat zu betrachten. Ein Gedächtnisinhalt, welcher unser Verhalten beeinflußt, kann tatsächlich existieren und doch ist er unserem verbalen Bewußtsein nicht bekannt und nicht verfügbar.

Der Speicher eines Computers ist unserem verbalen Gedächtnis ähnlich. Das ist der Grund dafür, daß sowohl das logisch/verbale Denkvermögen des Gehirns als auch die Computer sehr leistungsfähig sind, aber praktisch keine Erfindungskraft besitzen. Um einen schöpferischen Computer zu bauen, brauchen wir einen Speicher wie das visuelle Gedächtnis unseres intuitiven Bewußtseins. Bisher existiert allerdings keine Vorstellung davon, wie so etwas zu realisieren wäre.

Man wird also Probleme, die einer logisch/verbalen Lösung zugeordnet werden können, dem Rechner übertragen, andere jedoch nicht.

Pro: Eine wesentliche Komponente des Denkens ist die Erfahrung. Das zwangsläufig eingeschränkte Gedächtnis jedes Einzelnen, das vom Vorstellungsvermögen und der hieraus abzuleitenden subjektiven Intuition abhängig ist, bestimmt im wesentlichen unsere Erfindungsgabe. Es sind die Lücken im Faktenwissen, die intuitive Entscheidungen erfordern.

Hinsichtlich einer objektiveren Lösungsfindung könnten wir uns vorstellen, vor dem Hintergrund einer allwissenden, mit dem architektonischen Gesamtwissen gefüllten Datenbank und einem Erfahrungsschatz aus Jahrhunderten, Zugriff auf Information im objektiven Sinne zu bekommen.

Ein System könnte durch Extrapolation dieser Erfahrungen in die Lage versetzt werden, schöpferische Modulationen zu kreieren. Hier wäre also eine beschreibbare Möglichkeit des Erfindens gegeben.

Einige Beispiele hierzu:

Das Einbeziehen von baugeschichtlichen Epochen, also den Erfahrungen aus der Geschichte, von griechischen Tempelbauten und deren konsequen-

ter Anwendung harmonischer Maßstäbe, über die mathematischen Mechanismen der Gotik bis hin zu neuzeitlichen Formgebungsvorstellungen, auf die ein Computersystem ständigen Zugriff hätte, sind nur ein kleiner Aufriß an Möglichkeiten, die uns Vorteile bringen werden.
Abgesehen davon sind bauphysikalische, statische, ökologische und ökonomische Gesichtspunkte zu optimieren, noch ehe die mühselige Erarbeitung des Entwurfs hier Grenzen setzen würde.
Ja, selbst psychologische Aspekte und deren Elemente wie Ästhetik sind hier mit einzubeziehen.
Da in diesem Sinne eine Erarbeitung des Erfindens durch Erweiterung des Wissens beschrieben wird, ist vor dem Hintergrund des Zugriffs auf das Gesamtwissen eine objektivere Erfindungsmöglichkeit aufgezeigt.
Contra: Ich will zwei Punkte besonders herausheben:
1. Eine meiner Meinung nach große Gefahr beim Einsatz des Rechners als ein Werkzeug, das kreative Lösungen erzeugen soll, liegt in der Versuchung, Lösungen in der Kombination fertiger Muster zu suchen. Dabei wird der bisherige Gestaltungsablauf, bei dem der Realisation die Imagination, also die Verwirklichung einer Vorstellung von der Sache, vorangeht, entscheidend verändert. Selbst wenn man davon ausgeht, daß jemand, der ein kreatives Problem zu lösen hat, sich diese Vorstellung noch macht, (sie oder er könnten ja auch ganz darauf verzichten, sich überhaupt noch eine Vorstellung von der Lösung zu machen und gleich im Angebot nachschlagen, was denn da so passen könnte) wird die Versuchung sehr groß sein, dann doch eine Musterlösung zu wählen, die ‚so in etwa' das trifft, was man ursprünglich im Kopf hatte. Lösungen dieser Art werden immer stereotyp sein, neue Formen werden nicht erzeugt. Die Vorstellung deckt sich dann nicht mehr mit der Verwirklichung. Der Markt wird diese Tendenz durch eine Vielzahl von fertig angebotenen Teillösungen noch fördern.
2. Wenn schon das Übertragen kreativer Aufgaben auf den Rechner problematisch ist, so können schöpferische Vorgänge keinesfalls von ihm erwartet werden. Der Erfinder muß sein Denkschema verlassen können, er hat Zugang zu den Problemen auf sehr verschiedenen Ebenen. Gerade diese Eigenschaft besitzt der Rechner nicht. Er kann sein System nicht verlassen.

Die Computerrevolution ist im Prinzip eine Fortsetzung der Revolution des verbalen, logischen Denkens. Dieses war eine Ergänzung des intuitiven Denkens und hatte den technischen Fortschritt der letzten Jahrtausende zur Folge. Während der Computer für die Nachbildung des intuitiven,

bildhaften Denkens hoffnungslos ungeeignet ist, kann er logisch/verbale Aufgaben millionenfach schneller als der Mensch erledigen. Jede Tätigkeit, die nur die Befolgung festgelegter logischer Abläufe erfordert, wird vom Computer im allgemeinen schneller erledigt. Mit Verständnis für diese beiden Denkweisen können wir den Rechner dort einsetzen, wo er unsere Möglichkeiten wirklich erweitert. Er wird die große Menge unschöpferischer Aufgaben im Büro erledigen, von der es ja mehr als genug gibt. Ich glaube, es gibt keinen Grund dafür, sich zu wünschen, daß er uns den Rest auch noch abnimmt.
Pro: Der Weg, der zu einer Erfindung führt, ist nicht notwendigerweise intuitiv, somit also beschreibbar. Es gibt sicherlich Möglichkeiten des Erfindens, die rein intuitiver Natur sind, doch das schließt nicht aus, daß es nicht mindestens einen Weg des Erfindens gibt, der beschreibbar wäre und zum selben Ziel führte.
Der Mensch wird wohl unbestreitbar Maß aller Dinge bleiben – und dies wird er auch trotz der Möglichkeit der selbständigen Entwurfsfindung eines Rechners. Wird der Erfinder dadurch nicht zuletzt ein intelligentes Werkzeug in die Hand bekommen, daß sein subjektives Beurteilungsvermögen durch den Zugriff auf vollständige Information bereichert?
Es bleibt zum jetzigen Zeitpunkt bezüglich der Erforschung bestimmter Denkweisen eines Menschen und deren Theorie über ihre Beschreibbarkeit noch vieles zu tun, doch eins ist gewiß:
Eine rein logische Vorgehensweise des Erfindens mit Rechnerunterstützung führt sicherlich zu einer Bereicherung der architektonischen Entwürfe in der Zukunft. Zur Beruhigung aller Pessimisten sei gesagt, die Kontrolle, sprich Akzeptanz, bleibt beim Menschen! (ebenso die Intuition)
Angela Schwabl: Unterstützende Technik ist zu begrüßen. Jedoch muß die zu unterstützende Tätigkeit bekannt, also beschrieben sein, damit effiziente Instrumente entwickelt werden können. Ob dies bezüglich des künstlerischen Teils eines architektonischen Entwurfs zutrifft, ist zumindest zweifelhaft.
Wie wir gehört haben, hängt dies auch davon ab, was man unter Erfinden versteht, d.h. in diesem Fall:
Ist der schöpferische Akt des Entwurfs eines Gebäudes eine methodisch ableitbare Handlung oder nicht?
Übereinstimmung können wir jedoch erzielen, wenn wir feststellen, daß nicht alle menschlichen Handlungen und Fähigkeiten verstanden und deshalb auch nicht beschreibbar sind. „Verantwortung" ist ein Begriff, der diese These untermauert.

Beschreibbare und formalisierbare Teilbereiche können auf eine unterstützende Technik verlagert werden, wobei hier von den Arbeitsplatzproblemen nicht gesprochen wurde, die gerade wegen des Begriffs „Verantwortung" nicht vernachlässigt werden dürfen.
Die kritische Bewertung des durch ein Hilfsmittel erzeugten Ergebnisses muß dem Menschen überlassen bleiben. Die Verantwortung für den Einsatz einer bestimmten Methode kann nicht beschrieben und auf ein technisches Hilfsmittel übertragen werden. Es muß also dabei bleiben, daß der Rechner Instrument ist.

Gekürzte Fassung einer Diskussion im Rahmen des BDA-Symposiums „CAD: Architektur automatisch?" am 21. Juni 1985 in Hamburg.

Dieter Hoffmann-Axthelm

Erleichterung von geistiger Arbeit

Erleichterung?

Erleichtert fühlt sich, wem lästige Anstrengungen abgenommen werden. Von Erleichterung ist allerdings auch die Rede, wenn einem der Geldbeutel geklaut wird. Arbeitserleichterungen pflegen in unserer Gesellschaft stets von beidem etwas an sich zu haben. Daß die Rationalisierung der Kopfarbeit – und zu dieser gehört natürlich alles hinzu, was der Körper ihr zur Verfügung stellt, insbesondere die schreibende oder zeichnende Hand – als Erleichterung angeboten wird, entspricht den Tatsachen: solange man den Doppelsinn des Ausdrucks festhält.
Nun, da die neuen elektronischen Produktionsmittel sich soweit durchgesetzt haben, daß, anders als in den frühen Diskussionen der fünfziger und sechziger Jahre, auch die neue Ebene erkennbar ist, die sie gegenüber der herkömmlichen industriellen Technik in die Welt hineinbringen, fällt es leichter, sich zum Doppelsinn der Veränderungen zu verhalten. Erleichterung auch hier: Es geht nicht mehr darum, ob wir uns dem anvertrauen oder nicht, sondern das Neue ist da, ist das Neue nicht mehr, sondern Wirklichkeit und Alltag. Letzteres vor allem: Bevor noch alle Konsequenzen für Produktion und Verwaltung gezogen sind, hat die Mikroelektronik bereits von einer ganz anderen Seite her angegriffen und gewonnen, wo sie kein Pessimismus erwartet hatte. Der Computer steht im Kinderzimmer, die ganze Familie spielt Videospiele, und die ehrgeizigeren unter den Knaben machen sich schon ihre Programme selber. Keine Schule ohne Computer-Park und Elektronik-AG, die Sechzehnjährigen wissen die Kenndaten der Marken und wissen sie einzuschätzen, und so, von den eigenen Kindern überholt, ist es nur eine Frage der Zeit, wann man selber sich die Zeit nimmt, Basic oder Pascal zu lernen und mit dem eigenen PC zu trainieren.
Um es gleich zu sagen: Soweit bin ich noch nicht, schon aus Zeitgründen. Da sträubt sich noch etwas, aber daraus ist kein Standpunkt zu machen. Denn, um zu einem solchen zu kommen, müßte die eigene Haltung verallgemeinerbar sein. Ohne moralistisch oder sektirerisch zu werden, ist sie das aber nicht. Wenn ich darüber nachdenke, warum ich die elektronischen

Mittel nicht benutze, dann verwickelt mich das in Gedankengänge, die so doppeldeutig sind wie jene Erleichterung, die die Sache selber über uns zu bringen verspricht. Sie lokalisieren die eigene Arbeit nämlich zum einen außerhalb der herrschenden Zwänge – und was fängt dann ein Intellektueller mit sich an, wenn er einsehen muß, daß er sich nicht verallgemeinern darf? –, zum andern in einem gegebenen biographischen Bedingungsfeld – und was gibt das schon her, wo der Allgemeinplatz des unbezahlten Avantgardisten wegrationalisiert ist wie ein unnützer Arbeitsplatz, der Weg in umgekehrter Richtung zu irgendeiner Therapie (z.B. um computerfähig oder -willig zu werden) nur in diejenige Vergangenheit zurückführte, aus der zu kommen einem ohnehin längst kein Geheimnis mehr ist? Mir bleibt, gefragt, wie ich es mit der rationalisierten/elektronisierten geistigen Arbeit halte, nur übrig, zu beobachten, was vor sich geht im tatsächlichen Arbeitsprozeß – von meiner privaten Front aus, der der (Noch-) Nicht-Benutzung.

Rationalisierung und Ignoranz

Ob es einem Spaß macht, Videospiele zu spielen oder nicht, lassen wir also erst einmal beiseite. Dagegen hat es mit Spaß sehr viel weniger zu tun, ob ich es mir leisten kann, auf das elektronische Werkzeug zu verzichten. Das entscheidende an der mikroelektronischen Welle ist, daß sie die räumlichen und zeitlichen Bedingungen der Arbeit neu definiert. Während die herkömmliche Technik alle Arbeit konzentrierte und unter eine gemeinsame Zeit zusammenzwang, geschieht heute etwas sehr viel Komplizierteres. Die elektronische Apparatur dezentralisiert und zentralisiert in eins. Sie ist einerseits so handlich und erschwinglich geworden, daß der Kopfarbeiter sich nicht vom Fleck bewegen muß. Er kann das Mittel einsetzen, wo er sitzt, zuhause, im Büro, im Geschäft, im Dienstzimmer usw. Er kann sich das genau seinen persönlichen Zwecken, Fähigkeiten und Finanzen angemessene Niveau der Elektronisierung aussuchen. Sowie er aber überhaupt anfängt, gerät er in eine Spirale der Zentralisierung, weil jede geistige Funktion, die er elektronisch abdeckt, auf ihre Aufhebung in ein höheres Niveau mit größerer Reichweite, integrierteren Funktionen, Zugriff auf weitere und vor allem fremde Daten und Annäherung an die Realzeit derjenigen Prozesse zudrängt, auf die sich die eigene Arbeitstätigkeit bezieht.

Wo, wann, wieweit und wielange kann man sich also Ignoranz ökonomisch leisten? Ich beschreibe den einfachsten mir zugänglichen Fall, meine eigene schriftstellerische Arbeit. Da scheint sich auf den ersten Blick nicht viel getan zu haben. Zum Schreiben braucht es nach wie vor einen klaren Kopf, ein Schreibwerkzeug und ein Stück Papier. Dadurch, daß ich technische Fortschritte verweigere, unterbinde ich allerdings keineswegs die Veränderung meiner eigenen Tätigkeit durch die möglichen Technisierungen. Zumindest kann ich nicht verhindern, daß ich meine eigene, weitgehend nichttechnisierte Arbeit nach und nach in Kategorien wahrnehme, die ihr ursprünglich fremd sind, nämlich zerfallend in Arbeitsschritte, die mein vortechnisches, auf Autonomie insistierendes Handwerkeln auf seine Weise vornimmt, als listiger Ersatz, als „arme Technologie". Anders gesagt: ich muß ständig beweisen, daß ich mit meinen Mitteln konkurrenzfähig bin.
Letzteres ist natürlich ein dunkles Gebiet. Alternative Konkurrenzfähigkeit stellt sich gewöhnlich, dank Unterkapitalisierung, durch viel Selbstausbeutung und nur in geringerem Maße durch überlegene Wendigkeit her. Das gilt inzwischen leider auch für das professionelle Schreiben. Wer vom Verkauf einzelner Aufsätze lebt, ohne irgendwo als Redakteur oder freier Mitarbeiter angestellt zu sein, kann nicht umhin, Honorar und Arbeitszeit so genau in Beziehung zu setzen, wie das ein Arbeitgeber gegenüber einem Lohnschreiber täte. Dieser Aufsatz z.B. wäre vom bloßen Zeilenhonorar des Verlags her nicht oder nur als persönliche Laune zu verantworten. Der durchschnittliche Honorarsatz derjenigen Zeitschriften z.B., die überhaupt Honorar zahlen, liegt etwa bei 500 DM. Es ist jetzt eine Frage der Lohnerwartung, in wie kurzer Zeit man einen solchen Aufsatz eigentlich schreiben muß, um wirtschaftlich oder überhaupt nur konkurrenzfähig zu sein, nämlich dabei nicht zu verhungern. Unvermeidlich wird die Beschleunigung des Schreibens zu einer fixen Idee, von der sich die reale Arbeit abhebt.
Die Entscheidungen beginnen da auf der untersten Ebene: der des Schreibmittels. Ich schreibe mit einer alten mechanischen Schreibmaschine (deren Mechanik deshalb besser ist als die der neuen mechanischen Maschinen). Ein erstes Niederschreiben mit der Hand kann ich mir zeitlich nicht leisten, die handschriftliche Begleitung durch Notizen muß genügen. Andererseits weigere ich mich, mit einer elektronischen Maschine zu arbeiten: schon da begänne eine technische Zeit über mich zu herrschen. Gedankenbewegung und mechanische Schreibfähigkeit passen noch gut zueinander, die Geschwindigkeit des elektrischen Anschlags, die ich nie ausnutzen

kann, sondern die mir immer hungrig voraus ist wie der Hase dem Igel, macht mich nervös, ebenso das Spurenlose des Erscheinens von Text, das von meiner Handbewegung, was den Ausdruck angeht, ganz unabhängig ist (es sei denn, ich verschreibe mich, und dann muß ich sklavisch den Methoden gehorchen, die die Maschine, oder der Composer oder das Lichtsatzgerät für die Ersetzung der irrtümlichen Lettern vorschreibt). Mit diesem ersten Entscheidungsschritt ziehe ich mich vor allen zentralisierenden Weiterungen zurück: z.b. daß das Schreiben zugleich den Satz herstellt, der wenig später aus der Maschine als belichteter und entwickelter Film herausquillt, oder gar als fertige Zeitungsspalte; erst recht derjenigen, daß ich zuhause schreibe, auf einer jener winzigen schwarzen Tippbrettchen, deren elektronisches Innen mein Produkt an einem völlig anderen, beliebig weit entfernten Ort im gleichen Augenblick zu gedruckten Seiten erstarren läßt, so daß es die reale Geschwindigkeit (gleichsam die Echtzeit) des definitiven Herstellungsprozesses ist und nicht mehr die Kapazität meiner Maschine, an der sich meine Geschwindigkeit orientieren müßte.

Die nächste Ebene der Rationalisierung wäre dann das Textverarbeitungssystem: einen Artikel zu kollagieren aus den zu Elementen zerlegten und gespeicherten Bestandteilen anderer Artikel, die ich früher geschrieben habe. Daß das sinnvoll wäre angesichts des Zynismus der heutigen Medienwelt, darüber braucht man kein Wort zu verlieren. Das muß auch keineswegs zwangsläufig zu schlechten Artikeln führen, im Gegenteil, ich kann mir vorstellen, daß das eine Methode wäre, um systematisch Fortschritte zu erzielen, indem man die Rekomponierung dazu nutzt, gelungene Formulierungen zu erweitern, mißlungene zu unterdrücken, alte Ideen zum Sprungbrett neuer zu machen. Im übrigen würde man seinen Erfindungsgeist auf die Herstellung neuer Gelenke verwenden, immer eleganterer Überleitungen, Erweiterungen, Brückenbögen von Textblock zu Textblock, von Problem zu Problem. Wenn ich die dabei gesparte Zeit dazu verwenden würde, meine Kontakte zu den potentiellen Abnehmern zu pflegen, müßte sich davon sorgenfrei leben lassen, und es gibt sicher inzwischen zahlreiche Konkurrenten, die diese Kunst mit aller nötigen Lässigkeit beherrschen.

Statt dessen investiere ich alle Zeit ins Schreiben, lese alte Artikel nicht mehr durch, sondern schreibe jedesmal einen neuen Aufsatz, gehe vom augenblicklichen Standpunkt aus das Problem noch einmal ganz neu an, als wäre es das erstemal: einfach, weil es mich sonst langweilen würde, schlimmer, es käme nichts heraus, was einer lustvoll betriebenen Kombinatorik gespeicherter Textblöcke das Wasser reichen könnte. Diese aber liegt mir

nicht, ich müßte über eine Grenze springen, in jene technische Postmoderne, die die Freude des Kombinierens, der Wiederholungen, Reihen, Schleifen, der generierten Unregelmäßigkeiten als Bewegungsgesetz ihrer selbst akzeptieren kann und nicht ständig die Notwendigkeit fühlt, einen historischen Körper mitzuschleppen, der auf Unverwechselbarkeit des Einzelprozesses insistiert.
Eine dritte Ebene ist die Datenverarbeitung. Wissenschaftliche und fachliche Schriftstellerei sind auf Stoff angewiesen, nicht nur auf Argumente und Formulierungen. Wie kommt man an den Stoff heran, wie speichert man einmal Erarbeitetes, wie stellt man Verbindungen zwischen getrennten Stoffgebieten her? Wenn man lange genug auf demselben Gebiet arbeitet, steht es außer Frage, daß sich der Einsatz von Datenverarbeitung auszahlt. Dazu ist nur erforderlich, daß die Zeit und Mühe, die ich zum Auswerten und Einspeichern brauche, in einem vernünftigen Verhältnis zur Häufigkeit steht, mit der ich die gespeicherten Daten dann auch abrufe und zur Zeit, die ich gegenüber normalem Suchen dabei spare. In der Regel kann man es sich sowieso nicht leisten, für einen einzelnen Aufsatz eine besondere Recherche zu starten. Die Herstellung des Speicherinhalts ist gleichsam als Anfangskapital zu betrachten, eigene unbezahlte Vorleistung oder finanziert über einen Forschungsauftrag, als dessen Nebenprodukt. Je nach Anzahl der kritischen Merkmale ist mein Material dann auch für unterschiedliche Fragestellungen und statistische Auswertungen greifbar, was die Aha-Zeit im Kopf und den Aufwand für immer neues Durchsehen handschriftlicher Unterlagen oder für handgewerkelte Statistiken einspart.
Sich dieses Mittels nicht zu bedienen, heißt, sich auf das eigene Gedächtnis und dessen Verlängerung in Archivform zu verlassen: auf einen schrittweisen und fast zufälligen Prozeß, wo einem früher oder später einfällt, wo Material zu meinem Problem zu finden wäre, auf welcher Buchseite an welcher Stelle was stand, wo dieser Name, jenes Verfahren schon einmal aufgetaucht ist usw. Wenn man es kann, macht es Spaß, in dieser vorsintflutlichen Weise zu arbeiten, ohne Karteikarten, mit einem Minimum an Schriftlichkeit, bloßem Vertrauen auf das Genügen bloßen Lesens, Vertrauen auf das Wiederfinden von Gedanken und Details, das Erinnern von Textstellen anhand eines optischen Erinnerungsbildes, wo, in welchem Raum, in welchem Regal, in welcher Höhe das Buch steht, in dem die Sache sich findet, mit zufälligem Herumstöbern im Material, Vertrauen darauf, daß zum richtigen Zeitpunkt das richtige Notizblatt wieder an die Oberfläche kommt, mit spontanem Erinnern von Gesehenem, Gehörten,

Gelesenen. Ich nehme an, daß ich damit, was Zeitökonomie angeht, konkurrieren kann mit einer anständigen, EDV-gestützten wissenschaftlichen Arbeit, aber der Grund für diese Arbeitsweise ist ein anderer, der vitale Widerwille dagegen, zum Fütterungssklaven – und anders fiele das bei meinem Datenbedarf niemals aus – meines eigenen Informationssystems zu werden. Stattdessen reise ich, lese, wann, wo und wie es mir Spaß macht, halte die Ohren offen und lasse alles im Gedächtnis versinken und sich selbst organisieren.

An diesem Punkt greift die EDV natürlich überhaupt in den Schematismus der eigenen geistigen Arbeit ein: sie bestimmt, wie der intellektuelle Prozeß aussieht. Es ist die logische Struktur und der Beziehungsreichtum einer bereits vorgegebenen Abstraktion und Merkmalsaufschlüsselung, auf der sich als Basis die weitere intellektuelle Verarbeitung bewegt. Nicht die Denkzeit ist die diese Verarbeitung regierende Zeitangabe, sondern die Zeit des Computers: das Warten auf die Ergebnisse der Umorganisation eines Zwischenergebnisses, das langsame, stetige Ausschreiben der Zeilen, die Pedanterie des logischen Ordnungsgerüstes, an dem der Apparat sich entlangarbeitet. Man schaut zu, versucht vorauszudenken, stellt neue Aufgaben, ist schneller und doch subsumiert unter die Arbeitszeit des Apparates. Die vortechnische Schreibarbeit dagegen vertraut noch auf die Reifungsprozesse im Kopf, das Denken während des Sprechens oder Schreibens, wo das Hinschreiben der Endpunkt eines Reifungsprozesses und das Ergebnis ein im langsamen, tastenden Denk- und Schreibprozeß reifender Gegenstand ist.

Distanz zwischen Mensch und Apparat

Es ist höchste Zeit, allgemeiner zu werden, damit das bisher Beschriebene nicht ganz in der Zweideutigkeit einer etwas altmodischen persönlichen Situation stecken bleibt. Gemeint war die Beschreibung als Stoffbeitrag zum Thema Erleichterung: Wie verhalten sich bei der Ersetzung geistiger Arbeit durch elektronische Apparatur Entlastung und Entmündigung zueinander? Psychologisch ist das schwer zu reflektieren, und hier sind nur Andeutungen beabsichtigt. Man kann sich den Einsatz von EDV oder computergestütztem Design nicht einfach als Addition vorstellen: herkömmliches Subjekt plus technisches Mittel. Das technische Mittel schlägt, wie alle anderen technischen Mittel bisher auch, angefangen beim ersten steinzeitalterlichen Faustkeil, auf das Subjekt zurück. Das kann am

Individuum arbeitspsychologisch festgemacht und therapeutisch begutachtet werden. Aber diese Betrachtung der psychischen Folgekosten am Individuum – von schmerzenden Augen über erhöhte Nervosität bis zu Veränderungen im intellektuellen Verhalten entlang von Ersatz- und Entlastungsbildungen – hat eher indikatorischen Wert. Was dergleichen anzeigt, ist eine Veränderung der psychischen Tätigkeit selbst.
Das elektronische Hilfsmittel ist an sich nichts anderes als nach außen verlagerte innere Tätigkeit. Bestimmte Schichten der komplexen geistigen Tätigkeit – Rechnen, Zeichnen, Subsumieren, Vergleichen, Erinnern, Verbinden, Identifizieren – werden zu etwas Dinglichem, dem ich, als eben so vielem außerhalb meiner ablaufenden technischen Vorgängen, zuschauen kann. Was vorher eigene innere Bewegung war, ist jetzt materialisiert. Es ist also Ding geworden, so leicht und flüchtig auch immer, und somit „schwer". Es ist andererseits etwas, was mich nicht mehr belastet, was der technische Sklave für mich leistet, und insofern „leicht". Schon das zeigt an, daß das Herausverlagerte nicht mehr, als Herausverlagertes, dasselbe ist wie vorher. Jahrtausendlange Gewohnheit, Körper und Geist unterscheiden zu lernen, hat nicht vergessen lassen können, daß wir als ganze Menschen denken, daß also Denken ohne körperliche Existenz gar nicht möglich wäre. Kein Gedanke ist so leicht, daß er dem körperlichen Kontext entflöhe (auch wenn den Intellektuellen seit zweihundert Jahren die Angst davor im Nacken sitzt), und kein Körper ist so schwer, daß ihn das Denken nicht in Bewegung hielte (bis dahin, daß so mancher Intellektuellenkörper verlernt hat, sich der Schwerkraft anzuvertrauen, und das heute sich therapeutisch wiederaneignen muß).
Der elektronische Apparat ist da anders. Wie leicht und klein inzwischen die Dinger auch geworden sind, so eindeutig sind und bleiben sie „schwer", nur Masse, nicht Körper, sondern bloße hardware. Und Ding ist und bleibt auch der Geistdarsteller, die software, das Programm. Das Ganze schauspielert zwar das Verhältnis von physiologischem Gehirn und bewußter Gedankenoperation, bleibt aber etwas grundlegend anderes. Die herausverlagerten Funktionen sind eindimensional und abstrakt geworden. Ihnen fehlt die Körperbildlichkeit der wirklichen Funktionen, so, wie schon dem ersten Faustkeil die sensumotische Plastizität der Faust fehlte. Das in der elektronischen Apparatur vorliegende Bild unserer Gedankenfunktionen ist ein Zerrbild, es enthält nur das Formalisierbare, technisch Greifbare.
Darüber muß man sich nicht beklagen – zunächst besteht darin ja gerade die Nützlichkeit. Das sieht man am einfachsten Beispiel, dem alltäglichen

Rechnen. Beim Kopfrechnen ist immer noch in Sichtweite, daß es sich um einen Abstraktionsprozeß handelt – eben deshalb macht es Mühe, es sträubt sich im Kopf immer noch etwas gegen dieses Abstrahieren. Greift man nun zur Übertragung der Struktur der Rechenoperationen ins materielle elektronische Modell, den Taschenrechner, dann ist genau dieses Sichsträuben eingespart, der Rechner, der nicht weiß, was Ding und was Körper ist, leistet die Aufgabe im Handumdrehen. Es hat eine Scheidung stattgefunden. Den Schmerz der Abstraktion kann man nun niemandem mehr erklären. Statt dessen ist die Abstraktionsleistung selber aus dem Subjekt herausgeworfen, zum Ding gemacht, dem er abwartend zuschaut.
Das hat nun selbstverständlich Rückwirkungen auf das Subjekt. Als die Dampfmaschine die körperliche Arbeit maschinisierte, maschinisierte sie zugleich den Körper, der diese Arbeit nicht mehr leisten mußte, sondern von ihr erleichtert war: der Körper wurde abhängig vom Maschinentakt, dem er zu- und untergeordnet war. Es gibt keinen Grund zu erwarten, das sei bei der Substitution geistiger Arbeit anders. Die Elektronik ist die gesellschaftlich produktive Verselbständigung der intellektuellen Funktionen: eine Extraktion des Brauchbaren, ohne die Schatten und Widerstände realen psychischen Sicherverhaltens: klassisch geredet, Verstand ohne Vernunft, Logik ohne Geist, Denken ohne Seele. Eine andere Diskussion gälte den Zukunftsaussichten: ob es bei der Subsumtion bleibt, in Analogie zur klassischen Industrie, oder ob die spielerische Seite der Sache – der Computer als Freizeitobjekt – auf eine andere Verhältnisbestimmung hinweist. Jedenfalls ist eine intellektuelle Tätigkeit, die sich der historischen Basis ihrer selbst in Dinggestalt bedient, nicht mehr dasselbe wie vorher. Entlastet, kommt sie auf andere Gedanken. Aber welche?
Mir scheint, daß der Schlüssel hier in der Distanz zwischen Mensch und Apparat liegt, die sich in der elektronischen Wartezeit ausdrückt. Diese Wartezeit hat etwas Aufreizendes: sie ist Zeit, die mir der Apparat stiehlt, insofern ich auf seine Ergebnisse warte, die er mir als freie aber zukommen läßt, insofern er währenddessen für mich arbeitet. In ihr ist der Nutzer entlastet und zugleich herausgefordert, wie ein Schachspieler, der, während der Gegner den nächsten Zug überlegt, bereits seine eigene Antwort auf die möglichen Züge entwickelt. Eine solche Intelligenz wäre, grob gesagt, nicht konstruierend wie die klassische, sondern kombinatorisch. Den Verarbeitungsprozeß, an dem die klassische Intelligenz ihre Materialtiefe und Vermittlungskraft gewann, hat sie bereits zur Voraussetzung. Die Ergebnisse sind schon da, und erleichtert, entlastet wendet sie sich dem anderen Problem zu, mit den möglichen Verknüpfungen zu spielen. Man kann ver-

muten, daß das der Schlüssel zum kulturellen Posthistoire ist: Die Geschichte ist abgeschlossen und wiederholt sich auf der Ebene der Gleichzeitigkeit als Kriminalroman, mit beliebigen Schleifen, in denen der intellektuelle Spieltrieb zu sich findet.

Kopfarbeit

Äußert sich die Erleichterung, insofern Entlastung, als Spiel, so doch auch, insofern Beraubung, als Tristesse. Es geht etwas verloren. Zwei Beispiele hierfür: die Zeichentätigkeit und die Arbeit des Erinnerns. Das Zeichnen hat mit dem Schreiben gemeinsam den Zusammenhang von Kopf und Hand. Beim Schreiben ist die Handbewegung nichts dem Denken Fremdes. Wie beim Reden die Geste, so ist beim Schreiben die Handbewegung nicht nur Betonung und Untermalung des niederzuschreibenden Gedankens, sondern immer auch dessen Geburtshelfer. Denken ist ursprünglich vom Sprechen nicht zu trennen und zugleich verinnerlichtes, probierendes Handeln: Das stumme berufliche Denken hat sich in der Schreibbewegung wenigstens ein Spielfeld des Ausdrucks und der äußeren Handlung wiederholt und hängt zäh an dieser Anschaulichkeit seiner selbst. Es ist deshalb schon ein gewaltsames Abschneiden, mit der Schreibmaschine zu schreiben, wo nur noch die Unregelmäßigkeiten der körperlichen Bedienung der Mechanik das angeborene Äußerungsbedürfnis der Gedankenentstehung bedienen.

Wieviel mehr gilt das für das Zeichnen beim Entwerfen. Die Hand führt nicht einfach aus, was im Kopf schon da ist. Erst indem die Hand sich bewegt, entwickelt sich auch für Vorstellung und Auge das wirklich Gemeinte. Die Hand weiß gleichsam, wo es entlanggeht, denn in ihr stecken alle vorangegangenen Zeichenanstrengungen und Erfahrungen, und das Entstehen des Gegenstandes auf dem Papier ist das genaue Gegenteil der bloßen Visualisierung eines vorgegebenen, nämlich in der Eingabe genau beschriebenen Programmes, wie sie der Plotter leistet – es ist ein Dialog zwischen der Hand und einem inneren Fühlen und Sehen, das ganz außerhalb des Gesichtskreises der bewußten Vorstellungskraft verborgen liegt. Wenn der Entwerfer dann mit der Zeichenmaschine fortsetzt, dann ist einerseits die Abstützung des Erfindens auf dem Bewegungsausdruck abgeschnitten; andererseits geht aber gerade in der zeitlich ausgedehnten Öde des technischen Zeichnens („Stricheziehen") zugleich ein nichtsichtbarer und nicht bewußter Erkenntnisprozeß ein. Die Zeit, die es braucht, die technisch

korrekten geraden Striche zu ziehen, ist keine tote Zeit, da der offensichtliche Leerraum benutzt wird. Das ist wie das Üben bei japanischen Zentechniken: hinterrücks stellt sich gerade aus der Sturheit der fortgesetzten Tätigkeit eine Qualität des inneren Sehens und Wissens her, in der der Gegenstand ein Maximum an Prägnanz gewinnt, das dann wieder auf den Entwurf zurückschlägt. Die anscheinend tote Zeit schlägt um in ein Erkennen, das ohne die viele Zeit der Hand nicht zu haben ist. Diese Zeit einzusparen, mag für ein Ingenieur- oder Architekturbüro ökonomisch zwingend sein. Die Übertragung dieser Handarbeitszeit an den Plotter und das Druckgerät unterbindet den inneren, unsichtbaren Vervollkommnungsprozeß.
Natürlich ermöglicht er dafür einen anderen Prozeß. Es bleibt ja nicht bei der bloßen Ersetzung des technischen Zeichnens, sondern die Geschwindigkeit, mit der der Plotter, mit entsprechender software versehen, Anweisungen in Bildschirmzeichnung übersetzt und diese ausdruckt, erlaubt natürlich einen ganz anderen Umgang mit der Zeichnung. Diese kann sozusagen schon vorausgesetzt werden, so daß sich der Entwerfer das Bild der Sache verschafft durch die Vielzahl der ihm in kürzester Zeit zur Verfügung stehenden Darstellungen, aus denen er auswählt und kombiniert und die er zugleich in einer Form greifbar hat, die jederzeit kompatibel ist mit Kosten und Details, die er über EDV gespeichert hat. Und nicht nur das, die jüngste Plottergeneration beherrscht die dreidimensionale Darstellung bereits so perfekt, daß ein Durchprobieren von Außen-Innenwirkungen, von sukzessiver Raumerschließung, von sichtbaren und verdeckten Details möglich ist, die im herkömmlichen Zeichnen gar nicht geleistet werden (wobei das herkömmliche Zeichnen darauf auch gar nicht ausgeht, sondern Vergleichbares statt buchstäblich auf analoge Weise erreicht, sozusagen zu verstehen gibt).
Ähnliches ist zum Gedächtnisprozeß zu sagen. Das Erinnerungsvermögen hat im Computerspeicher zwar seine technische Analogie, aber es selbst ist gerade kein bloßer Speicher. Vom elektronischen Speicher erwartet man, daß er das Gespeicherte zu gegebener Zeit identisch wieder herausrückt. Vom Gedächtnis ist das keineswegs zu verlangen. Das Gedächtnis nimmt, was ich lese, höre, sehe, zwar willig auf, aber schon das nur unter einer Bedingung, die den Forderungen technischer Eindeutigkeit nicht genügt. Die Codierung erfolgt im Zusammenhang, genauer: im Interessenzusammenhang, in dem das neue Stück Wissen erworben wird. Will ich darauf zurückkommen, muß ich, wenn auch in verkürzter Form, den Arbeits- und Interessenweg zurückgehen, der mich zu diesem Wissen geführt hat. Die

Markierungen, aus denen die Lokalität des Wissensstückes und des Weges dahin bestehen, sind solche des Gefühlstones, d.h. Fundort und Weg sind Gegebenheiten in einem dreidimensionalen Merkraum, dessen Koordination Gefühlsdimensionen sind. Anders als beim sicheren Fortschreiten von ja-nein zu ja-nein-Stufe im elektronischen Prozeß, ist deshalb der Gedächtnisort nie ein abgeschlossener identischer Ort. Es bleibt nicht beim bloßen Deponieren und Aufheben, sondern das Gedächtnis spielt mit den ihm anvertrauten Stoffen und nimmt sie auch nur auf und bewahrt sie in dem Maße, wie sie zum Spielen geeignet sind. Für diese eigenmächtige Tätigkeit sind aber die Affinitäten zu anderen Elementen genauso wichtig wie der spezifische Ort selber. Es entstehen Fäden hin her, was vereinzelt eingespeichert wurde, integriert sich hinter dem Rücken des mit ganz anderem beschäftigten Bewußtseins zu eigenen Zusammenhängen, die beim Wiederabrufen des einzelnen Stücks einerseits dieses verändert oder gar gefälscht entlassen, andererseits aber als Mosaikstein in einem neuen Zusammenhang, eben das, was man Erkenntnis nennt.
Wer mit dieser Gedächtnisarbeit lebt, wird sich also hüten, sie einem Datenspeicher abzutreten. Der Speicherinhalt ist sozusagen totes Kapital. Im Gedächtnis gibt es keine tote Zeit. Die Aufbewahrungszeit ist immer Produktionszeit, und selbst das ärgerliche Ergebnis eines gefälschten Details hat oft nicht nur Enttäuschung zur Folge – was für ein schöner Zusammenhang da entstanden war, aber leider ohne Deckung in der Wirklichkeit –, sondern auch ein neues Bewußtsein von der Sache insgesamt. Infolge des Lagerns, nach Monaten, manchmal nach Jahren, treten Einzelheiten, die getrennt aufgenommen wurden und an deren möglichen Zusammenhang man nie gedacht hat, wie von selbst zusammen und ergeben etwas drittes.

Scheidungslinien

Der Fortschritt, der uns gegenwärtig überrollt, ist der, daß in den Computer investiert wird, nicht mehr, wie bisher, in den Kopf oder in die Hand. Das ist die ganze Wahrheit. Natürlich ist das demokratisch: das erreichte Zuverlässigkeitsniveau steht allen gleich zur Verfügung. Zugleich wird die bisherige Arbeitsteilung auf die Spitze getrieben. Analog zur Handarbeit, wird nun auch die intellektuelle Arbeit weiter gespalten, in kreative Arbeit und in technisierten Stumpfsinn. Der kreative Part wird federleicht. Ihm fehlt das Schwere, der Widerstand. Statt sich an der Ausdehnung von Zeit,

Fläche, Stoff abzuarbeiten, stößt er sich nur noch von seinen eigenen geschwinden Realisierungen ab.

Das ist durchaus auch ein soziales Verhältnis. Bisher habe ich handwerklerisches und elektronisiertes Vorgehen als sich ablösende historische Phasen beschrieben. Man kann das Verhältnis beider Arbeitsweisen aber auch anders lesen, nämlich eben unter diesem Gesichtspunkt der Spaltung der intellektuellen Arbeit. Dann liegt die Scheidungslinie nicht zwischen mir und meinem PC, sondern zwischen jenen, die weiter handwerklich arbeiten, und denen, die den Marktgesetzen folgend sich den neuen Arbeitswertkategorien der elektronisierten Leistungen beugen müssen. Da gibt es dann einerseits die Künstler, die in handwerklerischer Manier die jeweils neuen Zeichen und Begriffe produzieren, und andererseits die Angestelltenroutine und ihre Knechte, die sich dergleichen handwerklerische Produktion nicht leisten können, sondern notgedrungen den kürzesten, elektronisierten Weg gehen.

In der Architektur zeichnet sich eine solche Teilung bereits heute ab. Einerseits gibt es eine Reihe von Formkünstlern, die die neuen Ideen produzieren. Andererseits gibt es das marktkonforme, zunehmend mit CAD und EDV vertraute Architekturbüro, das diese Ideen verbraucht. Die Künstlerfunktion ist über den Markt nicht mehr zu finanzieren, sie wird finanziert, indem man die Künstler über den Kulturbetrieb – Architekturbiennale, Documenta Urbana, die IBA – finanziert, was sich bezahlt in einer höheren ästhetischen Qualität der Massenware, die sich ihrerseits dadurch definiert, daß sie jede ästhetische Neuproduktion, ganz wie in der Textilkonfektion, sofort und umstandslos ins programmierte Entwerfen einspeichert.

Eine dritte Möglichkeit deutet sich an, scheint mir aber auf die Dauer ohne Aussicht: daß das computergestützte Produzieren zum herrschenden Normalfall wird, gebunden an die entsprechenden herrschenden Mächte, konjunkturorientiert und beweglich, während der handwerklerische Arbeitsvorgang zum Schibboleth der grünen, fundamentalistischen, feministischen und sozialistischen (z.B. genossenschaftlichen) Minderheit wird. Dagegen spricht schon heute, daß Kostensenkung zumindest ohne EDV nicht möglich ist, und Kleinhäuser und Windräder niedlich zeichen kann auch ein gut programmierter Plotter. Man wird sich ohnehin zugeben, daß es darum geht, durchschnittliche Häuser für durchschnittliche Menschen zu bauen, Hauptsache, sie sind ohne Schaden an Leib und Seele bewohnbar und im übrigen bezahlbar. Das individuelle Entwerfen von normalen Häusern, daß im 19. Jahrhundert begann und den modernen Architekten entstehen ließ, wird entlang der Elektronisierung vermutlich wieder verschwinden, unter Zurücklassung des ästhetischen Vortänzers. Tröstlich an dieser Entwicklung ist, daß sie doch ganz anders ist als die um 1970 programmatisch behauptete Deklassierung des Architekten zum Lohnarbeiter im Großbüro. Daß CAD sinnvoll einsetzbar ist in einem Verbund mit EDV und CAM, also Informationsverarbeitung und computergestützter Herstellungsorganisation, weist darauf hin, daß die Elektronisierung nicht nur die Kopfarbeit spaltet, sondern auch die Tür zu einer neuen Verbindung von Kopf- und Handarbeit aufstößt.

Ingrid Stoppa-Sehlbach

Zur Beeinflussung ästhetischer Prozesse durch computergestützte Gestaltung

Die Diskussion um den Einsatz von Computern in Gestaltungsprozessen bewegt sich zwischen den Extremen skeptischer Ablehnung und uneingeschränkter Bejahung. Diese Polarität der Argumentation ist nicht nur kennzeichnend für das Hamburger BDA-Symposium zum Computer Aided Design, sondern ist auch symptomatisch für die Erörterung dieser Thematik in anderen Kontexten. Auf der einen Seite wird das Bedauern um eine Architektur ohne Bleistift, um eine rigide Entsinnlichung und um den Verlust eines ganzheitlichen Gestaltungsprozesses ausgesprochen. Die Lust am Zeichnen als Motivation und Ideenfindung könne durch den Computer nicht ersetzt werden. Auf der anderen Seite wird auf die dringende Notwendigkeit hingewiesen, den Fortschritt technisch und ökonomisch zu nutzen, um den Anschluß an den ‚Großen Bruder' nicht zu verpassen, nicht zuletzt, um die Existenz als Architekt zu sichern.

Zwischen diesen Fronten werden abwägende Stellungnahmen artikuliert, deren Absicht ist, den ‚Experten' Computer als vom Menschen erfundenes und von ihm eingesetztes Hilfsmittel darzustellen. Die Auffassung vom Computer als neutralem Gerät, über dessen Einsatz der Benutzer entscheidet, ist weit verbreitet. Jedoch bestehen berechtigte Zweifel, ob der Umgang mit Computern in Gestaltungsprozessen grundsätzlich als neutral und folgenlos bewertet werden kann.

Im folgenden sollen einige Aspekte möglicher Auswirkungen computergestützter Gestaltungsprozesse aufgezeigt werden.

Zur Veränderung des Gestaltungsprozesses durch den Einsatz von Computern

Gibt man einen Überblick über die technischen Voraussetzungen von Computergrafiken, müssen zwei Aspekte berücksichtigt werden. Zum einen unterliegt die Technik einer rasanten Entwicklung; Differenzierungen und Innovationen lassen das Bestehende schnell überaltern. Auf der anderen Seite lassen sich die vielfältigen Hard- und Software-Möglichkeiten nicht verallgemeinert darstellen; der Verwertungskontext der Technologie muß immer mit einbezogen werden. Für die hier thematisierte computergestützte Gestaltung erscheint es notwendig, die technischen Voraussetzungen zu betrachten, die die Qualität von Grafiken bestimmen. Dabei ist insbesondere die Hardware von Interesse, weil sie immer die Möglichkeiten der Software begrenzt. Computergrafik per Großrechenanlage mit angepaßter Software kann bezüglich der Qualität nicht mit den Leistungen auf Personal- oder Homecomputerebene verglichen werden.

Im folgenden sollen die Möglichkeiten der Grafikeingabe an Personal- und Homecomputern erläutert werden, um den ‚praktischen' Gestaltungsprozeß anschaulich zu machen.

Die Erstellung von Computergrafiken kann über die Eingabe von Daten erfolgen. Dabei werden über Tastendruck Rechenvorgänge eingeleitet, die am Ende eine Grafik auf dem Bildschirm erscheinen lassen. Dieses Eingabeverfahren stammt aus den Anfängen der Computertechnik. Auf der Basis mathematischer Rechenoperationen werden Form und Farbigkeit der Grafik konzipiert. Die Rechnerkapazität und das Programm bestimmen und begrenzen die Möglichkeiten der Gestaltung. Bereits 1963 wurde erstmals ein Computergrafik-Wettbewerb durchgeführt, bei dem unter ästhetischen Gesichtspunkten bewertet wurde.

Die zweite Möglichkeit der Grafik-Erstellung erfolgt über Grafik- und Malprogramme, die ein begrenztes Repertoire an Mal- und Zeichenmöglichkeiten über ein Menu anbieten. Der Benutzer gibt über Cursor-Bewegung Anweisungen, ‚wie der Computer zeichnen soll'.

Der Gestaltungsprozeß beruht primär auf der mentalen Konzeption eines Bildes. Auch hier ist die Gestaltung an die Leistungsmöglichkeit des Computers gekoppelt. Das Programm gibt Form- und Farbspektrum vor. Die Tätigkeit des Benutzers wird auf Cursor-Steuerung über Tastendruck reduziert. Dabei übernimmt der Cursor die Zeigefunktion der menschlichen Hand. Bei der dritten technischen Möglichkeit, mit dem Computer Grafiken zu erstellen, übernehmen Zusatzgeräte die Cursor-Steuerung. Man benutzt nicht mehr die Schreibtastatur, sondern Geräte, die quasi wie ein Zeichengerät (Stift) auf einer Unterlage geführt werden. Die *Maus* ist ein sehr gebräuchliches Grafikeingabegerät. Der Computer registriert jede Bewegung, die mit der Maus auf einer glatten Unterlage vollzogen wird. Der Cursor auf dem Bildschirm zeichnet die zurückgelegten Entfernungen und jede Richtungsänderung als eine entsprechende Linie. Auf dem Bildschirm erscheint also die auf die Handbewegung zurückzuführende Zeichnung. Diese technische Vorgabe macht es notwendig, die Augen auf den Bildschirm zu richten, während sich Hand und Maus auf dem Tisch bewegen. Während die Maus durch eine an der Unterseite befindliche Kugel bewegt wird, sind heute bereits Geräte in Gebrauch, bei denen eine Kugel direkt durch Fingerbewegung gesteuert wird. Der Einsatz des *Lichtgriffels* überwindet diese Trennung von Augen- und Handaktivitäten. Mit ihm kann man direkt auf dem Bildschirm ‚zeichnen'. Er ist mit dem Computer verbunden und besitzt eine lichtempfindliche Spitze. Wird der Griffel an die Bildröhre gehalten, so empfängt der Computer ein Signal; Linien werden erzeugt, indem der Rechner über eine entsprechende Software die Bildpunkte aufleuchten läßt, über die der Lichtgriffel hinwegfährt.

Die Qualität der über Lichtgriffel eingegebenen Grafik ist eingeschränkt. Eine korrekte Bestimmung des Lichtgriffelstrahls ist auf Grund der Glasdicke des Bildschirms und der dadurch verursachten Lichtstreuung nicht möglich. Folge ist eine grobe Rasterung der Grafik. Ein weiterer für das Zeichnen am Bildschirm hinderlicher Sachverhalt ergibt sich aus der Konvexität der Oberfläche.

Beim Einsatz des *Grafiktableaus* ersetzt dieses das Blatt Papier, ein Stift den herkömmlichen Mal- oder Zeichenstift. Damit kommt der Umgang mit diesem Gerät dem gewöhnlichen Malprozeß am nächsten: es wird auf dem Tableau gezeichnet. Die unter der Zeichenplatte befindliche Elektronik in Form einer Platine codiert die Berührungspunkte. Jedem Punkt auf dem Bildschirm ist ein Punkt auf der aktiven Fläche des Tableaus zugeordnet. Was auf dem Tableau gezeichnet wird, erscheint gleichzeitig auf dem Bildschirm. Die heutige Technik ermöglicht z.B., daß man durch Variieren des Drucks mit der Hand auf dem Zeichenstift direkt die Breite des Strichs bestimmen kann.

Der *Digitizer* wird ebenfalls als Grafikeingabegerät benutzt. Dieses Zusatzgerät wird über ein Fadenkreuz bedient', einzelne Punkte werden eingegeben, die im Computer dann zu Linien verbunden werden.

Die beschriebenen technischen Möglichkeiten der Grafikerstellung unterscheiden sich von gewöhnlichen Mal- und Zeichenprozessen grundlegend. Dieser Unterschied drückt sich nicht nur auf der Ebene des Subjekt-Objekt-Ersatzes im Interaktionsprozeß aus, sondern kann darüber hinaus als qualitativer Unterschied dargestellt werden.

Im folgenden sollen einige Aspekte erläutert werden, die den qualitativen Unterschied zwischen der Gestaltung mit dem Computer und der freien, nicht an diese Technik gebundene Gestaltung hervorheben.

Priorität immaterialer Prozesse

Der computergestützte Gestaltungsprozeß ist in erster Linie ein konzeptioneller, planender Prozeß. Ideen können nicht spontan skizziert und gezeichnet werden, sondern werden zuerst auf ihre ‚Computertauglichkeit' hin analysiert, um dann codiert in den Rechner eingegeben zu werden. Im Computer werden Rechenvorgänge in Gang gesetzt, die dann eine Grafik auf dem Bildschirm erscheinen lassen. Dieser mikroelektronische Prozeß ist für den Benutzer ohne über die Handhabung hinausgehende Kenntnisse nicht durchschaubar oder nachvollziehbar. Die Vorgänge zwischen Ursache (Eingabe des Benutzers) und ihrer Wirkung (Grafik auf dem Bildschirm) haben mit dem konventionellen Malprozeß wenig gemeinsam. Der Umgang mit herkömmlichem Zeichenmaterial entfällt vollkommen. Der Zeichenprozeß verläuft als Rechenoperation immateriell.
Grundsätzlich besteht die Möglichkeit, mit einem Computer eine Grafik zu konzipieren, die einer frei gestalteten Grafik ähnlich ist. Vorausgesetzt sind allerdings eine leistungsfähige Hard- und Software-Konfiguration einerseits und die Beherrschung des Geräts andererseits.
Nur wer einen Computer in seiner vielfältigen Anwendbarkeit beherrscht, ist in der Lage, ihn optimal zu verwenden, in Prozesse spontan einzugreifen und diese zu verändern. Müssen einzelne Befehle jedoch erst im Handbuch nachgelesen werden, bevor man sie eingibt, kann die Technik geradezu verhindernd auf den Gestaltungsprozeß wirken.

Eindimensionalität der Erfahrung im Umgang mit dem Computer

Abgesehen vom Drücken der Tasten mit den Händen ist der Gestaltungsprozeß am Computer auf mentale, imitative Konzeption beschränkt. Andere Erfahrungsmöglichkeiten, die bei konventionellen Gestaltungsprozessen von Bedeutung sind, werden verhindert, wie z.B.
– Materialerfahrungen, die sich im Umgang mit verschiedenen Materialien bilden (Papier, Farben), Spiel mit Farben und Formen, Ausprobieren;
– Körpererfahrungen, die auf die Gestaltungsarbeit zurückzuführen sind;
– Lernerfahrungen, die man bis zur Beherrschung einer Gestaltungstechnik macht;
– Erfahrungen der allmählichen Reifung von Idee und Umsetzung;
– Erlernen der physikalischen Gesetzmäßigkeiten z.B. beim Bau von Modellen (anstelle des CAD whire-frame);

– Erfassen von räumlichen Wirkungen durch reale räumliche Beziehung zwischen Objekt und Gestalter (Umschreiten, verschiedene Abstände einnehmen, etc.).

Obwohl die Computerarbeit das Einholen bestimmter Erfahrungsmöglichkeiten tendenziell verhindert, erweisen sich diese jedoch als notwendige Voraussetzungen für die Arbeit am Computer, um den mentalen Transfer überhaupt zu leisten. Die Wahrnehmung eines whire-frames kann z.b. ohne Kenntnis eines realen Modells erschwert sein. Es stellt sich die hypothetische Frage, ob jemand ohne konventionelle Gestaltungserfahrung überhaupt Computergrafiken erstellen kann.

Technikbindung und Normierung des Entwurfsprozesses

Gestalterische Möglichkeiten sind beim Gebrauch des Computers immer an dessen Leistungsfähigkeit gebunden: es kann nur auf dem Bildschirm erscheinen, was Hard- und Software zu leisten in der Lage sind; das betrifft Farb- und Formentscheidungen. Obwohl der Standard von Computergrafiken – auch für Personal Computer – durch technische Entwicklung fortlaufend optimiert wird, sind Grafiken vom Niveau der ersten BTX-Generation noch weit verbreitet, insbesondere in Videospielen. Organische Strukturen werden durch Anpassung an Rasterstrukturen zu geometrisch konstruierten Computerwesen.

Wenn Computer in die Gestaltung einbezogen werden, akzeptiert man die Grenzen der Technik, die wiederum begrenzenden Einfluß auf die Inhalte ausübt. Der hohe Formalisierungsgrad bei Videospielen z.B. wirkt sich auch auf die visuelle Qualität der Spielfiguren aus. Variationen aus groben Rastern dienen der Darstellung unterschiedlichster Figuren wie Donkey Kong oder Dig Dug. Es kommt zu Stereotypebildung; Formen sind kaum unterscheidbar und werden austauschbar.

Neue Gestaltungsmöglichkeiten im Sinne einer Innovation sind mit dem Computer bisher nicht erreicht worden. Das, was den Wert einer Computergrafik ausmacht, beruht auf technischen Möglichkeiten, die insofern die Darstellungsmöglichkeiten erweitern, als daß der Computer in speziellen Fällen arbeitsaufwendige Prozesse korrekter, schneller, müheloser erledigen kann (Beispiel CAD). Der zeitliche Ablauf von Entwurfsprozessen ändert sich; die benötigte Zeit nimmt ab. Der Faktor Zeit wird überhaupt zum wichtigsten Argument der Diskussion um den Einsatz von Computern.

Die Schaffung synthetischer Welten hat eine Veränderung der Wahrnehmung zur Folge

Im folgenden sollen in Verlängerung der Thesen zum veränderten Gestaltungsprozeß Aussagen über die Rezeption computergestalteter Produkte gemacht werden. In diesem Kontext steht insbesondere die Computersimulation im Zentrum des Interesses. Computersimulationen entstehen durch die Aneinanderreihung von Computergrafiken. Sie präsentieren sich auf dem Bildschirm wie herkömmliche Filme, ihre Entstehung ist aber im Unterschied zu Filmen nicht auf aneinandergereihte Fotografien sondern computererzeugte Grafiken, deren Einzelbilder durch Rechenprozeduren verbunden werden, zurückzuführen. Es entstehen synthetische Welten. Es können Vorgänge dargestellt werden, die reale Abläufe nachbilden (simulieren) oder fiktive Vorgänge darstellen oder reale und simulierte Vorgänge vermischen. Insbesondere dreidimensionale Vorgänge werden mit Hilfe des Computers zweidimensional nachgebildet. Simulationen dienen der Veranschaulichung abstrakter und technischer Prozesse. Man bezeichnet sie als Animationen, wenn sie z.b. als Stilelemente in der Werbung Anwendung finden.

Das Argument, Computer(simulationen) bieten neue Wahrnehmungsmöglichkeiten, ist in bestimmten Bereichen wichtig und richtig. Man kann von ‚neuer' Wahrnehmung in dem Sinne sprechen, als daß durch die Erweiterung bisheriger Möglichkeiten neue Erkenntnisse machbar sind. Während die Erfindung von Teleskop und Mikroskop die Wahrnehmung erweiterten, indem die Fähigkeiten des Auges verlängert wurden und somit Einblicke in Makro- und Mikrostrukturen (Kosmos, Biochemie) ermöglichten, kann mit Hilfe des Computers Sinneswahrnehmung in anschauliche Bilder übersetzt werden: Die Darstellung des Infrarotspektrums z.B. in der Thermografik im medizinischen Bereich kann Krankheitszustände materialisieren, indem sie mit Hilfe des Computers bildlich veranschaulicht werden. Über die Erstellung dieser Grafiken hinaus können Bilder zur Diagnose weiterentwickelt, abgeändert und vergrößert werden.

Der Einsatz von Computergrafik und -simulation in Bereichen der Naturwissenschaften vermag Theorien veranschaulichen, die bisher nur durch komplizierte Beschreibungsverfahren darstellbar waren oder durch vereinfachte Modelle und Grafiken. Die chemische Struktur eines DNS-Moleküls läßt sich mit Computersimulation in seinen ständigen Reaktionsabläufen nachvollziehen, verändern, in andere Prozesse einbauen. Theorien können visuell ‚handhabbar' gemacht werden.

Perfektion als Maßstab für die Wahrnehmung

Computersimulation kann einen hohen Grad an Perfektion erreichen. Da sie auf dem rein rechnerischen Weg entsteht, sind ungeplante und zufällige Abweichungen vom Gestaltungsprozeß, aber auch Fehler, wie sie in von Menschen vollzogenen Prozessen vorkommen, nicht möglich. Computersimulation kann daher perfekter als Realität wirken (Flugsimulation). Es ist im Grunde vorstellbar, daß sich Bewertungskriterien verändern und die Simulation zum Maßstab für die Realität werden kann. Beliebtes Stilelement der Computersimulation ist z.b. die Darstellung von Gegenständen unter veränderten physikalischen Gesetzmäßigkeiten, wie Schweben und Bewegen durch den Raum ohne Schwerkraft oder durch Veränderung der materialen Charakteristik, wie Zerfließen oder Auflösen. Als ein Beispiel sei auf die ARD-Embleme verwiesen.

Wird man nur mit der Simulation ohne Kenntnis der realen Situation konfrontiert, so besteht die Gefahr, davon auszugehen, daß die reale Situation nicht unter dem qualitativen Niveau der Simulation angesiedelt ist. Es bilden sich neue Maßstäbe zur Bewertung der Realität bei gleichzeitigem Verlust an direkt erfahrbarer Realität.

Entschärfung der Grenze zwischen Fiktion und Realität

Ein weiterer wichtiger Aspekt der Leistungsfähigkeit der Computersimulation ergibt sich aus der Möglichkeit, auch Prozesse darzustellen, die nicht existent sind. Was bisher nur mit Zeichentrick möglich war, läßt sich heute und in Zukunft zunehmend unkomplizierter über Computersimulation erstellen. Die Einordnung von sience-fiction in den Bereich des Unrealen, der Fiktion, war bisher auf Grund gemachter Erfahrung noch möglich. Wenn jedoch solche Überprüfungsmöglichkeiten fehlen, weil Erfahrungen und Erkenntnisse – sowohl bei Kindern als auch bei Erwachsenen – in bestimmten Bereichen noch nicht gemacht worden sind, ist die Bewertung einer Simulation, ob realistisch oder realitätsfern, nicht möglich. Es läßt sich vermuten, daß Unbekanntes aufgrund seiner realitätsnahen Strukturen als wahr und nicht simuliert akzeptiert und als Erfahrung in Erkenntnis eingeht. Die Grenze zwischen Realität und Fiktion wird unklar, fließend.

Konsumverhalten als Rezeptionsmodus

Der Computer übernimmt und verkürzt den Gestaltungsprozeß. Eine daraus resultierende Konsequenz ist die Erhöhung der Darstellungsvielfalt. Gemeint sind sowohl eine innere Differenzierung (Varianten eines Typs) und eine äußere Differenzierung (Zunahme unterschiedlicher Typen) z.B. bei Gebrauchsobjekten wie Automarken, Sportgeräte u.a.
Der vordergründig als quantitativer Aspekt – Zeitersparnis – wahrnehmbare Unterschied wird, genauer betrachtet, zu einer qualitativen Unterscheidung: Einerseits besteht die Möglichkeit, daß die ständige Entwicklung immer neuer Formen (Designobjekte) verhindert, daß sich bestimmte Erscheinungsformen verfestigen, weil aus Konkurrenzgründen die Ablösung alter Formen durch neue in immer kürzeren Zeitabständen erfolgt. Folge wäre, daß sich Moden kaum noch unterscheiden und definieren lassen und nicht mehr als Orientierung dienen.
Andererseits kann sich das Verhalten des Subjekts gegenüber dem Objekt dahingehend verändern, daß Objektbeziehungen immer unwichtiger werden und an deren Stelle Konsumverhalten tritt. Alles ist jederzeit verfügbar und auswechselbar.
An dieser Stelle soll auf zwei Beispiele des Software-Angebotes verwiesen werden: Formen und Figuren werden als abrufbereite Fertigelemente zur Kombination bereitgestellt.
Click Art Personal Graphics (T/Maker Graphics): „Eine Diskette mit sehr guten Grafiken (Autos, Katzen, Cartoons, Portraits von Michelangelo's David, Einstein, Weinflaschen, Stadtsilhouetten, etc." (Produktbeschreibung des Herstellers).
Byte Paint (Byte Works): „Doppelt hochauflösende Grafik mit zwei Einheiten. Ein sofort benutzbares Programm für den Künstler mit 16 Farben, Bleistift, Spraydose, Pinsel bis Quast, flood fill, Kreis, Quadrat, Linien, Text in verschiedenen Zeichensätzen, Schneiden, Kleben und Kopieren, shape editor, Rollmenus, unterstützt Joystick, Maus oder Tastatur" (Produktbeschreibung des Herstellers).
Die Einführung des Computers in Gestaltungsprozesse schafft Abhängigkeiten, die nicht wieder rückgängig zu machen sind. „Der Computer wird zum unentbehrlichen Bestandteil jeder Struktur, sobald er so total in die Struktur integriert ist, so eingesponnen in die verschiedensten lebenswichtigen Substrukturen, daß er nicht mehr herausgenommen werden kann, ohne unweigerlich die Gesamtstruktur zu schädigen. Das ist im Grunde eine Tautologie" (Weizenbaum, 1977 S. 49f.).

An einigen Beispielen soll abschließend dargestellt werden, daß sich Elemente computergestützter Gestaltung inzwischen als Stilmittel etabliert und verselbständigt haben und auch in anderen – von Entwurfsprozessen losgelösten Kontexten – übernommen werden.
Die Werbung gilt als ein Medium, das neue Stilelemente und Ausdrucksmöglichkeiten schnell aufgreift, um Qualitätskriterien wie Fortschrittlichkeit und Innovation zu visualisieren. In der Autowerbung dient die Inanspruchnahme von Stilelementen der Computergestaltung, wie Digitalisierung oder Simulationsausschnitten, der zusätzlichen Funktion, auf die computertechnische Entwicklung und Fertigung von Autos zu verweisen.
Weitere Beispiele für die Übernahme von Stilelementen der Computergestaltung liefern Videoclips. Videoclips sind kurze Musikfilme, die über die herkömmliche Methode des Synchronschnitts hinaus den Inhalt des Musiktextes darstellen oder als Bildcollagen auf der Basis technischer Effekte die musikalische Darbietung untermalen. Am Beispiel der Videoclips kann auch das oben erörterte Problem der Wahrnehmungsveränderung verdeutlicht werden. Mit Hilfe der Computertechnik können Effekte produziert werden, die sich gegen die gewohnte Seherfahrung richten und die Trennung von Fiktion und Realität im Rezeptionsprozeß erschweren. Jean Baudrillard, der in seiner Theorie die hier anstehende Thematik der Auswirkung zunehmender Computerisierung auf globale gesellschaftliche Strukturen überträgt, stellt fest: „Kontemplation ist unmöglich geworden, die Bilder zerstückeln die Wahrnehmung in aufeinanderfolgende Sequenzen, in Reize, auf die man nur noch unmittelbar, mit ja oder nein, reagieren kann – die Reaktion wird aufs äußerste verkürzt. Der Film läßt es nicht mehr zu, daß man sich selbst Fragen über ihn stellt, er befragt einen direkt... Jedes Bild, jede mediale Botschaft, aber auch jeder funktionale Gebrauchsgegenstand ist ein Test – das heißt strenggenommen, daß er Reaktionsmechanismen auslöst, die stereotypen oder analytischen Modellen entsprechen" (Baudrillard, 1982, S. 99).
Ein weiteres Beispiel aus dem Bereich der Computerkunst: Auch hier sind Stilelemente wiederzufinden, die aus Entwurfsprozessen stammen, sich verselbständigt haben und als Kunst deklariert präsentiert werden. Die Grafik „Bodenheim Dämmerung" von Fromund Kloppe soll als ein Beispiel für viele stehen.
Die dargestellten Beispiele sollen verdeutlichen, daß Computergestaltung bereits ästhetische Prozesse beeinflußt, die von Entwurfsprozessen abgelöst sind. Die Diskussion um den Einsatz von CAD kann deshalb nicht ge-

trennt werden von der kritischen Beobachtung der zunehmend über Bildschirm visualisierten und vermittelten Darstellung von Welt und der daraus resultierenden Ausbildung bildschirmspezifischer Wahrnehmungs- und Handlungsmuster.

Literatur

Baudrillard, Jean; Der symbolische Tausch und der Tod, München 1982
Bildschirm. Faszination oder Information. Jahresheft III, Friedrich Vlg., Velber, 1985
Computerkultur. Kursbuch 75, Rotbuch Vlg., Berlin, März 1984
Deken, Joseph; Computerbilder. Kreativität und Technik, Birkhäuser, Basel, 1983
Weizenbaum, Joseph; Die Macht der Computer und die Ohnmacht der Vernunft, Frankfurt a. Main, 1977

Hinrich Storch
CAD oder das andere

Voll Staunens blickt der Architekt auf die aufgeregte Geschäftigkeit um das CAD, die offenbar von der Angst getrieben wird, nur ja den Anschluß an eine technische Entwicklung nicht zu verpassen. Es wäre ja Lästerung, den Glauben an den Fortschritt zu verleugnen. CAD ist neu, schon deshalb muß CAD gut sein, man stelle sich darauf ein! Der Architekt, der immer noch mit der Reißschiene arbeitet, weil sich bereits die Zeichenmaschine für seine Arbeit als ungeeignet erwies, lächelt. Als einer, den in erster Linie das Werk interessiert, ist er, anders als der in Institutionen Umtreibende, manchmal etwas schüchtern, ja unsicher. Darf er es wagen, so einfache Fragen zu stellen wie diese: Muß ein Werkzeug eigentlich alles können? Eine Harke ist schließlich als Kamm nicht zu gebrauchen, obwohl beiden, Kamm und Harke, der Vorgang des Kämmens durchaus gemein ist und beide als Werkzeug einen guten Namen haben.
Dann fällt ihm der flache Taschenrechner ins Auge, der griffbereit vor ihm liegt, und er fragt sich schon wieder etwas unerlaubt Einfaches: Würde man über das CAD so viel reden, wenn es wäre, was dieser Rechner ist, ein ebenso einfach zu handhabendes wie vollkommenes Werkzeug? Also in Ruhe abwarten!
Er ist also gar kein Gegner der Technik und ihres jüngsten Kindes, des Computers. Er sagt sich nur, eine technische Entwicklung, erscheine sie noch so großartig, ist nicht selbstverständlich als Fortschritt anzusehen, und er fragt sich dazu, warum die Maschine für Tätigkeiten, die ein Mensch ohne sie besser kann.
Fast einstimmen möchte er, wenn der Computer rundheraus begrüßt wird, wo es gilt, sich ständig wiederholende Tätigkeiten abzunehmen, wie die Aufstellung von Leistungsverzeichnissen und Abrechnungen.
Doch der Zweifel regt sich, wenn er hört, das würde den Menschen für Wesentlicheres, die sogenannte kreative Arbeit freisetzen.
Freisetzen, freistellen – gleichviel! Das Wort kennt er aus der Wirtschaft als Tarnwort für Entlassen, Einsparen von Arbeitskräften. Der Zweifel verstärkt sich, wenn er bedenkt, daß gar nicht alle Menschen schöpferisch arbeiten können oder wollen, weil ihnen die Veranlagung dazu fehlt. Die-

sen Menschen nimmt die Maschine nicht nur das Brot, sondern sie macht sie auch noch zu Menschen zweiter Ordnung. Sie macht sie zu sogenannten Unqualifizierten, weil es ihnen eben nicht liegt, von der Maschine übriggelassene Tätigkeiten auszuüben, die zwangsläufig zu den qualifizierten aufsteigen.
Die Maschine als Wertmaßstab!
Doch was hat das mit CAD, mit „computer aided design" zu tun?
Der Architekt, einfach, wie er denkt, macht zwischen Handarbeit und schöpferischer Arbeit keinen so großen Unterschied. Ja, er ist gar nicht imstande, sie so säuberlich auseinander zu halten, wie man es tun müßte, um das „handling" auf die Maschine zu übertragen und sich selbst auf das Beobachten, Überlegen und Richtigstellen zu beschränken.
Der Architekt als Lektor seiner Pläne, ist das schöpferisch? Das Schöpferische schaut voraus. Fehler zu verbessern ist rückblickend.
Für den Architekten ist die Natur ein Ganzes, in dem sich alle Teile gegenseitig tragen und bestimmen. Für ihn kann auch der Mensch nicht zerlegt werden. Denken, Fühlen und Handeln sind für ihn eins, tragen und bestimmen sich gegenseitig. Empfinden und Überlegen fließen in seinen Zeichnungen zusammen, und während er zeichnet, formen sich unter dem Einfluß seiner den Stift führenden Hand und der den Vorgang beobachtenden Augen rückwirkend Gefühl und Gedanke erst nach und nach soweit aus, bis sie allmählich imstande sind, das Wesen der architektonischen Aufgabe überhaupt zu erfassen. Demnach ist für den Architekten schöpferische Arbeit ein Zwiegespräch. Doch nur wenn er eigenhändig formt, regt ihn rückwirkend das im Entstehen begriffene Werk an. Übernimmt nun die Maschine das Bildhaft-Machen, so fehlt die handgreifliche Auseinandersetzung mit dem Stoff. Zudem ist der Rechner ja nicht imstande, unbestimmt zu skizzieren, sondern blendet durch eine über den tatsächlichen Stand der Arbeit hinwegtäuschende, also durch vorgebliche Genauigkeit.
Ob der Stoff noch roh ist oder schon gebändigt, beim Skizzieren kann man es schon der Art der Zeichnung ansehen. Sie wird unscharf oder genau wirken. Je nach dem Stand der Arbeit läßt sie also den Grad der geistigen Durchdringung eines Entwurfes ohne weiteres erkennen. Ist sie grob und unklar, wäre das allein schon Anregung genug, weiterzuarbeiten, bis dann nach und nach das fertige Bild Gestalt gewinnt.
Die Zeichnung aber, die Unfertiges wiedergibt, trotzdem aber haargenau und richtig jede Einzelheit abbildet und sei sie noch so falsch, wirkt lähmend. Man fühlt, daß etwas nicht stimmt, weiß aber nicht so recht, was man nun machen soll. Jeder, der einmal einem bis aufs letzte durchgearbei-

teten, aber schwachen Entwurf gegenübergestanden hat, dem wird dieses Gefühl der Hilflosigkeit bekannt sein.
Ist sie nicht widersinnig, diese Art mit der Maschine zu arbeiten? Alle Einzelheiten eines Bauwerkes sind bereits vorweggenommen, ohne daß der Wurf getan wäre. Der Computer erwartet, das Pferd vom Schwanze her aufzuzäumen. Ein natürliches Entwickeln, bei dem man Schicht um Schicht aufdeckend zum Kern einer Aufgabe vordringt, bis dann zum Schluß auch die kleinste Kleinigkeit freigelegt ist, es steht im Gegensatz zur Maschinenarbeit. Ganz und gar! Beim eigenhändigen Zeichnen aber wird das Überlegen von einer Reihe von Erfahrungen unterstützt. Man stößt auf Widerstand, man begegnet mancherlei Umständlichkeiten, und plötzlich löst sich vieles wie von selbst. Man sieht das nicht nur, sondern sogar der Zeichenvorgang selbst läßt es spüren. Die unter Architekten gebräuchliche Redensart „der Bleistift bricht ab" gibt das Holpern bei Ungereimtheiten schon treffend wieder. Wenn die Lösung da ist, läuft er plötzlich wie von selbst über das Papier.
Widerstand und Nachgeben der Materie wird man nicht fühlen, wenn man mit der Maschine arbeitet. Demnach auch nicht ein sich beim schrittweisen Vorgehen langsam aufbauendes Wissen um das Ziel und schließlich nicht die Sicherheit wahrzunehmen, daß man tatsächlich dort angelangt ist. Folglich wird der mit der Maschine Arbeitende dazu verführt, zumal alles ja sehr schnell geht, ständig hin und her zu probieren. Das ist keine Entwicklung, sondern Rätseln. Was man dem Ziel am nächsten vermutet, wählt man aus. Woher auch soll man wissen, ob man ihm nahe ist? Jeder Entwicklungsvorgang aber trägt die vollendete Lösung von Anfang an in sich. Sie zu erfinden, dazu allerdings bedarf es einer glücklichen Hand. Die Maschine dagegen läßt von vornherein nur die Aussicht auf Zufallstreffer.
Das ist aber nur einer der Gründe, weshalb der Architekt die Maschine nicht gebrauchen kann. Ein anderer ist, daß sie Vorgedachtes nur zusammensetzt. Sie ist für ihn nichts als ein Baumarktkatalog, zwar von großer Auswahl, doch trotzdem einen engen Bewegungsraum fest eingrenzend. Phantasie darf zwar nicht ins Uferlose wirken, sie muß sich innerhalb von Regeln bewegen, die auf einem ethischen Fundament fußen. Solche aus eigener Erkenntnis also selbst bestimmte Grenzen des Handelns sind aber etwas ganz anderes als die Beschränktheit eines Auwahlkataloges. Erkenntnis und Schöpfungskraft kommen ja aus einer einzigen Quelle, nämlich dem innersten Wesen eines Menschen, so daß sich beide ohne Widerspruch zueinander in völliger Freiheit entfalten können. Der Katalog

dagegen muß wie ein Käfig empfunden werden. Das Schöpferische verkümmert in der Gefangenschaft.

Wie ist es nun um den Nachwuchs bestellt, der das Schöpferische noch heranbilden muß? Man wird doch nicht im Ernst davon ausgehen wollen, daß seine Ausbildung mit der Hochschule abgeschlossen ist. Eigentlich ist sie doch nie beendet. CAD aber läßt Weiterbildung nicht zu.

Die drückendste Fessel wäre natürlich ein von dritter Seite gefüllter Maschinenspeicher, und gerade der Anfänger bekäme sie zu spüren. Aber muß nicht auch ein selbst aufgestelltes Programm wie ein Gefängnis wirken? Die persönliche Handschrift eines Architekten besteht ja nicht aus Wiederholungen, sondern sie prägt sich durch die geistige Verwandschaft seiner Werke aus. Mit Wiederholungen käme er, selbst wenn er so einfältig wäre, es zu versuchen, nicht aus, denn verschiedene Bauaufgaben, an Bauorten unterschiedlichsten Charakters verlangen den bewußten Wandel, wie wachsende Erfahrung und die Ausformung der Persönlichkeit ihn mit den Jahren bewirken. Rückzukoppeln und das Rechnerprogramm zu verbessern, genügt nicht, der Wandel muß in dem jeweiligen Werk seine nur ihm eigene Ursache haben.

Der Architekt fragt sich natürlich, ob er so ist, wie jener starker Mann, von dem ein chinesischer Weiser sagt, er zöge einen Ochsen am Schwanz und bekäme ihn nicht vom Fleck, weil es rückwärts ginge. Gewissenhaft fragt er sich, ob es nicht sein könne, daß der Computer zwar auf dem heutigen Stand für ihn noch untauglich sei, aber allmählich doch noch zu einem guten Werkzeug werden könne.

Welche Eigenschaften müßte er dann haben, und wie würde man ihn vielleicht einsetzen?

Weil die Maschine nicht schöpferisch zu arbeiten vermag und wie geschildert die Schöpfungskraft lähmt, liegt es natürlich nahe, an einen Einsatz der Maschine erst zu denken, wenn die schöpferische Arbeit auch wirklich abgeschlossen ist. Der Entwurf und sämtliche Einzelheiten lägen dann in Form von Zeichnungen aller gebräuchlichen Maßstäbe vor, die auf die übliche Weise mit der Hand zeichnend entwickelt worden wären. Alle Vokabeln der Architektursprache eines bestimmten Bauwerkes wären also bekannt und könnten nun dem Speicher des Computers mitgeteilt werden. Der Computer wird also erst jetzt programmiert, vom Architekten selbst und mit den Eigenheiten des von ihm frisch entworfenen Bauwerkes.

So wäre es vielleicht möglich, den stetigen Wandel in der Architektur zu vollziehen und doch nicht auf die Maschine verzichten zu müssen. So könnte der Maschine Verführung zur Wiederholung widerstanden werden

und so gelänge es vielleicht, die Trostlosigkeit eingeebneter Unterschiede zu vermeiden. Voraussetzung wäre allerdings, daß Programme aufzustellen auf eine so einfache Handhabung hinausliefe, wie sie die Benutzung eines Taschenrechners darstellt. Von einem solchen hohen Stand der Entwicklung sind Rechner aber noch weit entfernt. Werden sie ihn jemals erreichen?
Theoretisch zumindest scheint die Grenze für den Einsatz des Rechners vorverlegt werden zu können. Sie verläuft dann quer durch den Planungsvorgang. Der Computer macht die Ausführungszeichnungen.
Noch während der Architekt sich dieses Bild ausmalt, erwachen schon wieder Zweifel. Es widerspricht seiner Erfahrung, daß sich die Grenze so genau ziehen läßt. Allzuhäufig vermag erst die Ausführungsplanung Stellen sichtbar zu machen, an denen Entwurfs- und Detailarbeit doch noch nicht abgeschlossen sind. Wird man sie bemerken, wenn die Maschine alles fein säuberlich und so überredend fertig dargestellt hat?
Doch sein eigentlicher Zweifel liegt tiefer. Wieder und Wieder befällt ihn ein kaum zu erklärendes Unbehagen, das immer nur die gleiche Ursache haben kann, das nämlich aus der Ahnung um den Gegensatz zwischen dem Wesen schöpferischer Tätigkeit und dem eines Computers emporquillt. Gewinnt nicht stets die Maschine und verliert nicht immer der Mensch, wenn er ihr eine Arbeit überantwortet, die ihm selbst viel besser liegt?
An jeder Arbeit ist der ganze Mensch, sind Herz und Hand, Kopf und Sinne beteiligt. Schließt man die stumpfsinnige Fließbandarbeit und verwandte menschenunwürdige Tätigkeiten zunächst einmal aus der Betrachtung aus, so wird man zugeben müssen, daß selbst manches, was nach mechanischer Wiederholung aussieht, immer einen, wenn auch noch so kleinen Anteil schöpferischen Tuns enthält. Schon diesen kleinen Anteil fahren zu lassen, ist ein Verlust. Das Schöpferische will geweckt werden. Begabungen kommen nur durch Übung zur Blüte. Deshalb braucht der Mensch eine Vielfalt von Tätigkeiten unterschiedlicher Anforderungen, die Gelegenheit geben, sich mehr oder weniger reichen Anlagen gemäß vervollkommnen zu können. Die Maschine dürfte lediglich das Anspruchsvollste übrig lassen, für das nur wenige geeignet sind. Am Ende können nur verschwindend wenige schöpferisch tätig sein. Das muß zum Absterben der Erfindungskraft innerhalb eines ganzen Kulturkreises führen, ohne die Technik ja auch nicht lebensfähig ist. Am Übermaß an Technik geht auch die Technik zu Grunde.
Der Einsatz des Computers hat, nun wieder auf das Bauen bezogen, den Verzicht auf die vielen kleinen Schritte zur Verbesserung eines Werkes im

Gefolge, die von allen, die daran arbeiten, getan werden könnten, solange, bis der Bau endlich steht. Eine Entwicklung wird ja einfach abgebrochen, wenn etwas vor der Zeit für abgeschlossen erklärt wird, was bis zum Schluß eigentlich nicht beendet sein kann, nämlich die vom schöpferischen Impuls getriebene Suche nach dem Vollkommenen.

Eigentlich dürfte ja nicht einmal zwischen Planung und eigentlichem Bauen eine so scharfe Grenze gezogen werden, wie sie die Technisierung bereits mit sich gebracht hat. Handwerkliche Arbeit ist natürlich zu einem guten Teil auch schöpferische, wenn man ihr Spielraum beläßt. Dieser Spielraum müßte freigehalten werden, indem man weder immer wieder grundsätzlich Neues verlangte, was ja zwangsläufig genaues Vorschreiben nach sich zieht, noch den Ausführenden auf die andere Weise entmündigte, das Einbauen schon weitgehend vorgefertigter Bauteile vorzuschreiben. Die Eigentümlichkeit eines solchen Bewegungsraumes für die Phantasie ist, daß er nicht anders definiert werden kann, als durch die Art und Weise, wie man von ihm in der Tat Gebrauch gemacht hat. Er ist also, weil nicht vorher zu bestimmen, nicht programmierbar.

Selbstverständlich also, daß sich ein Gefühl für das Ausmaß der Freiheit in diesem Raum nur aus in langer Tradition gewachsener und zudem als Wert anerkannter Kenntnisse und Fertigkeiten entwickeln kann. Einverleibtes Wissen, zum Bestandteil eigenen Wesens geworden, es befähigt allein, in Freiheit und doch gebunden zu handeln!

Diese Art Wissen ist zwar das Ergebnis vielfach gemachter Erfahrung, aber so tief eingedrungen, daß aus ihm heraus in der momentanen Auseinandersetzung mit einem Werkstück wohl jederzeit etwas Neues entstehen kann. Es ist wie ein Baum, der, obschon ausgewachsen, immer wieder neue Äste treibt. Es ist gelebtes Wissen, das sich wie er treibend gleichsam in der Bewegung nach vorne entfaltet und aus ihr heraus Frucht trägt.

Der Maschine können Erfahrungen natürlich ebenfalls mitgeteilt werden, aber nur, indem man zurückblickt und aus dem Programm entfernt, was sich nicht bewährt hat. Das aber ist nur eine Methode, Erfahrung zu verwerten. Die andere, aus der Eingebung des Augenblicks heraus das Neue hervorzubringen, dazu ist der Mensch wohl, die Maschine aber nicht imstande. Weil Umgang abfärbt, muß der Mensch, der mit ihr hantiert, von ihr unweigerlich dahin gebracht werden, ebenfalls nur im Rückblick aufzunehmen. Wird ihn das nicht zum Zauderer verkümmern lassen, der nichts mehr wagt und nichts mehr erfindet?

Ist das wirklich ein gutes Werkzeug, das die Fähigkeiten des Menschen nicht vergrößert, sondern absterben läßt? Kann das ein gutes Werkzeug

werden, das seinem Wesen nach niemals imstande sein wird, sich dem Menschen anzupassen, dem er im Gegenteil sogar seine besten Eigenschaften zum Opfer würde bringen müssen?
Warum also das CAD verbreiten? So viel wird ja nicht gebaut, als daß es notwendig wäre, die Produktivität der Architekturbüros zu steigern. Was dann ist der Antrieb?
Vermutlich massive Interessen der Wirtschaft. Zunächst wären sie wohl bei den Herstellern zu suchen, die Geräte verkaufen wollen, ohne daß es bei Architekten einen wirklichen Bedarf danach gäbe. Zum zweiten gibt es bekanntlich eine Unzahl von Geschäftemachern, die zwar bauen, denen aber eine lebendige, wahre Architektur völlig gleichgültig ist. Sie haben nur ein Bestreben, nämlich das, vom Markte zu raffen, was zu kriegen ist. Die stöpseln schon jetzt nur zusammen, was Kataloge zu bieten haben. Darin ist der Computer aber viel schneller als sie und atemlos vor Verlangen mögen sie sich von ihm goldene Berge versprechen.
Erfolg ist verlockend, Geldgier gar eine Leidenschaft; aber sollte der wirkliche Antrieb nicht doch tiefer zu suchen sein?
Auch ohne den Computer sind mit der modernen Bautechnik schon längst Wege beschritten worden, den Menschen aus dem Herstellungsvorgang eines Bauwerkes hinauszudrängen. In der Fabrik hergestellte Teile werden angeliefert und vom Handwerker lediglich eingebaut. In ständig zunehmendem Maße.
Auch der Architekt entwirft und konstruiert manches nicht mehr selbst, sondern stellt mehr oder minder geschmackvoll zusammen. Unterstützt wird diese Entwicklung durch ein Vorschriftenwesen, das auch in den letzten Winkel eines jeden Bauwerkes dringt. So bewirkt zum Beispiel die Forderung von Typenprüfungen eine zentralisierte fabrikmäßige Herstellung der betreffenden Bauteile. Moderne Bautechnik neigt heute ferner dazu, die Glieder eines Bauwerkes in ihre Bestandteile zu zerlegen. Eine Außenwand zum Beispiel, als massive Mauer ehemals dazu imstande, alle drei Funktionen zu übernehmen, nämlich das Tragen, den Wetter- und den Wärmeschutz, besteht nun aus drei auf jeweils eine der Funktionen spezialisierten, getrennten Schichten. Die Wand zerfällt in Bauelemente. Das Ganze der Gestalt ist aufgegeben. Man hat die Stücke in der Hand. Innerer Aufbau und Erscheinungsbild sind nicht mehr eins. Das ist eine wesentliche Voraussetzung, industriell zu fertigen, denn die Maschine ist einseitig. Man zerlegt zuerst, Methode der modernen Wissenschaften, um anschließend mit den Stücken zu jonglieren. Nun, darin ist der Computer ein Meister. Geschwind stellt er die einzelnen Stücke zusammen, berechnet

gleichzeitig die Kosten, tauscht beliebig gegeneinander aus, bemißt die Heizung, prüft die Standfestigkeit und siehe, auch die Kosten stimmen. Sie sind keinesfalls geringer, denn das Bauen mit Bauelementen ist ungemein teuer, aber sie stimmen. Leicht kann man sich den nervösen Schwankungen eines modernen Marktes anpassen. Flugs und fehlerlos kann ein Element gegen ein anderes, zur Zeit billigeres, ausgewechselt werden. Schnell ein Satteldach anstelle des Flachdaches, gegen den Curtain-Stahl als Wetterschutzvorhang geschwind die Waschbetonplatte. Holzaluminiumfenster? Reines Alu ist gerade billiger, der Computer zeigts auf dem Bildschirm. Bauen aus der Vorratskammer. Was gerade reichlich da ist, wird genommen. Das klingt sogar vernünftig. Doch es klingt nur so, denn Vernunft wertet. Sie mißt nicht nur mit dem Geldscheffel.

Richtig, was der Architekt beinahe übersehen hätte, auch der Mode kann ohne Mühe gefolgt werden. In der Schublade verstaubten Entwürfen ist der Nachfrage entsprechend schnell neuer Glanz zu verleihen. Der Computer ist mehr als eine Hilfe, er ist die Vollendung eines Weges zu dem, was man industrielles marktgerechtes Bauen nennt. Endlich hat man ein Werkzeug, das Bauwerk, bisher etwas Langlebiges, wie alles andere schon, in kurzlebiges Verbrauchsgut zu verwandeln.

Der Computer genießt nicht nur Ansehen wegen seines ungeheuren Gedächtnisses und der blitzartigen Geschwindigkeit, es zu präsentieren. Seine Wirkung dringt tiefer. Weil sich in ihm der Geist der wissenschaftlich-technischen Welt so vollkommen verkörpert, erscheint er als die Inkarnation des Fortschritts selbst. Darum seine schon gekünstelt wirkende Aktualität. Gläubige huldigen ihrem Götzen!

Nur, meint nachdenklich der Architekt, während die einen noch anbeten, hat eine ständig wachsende Menge doch schon erkannt, daß die wissenschaftlich-technische Welt im Begriff ist zu scheitern.

Nicht nur wegen der auf ihr Konto gehenden Auszehrung der Erde. Vor allem auch deshalb, weil, obwohl von ihm selbst geschaffen, sie sich dem Wesen des Menschen mehr und mehr entfremdet. Er ist ja ein Geschöpf der Natur. Die Welt der Technik, jedenfalls in der Form, wie sie sich uns heute zeigt, steht im Gegensatz zur Natur. Der Mensch fühlt längst, sollte er weiterleben wollen wie bisher, er schließlich seine Identität opfern müßte, die zwar einerseits durch die Macht seines Verstandes geprägt ist, andererseits aber von der Bindung an die Natur abhängt. Es bleibt zu hoffen, daß es ihm nicht länger verborgen bleibt, daß sein Leben an diese Bande geknüpft ist und daß er sich endlich aufrafft, die naturgegebene Welt als die auch für ihn einzig reale Lebensbedingung anzuerkennen.

Die Besinnung darauf hat bereits eingesetzt. Die Anzeichen mehren sich von Tag zu Tag. Sie erfaßt mehr und mehr Menschen. Mit großer Schnelligkeit. Bürger stehen gegen den Verschleiß der Natur auf. Die Verteidigung des Lebensraumes für Pflanze, Tier und Mensch mündete gar in eine kraftvolle politische Bewegung. Selbst die Wissenschaft beginnt langsam, das mechanistisch zerlegte Weltbild Descartes' durch ein organisch gefügtes abzulösen. Das wiedererwachte Geschichtsbewußtsein bezeugt ebenfalls, daß sich der Mensch nicht mehr von allen Bindungen frei wähnt. Dessen Folge wiederum ist die Vorliebe für alte Architektur und der Hang, ihre Formen aufs Neue aufzunehmen. Doch, sie zu verwenden, als wären sie einem Kostümfundus entnommen, ohne ihren eigentlichen Sinn zu begreifen, wie das ja heute ständig geschieht, dabei darf man es nicht bewenden lassen. Daß hieße, nach wie vor an der Oberfläche zu klittern, ohne den Kern zu berühren. Kulissenschieben! Die Vorliebe selbst ist gut, aber was aus ihr wird, allzu häufig noch nicht.
Formen zu verwenden, ohne ihren Geist zu erfassen, kennen wir schon aus der Gründerzeit. Damals begann der Übergang vom handwerklichen zum industriellen Bauen. Die Architektur von heute erinnert erstaunlich an die jener Zeit, nur, daß die Entwicklung umgekehrt verläuft. Man neigt dem Handwerk zwar und seinen Formen wieder zu, bringt es aber meist nur zur groben Nachahmung. Eine Entwicklung, die zwar das Unbehagen am technisch geprägten Bauen der Gegenwart ausdrückt, aber nicht einmal den Keim des Neuen in sich trägt. Langweiliges Wiederholen, plumpes Kopieren, ja selbst witziges Zitieren stehen nicht am Beginn, sondern sie weise auf das Ende eines Zeitalters. Die Vorherrschaft von Wissenschaft und Technik geht zuende. Ist also der Computer, kaum daß er geschaffen worden ist, gleichwohl schon überlebt? Eine solche Frage liefe auf den Zweifel an der Daseinsberechtigung von Technik überhaupt hinaus, und sie ist deshalb absurd. Es kann lediglich darum gehen, Technik richtig einzuordnen. Sie hat zu dienen, nicht zu herrschen. Entthront ihn, den Ungeist nackten Kalküls!
Das Leben jedes einzelnen, alles Leben vollzieht sich in einer Fülle von Bindungen. Tier und Pflanze reagieren und verkörpern gleichsam Knoten in diesem Netz. Der Mensch, obzwar ebenso eingebunden, muß seine Abhängigkeit geistig bewältigen, um vor der unerbittlichen Größe des Lebens bestehen zu können. Es setzt den Gedanken gegen das Leben. Kraft seines Verstandes wurde er schließlich dazu verführt, das Leben bis an den Rand seines Gesichtskreises zurückzudrängen.
Beton- und Asphaltbänder, die das Land durchziehen. Motoren, welche

die Luft mit Lärm erfüllen, leuchtender Lack, spiegelndes Glas und blitzender Stahl in ständiger Bewegung oder zu unermeßlich großen Gebilden, unseren Städten getürmt, sie sind es, die das Denken fesseln und die Sinne einfangen. Eine künstliche Welt schiebt sich wie eine riesenhafte Kulisse vor die Wirklichkeit und droht nun, jene dem Blick gänzlich zu entziehen und den Menschen von seinem Lebensgrund zu trennen. Die Wirklichkeit zu mißachten, anstatt aus ihr heraus und an ihr entwickelt zu werden, das läßt die Technik über die Natur herrschen und den Menschen endlich zum Sklaven seiner eigenen Schöpfung werden.
Wie aber, fragt sich der Architekt, könnte der Mensch einer solchen Selbstversklavung entgehen? Indem er sein Bewußtsein endlich um das Wissen vom Zusammenhang aller Dinge, um die Fähigkeit erweitert, das Leben als ein Gewebe zu sehen, in dem jeder Faden den anderen hält.
Was folgte daraus für das Bauen? Ein Zwiegespräch mit der Wirklichkeit zu führen! Nicht nur technisch richtig zu konstruieren, sondern auch zu hören, was das Lebendige zu sagen hat! Was könnte es uns lehren? Zu erkennen, daß weder die Grundgestalt eines Bauwerkes selbst, noch das, was sonst noch an ihm notwendig ist, willkürlich entstehen darf.
Ein Teilganzes soll es sein, im Ganzen der natürlichen Welt. Seine Einzelheiten seien nicht wie Teile einer Maschine, die zwar funktionieren aber für das Auge einen Zusammenhang nicht ergeben. Sie seien Glieder, die wiederum für sich ganze sind, doch bezogen auf des Bauwerkes ganze Gestalt. Sollte die Maschine dabei tatsächlich helfen können? Sie, die Stücke im Gedächtnis bewahrt und auf Geheiß lediglich zusammenklaubt, jedoch nicht wissen kann, wie zur Gestalt kommen. Sie sollte dabei helfen können? Wie sollte sie dazu auch in der Lage sein, gibt es doch keine festen Regeln, keine maschinengerecht programmierbaren Rezepte, wie beim Bauen das besagte Zwiegespräch zu führen sei. Gesetzmäßigkeiten bestehen aber dennoch, zwar nicht in Paragraphen zu fassen, aber zu umschreiben, indem man die Wirklichkeit beschreibt.
Sie heißt Bedrohung durch die Unbill des Wetters, in unserem Klima durch Hitze, Nässe, Kälte und Wind. Gegen sie sich zu schützen, wurde schon immer und wird auch heute gebaut.
Sie heißt Knappheit von Heiz- und Baumaterial. Früher gemessen an den Kräften, die man erübrigen konnte, sich beides zu beschaffen, heute angesichts der Endlichkeit irdischer Hilfsquellen, auch wenn uns der Überfluß hier immer noch darüber hinwegtäuscht.
Sie heißt Schwere der Erde, gegen deren Kraft sich zu behaupten, auch heute noch, wie schon immer, mit Mühen verbunden ist.

Sollte man auf diese Wirklichkeit nicht auch heute antworten können, wenn man baut?
Die Gestalt des Schiffes ist ein Spiegelbild der Wirklichkeit des Meeres. In der Gestalt des Flugzeuges scheint die Wirklichkeit der Lüfte auf.
So ist das Haus, tief unter seinem Dache kauernd, ein Abbild seiner Wirklichkeit. Es geht mit ihr um, indem seine Wand sichtbar birgt, lastet und trägt. Indem sein Dach sichtbar behütet, lagert und sich zugleich wie ein Bug gegen den Regen erhebt. Man sieht es, die Konstruktion ist hier mehr als irgendein technisches Hilfsmittel, sie ist nämlich der Bau der Gestalt und zugleich auch ihr Leib. Die Gestalt Haus macht den Sinn der Konstruktion anschaulich. Seine Gestalt zeigt nämlich, welchen Kräften der Wirklichkeit das Haus ausgesetzt ist und wie es sich gegen sie wehrt. Bauweise und Gestalt sind eins. Sie bedingen sich gegenseitig. Das ist für jeden wahrnehmbar.
Dem Auge erscheint das Haus dadurch von Sinn erfüllt. Es genügt einem Zweck und doch ist es ein Teil der Wirklichkeit. Obwohl nur ein technisches Gebilde, erscheint es trotzdem lebendig. Seine Konstruktion, sinnlich-anschaulich, sparsam und praktisch, bringt das Bauwerk mit der Natur in Einklang, weil sie den gleichen Gesetzen folgt, die man in der Natur wahrzunehmen von Anbeginn gewohnt ist.
Demnach sind auch die Einzelheiten eines Bauwerkes technisch so zu entwickeln, als entwüchsen sie dem Charakter der Gestalt Haus. Der Bogen, der scheitrechte Sturz, der abfangende Balken, spiegeln sie alle nicht, während sie die Öffnungen für Fenster und Tür überbrücken, zugleich auch das Lasten und Tragen in der Wand wider?
Der Schornstein, unter dessen breiten Sockel sich die Pfannen schieben, schon dicht angeschlossen, wächst er nicht aus dem Dach heraus, im Gegensatz zum glatten Schaft, der fühllos die Fläche durchstößt? Was in Sockel, Mauer und Dach vorgeht, wozu sie nütze sind, schließt sich also dem Auge unmittelbar auf. Der Sinn des Hauses und seiner Glieder teilt sich dem Betrachter ohne weiteres mit. Sie sind ihm durchschaubar wie die Wirklichkeit.
Was hat das alles mit dem CAD zu tun? Der Architekt, nur er stellt doch das Programm auf. Nicht etwa umgekehrt, daß der Computer dessen geistige Grundlage beeinflussen oder gar bestimmen könnte. Vom Computer kann nicht erwartet oder braucht etwa befürchtet zu werden, daß er ein Weltbild liefert.
Den Architekten aber befällt die Sorge, daß es doch geschieht. Nicht unmittelbar, indem der Computer eine Haltung aus sich heraus entwickeln

könnte. Dazu wäre er natürlich nicht imstande. Aber mittelbar, indem er die Einstellung des mit ihm umgehenden Menschen beeinflußt.
Sage mir, womit Du umgehst, und ich sage Dir, was aus Dir wird! Wird sich der Mensch den Eigenschaften der Maschine nicht anpassen? Wird er, ihr einmal angepaßt, die Wirklichkeit noch wahrnehmen? Verlangt der Umgang mit der Wirklichkeit nicht ständig wache Sinne? Auf sie aber muß der Umgang mit der Maschine einschläfernd und abstumpfend wirken.
Ein teuflischer Strudel. Sind die Sinne erst einmal ermattet, ist der Mensch dem abflachenden Einfluß der Maschine um so eher ausgeliefert. Schnell und schneller stumpft er immer weiter ab. Seine Urteilsfähigkeit siecht bald dahin und erliegt schließlich ganz. Wird ein solcher Mensch die Computerzeichnung überhaupt noch verbessern wollen? Nach kurzer Zeit wird er wahrscheinlich gar nicht mehr anders können, als sie ohne Frage anzunehmen. Er steht der Maschine schließlich wehrlos gegenüber und sie diktiert. Eine ständig wachsende Zahl nun zu eigenem Handeln Unfähiger steht dem Diktat einiger weniger offen. Dem Architekten schaudert. Er mag diese Vorstellung nicht auf das Zusammenleben eines Volkes übertragen, aber er kann sich davon nicht lösen. Wie sieht eine Computergesellschaft schließlich aus? Wird sie zum Ameisenstaat? Willenlos der Einzelne, vom Kommando aus der Zentrale abhängig? Gefühl und Verstand im Umgang mit der Wirklichkeit zu üben, die schöpferischen Kräfte zu wecken, danach zu streben, wird manch einer für romantische Schwärmerei halten. Der Architekt aber sieht darin den einzigen gangbaren Weg und es ist ihm nun nicht um das Bauen allein zu tun. Für ihn liegt darin ein politisches Konzept. Für ihn ist Freiheit nur in der Bindung an die Wirklichkeit der natürlichen Welt haltbar.
Ein Mensch, genötigt, nach dem Takt der Maschine zu springen, hat für ihn ein ähnliches Schicksal wie ein Galeerensklave, der sich unter Hammerschlägen willenlos beugt und streckt.
Muß nun Freiheit verloren sein, weil ja eine moderne Gesellschaft ohne die Maschine nicht mehr vorstellbar ist?
Nachdenklich schaut der Architekt auf. Vor seinem inneren Auge entrollt sich das Bild einer Gesellschaft, welche auf die Maschine natürlich nicht verzichten will, sie aber lediglich zu Minderem einsetzt, an solchen Tätigkeiten nämlich, für die sich der Mensch zu schade ist.
Nur wenn der Mensch eigenhändig arbeitet, entfaltet sich die Fülle seiner Fähigkeiten. Dem Stoff gibt er Form, aber der Stoff seinerseits gibt auch etwas zurück. Auch aus dessen Verhalten schöpft seine Phantasie Anregung zu neuem Tun an noch unbekannter Form. Was der Mensch nun

schafft, im Zwiegespräch gleichsam, und Schritt vor Schritt gelangt es bedächtig zur Blüte. Er entwickelt sein Können, seine Seele wird reicher. Nicht nur sein Dasein bekommt Fülle, sondern auch das Leben dessen, der nun mit dem umgeht, was jener schließlich geschaffen.
Arm dagegen wird ein Leben an Knöpfen und Hebeln der Maschine und mit den Produkten, die sie ausstößt.
Nicht, daß daraus zu folgern wäre, die als Handwerkszeug dienende Maschine abzulehnen. Sie ist gleichsam eine Vergrößerung der Hand. Sie ist ein Helfer, anders als die, welche umgekehrt Bedienung erwartet. Es geht also nicht um entweder ein Ja oder ein Nein. Es gilt lediglich, das rechte Maß zu finden. Das läuft auf Teilung der Arbeit hinaus. Alles, womit sich der Mensch umgibt, alles das, was nahe an ihn herankommt, was er ständig berührt, sein Haus, die Wohnung, Fenster, Türen, manches Gerät und Möbel, das gehe aus der Hand hervor.
Anderes aber, bei dessen Herstellung menschliche Urteilsfähigkeit und Schöpfungskraft nicht gebraucht werden und dahinwelken, sei ein Produkt der Maschine. Autos, Radios, Nägel, Schrauben, Werkzeuge, Ziegel, Bohlen und Balken, als Beispiele wahllos genannt, sie kann man nicht nur, man sollte sie aus der Fabrik beziehen. Die Fabriken aber, der Vergeudung menschlicher Fähigkeiten Einhalt zu gebieten, sollten ohne den Menschen auskommen. Auf Knopfdruck in Gang zu setzen und frei vom Zwang des Marktes ebenso einfach abzuschalten. Zubringerindustrien für eine vom Menschen, nicht von der Technik bestimmte Wirtschaft. Eingestellt, nur auf Abruf zu produzieren und daher nicht darauf aus, Bedarf an Überflüssigem zu wecken. Hier hätte der Computer seinen ihm angestammten Platz.
Die aus den Fabriken befreiten oder vom Nichtstun erlösten Menschen gingen ins Handwerk, in kleine und mittlere Betriebe, die sich nun in großer Zahl auftäten, persönlich geprägte Gebrauchsgegenstände für die engere Umgebung des Menschen herzustellen. Der Übergang zu einer solchen Wirtschaft wird sich nicht schlagartig, sondern nur langsam vollziehen lassen. Auf welche Weise man aber vorgehen mag, man wird nicht umhin können, die heilige Kuh, Lebensstandard mit Namen und ihr heiliges Kalb, Wachstum genannt, irgendwie vom Wege zu zerren und zu schieben. Kann man angesichts der Ausbeutung der Erde und des damit zusammenhängenden Niederganges aller anderen Völker etwa noch daran glauben, daß der unvergleichlich hohe Lebensstandard der Industrienationen auf die Dauer zu halten sei? Ist er unter solchen Umständen überhaupt zu verantworten?

Es versteht sich, daß man sich vor jeder Veränderung fürchtet, denn es ist ja fraglich, ob man die Fähigkeit, das Geschick oder auch nur das Glück hat, sie ohne Schaden zu überstehen. Doch besser, man führt sie in Ruhe selbst herbei, als daß sie – etwa durch eine Katastrophe – aufgezwungen würde.
Naheliegend also, daß man zagt. Doch gibt es auch Ermutigendes. Das Kräftespiel der Wirtschaft wird nun von den vielen kleinen und mittleren Betrieben bestimmt. Die Fabriken haben darauf nicht den geringsten Einfluß. Nur so kann tatsächlich das freie Spiel mit gleichen Kräften werden, das, weil viele beteiligt sind, dann auch wirklich im Stande ist, sich selbst zu regeln. Dann erst träte das wirklich ein, was heute nur ständig beschworen wird! Eine freie und menschliche Wirtschaft. Eine Wirtschaft, die den Raubbau an den Vorräten der Erde nicht mehr braucht und nun genug übrig läßt, auch fremde Kulturen ihrer Art gemäß aufleben zu lassen.
Eine Utopie? Aus Utopien von heute führt immer eine Spur zu den Tatsachen von morgen! Sollte die Zukunft etwa zu gewinnen sein, indem man sich darauf beschränkt, den Alltag sozusagen hochzurechnen? Der Architekt kann den Propheten nicht glauben, die eine Welt voraussagen, aus der die Arbeit verschwindet und sich in Freizeitbetätigung, in Spiel verwandelt. Jeder möchte ein nützliches Glied der Gesellschaft sein und jeder bedarf des Gefühls, gebraucht zu werden. Entsteht dieses Gefühl, wenn man nur für sich selbst beschäftigt ist?
Was hat das alles mit CAD zu tun?
Der Architekt lächelt abermals ob der nun wiederholten Frage. Eine Sache wäre ja nicht nur aus ihr selbst zu erklären, sondern sie wird in wesentlichen Zügen auch durch ihre Einwirkung auf ihre Umgebung beschrieben und ferner durch ihre Reaktion auf die Einflüsse, denen sie ausgesetzt ist. So kann er nicht anders, als zu versuchen, sich das Bild einer zukünftigen Gesellschaft zu machen, wenn von der Zukunft des CAD die Rede ist. Er hält es für verzeihlich, ein Bild zu entwerfen, auf das hinzuarbeiten sich vielleicht lohnte und sich nicht von dem Pessimismus anstecken zu lassen, den die trüben Aussichten mancherlei in die Zukunft projizierter gegenwärtiger Mißstände hervorgerufen haben. Die Zukunft kann man nicht berechnen. Soll man abwarten, ob ein statistisches Kalkül auch aufgeht? Ist es nicht doch besser zu wagen?
Das eben in groben Strichen skizzierte Phantasiebild einer Gesellschaft läßt jedenfalls deutlich erkennen, welchen Platz der Computer darin hätte. Eine Industrie automatisch laufen zu lassen und Dinge zu steuern, die immer wieder gleich bewegt werden müssen, das kann er in vollendeter Wei-

se. Das ist ihm sozusagen auf den Leib geschrieben. Der Roboter gehört in die Fabrik, dort sei sein Platz, nicht aber in den Ateliers von Architekt, Maler oder Bildhauer. Auch nicht in der Werkstatt eines Handwerkers. Ist das alles wirklich so utopisch? Wird die Zukunft auch hier nicht schon längst vorweggenommen? Man sehe sich die von Robotern gesteuerten Fertigungsstraßen in den menschenleeren Hallen von Automobilfabriken einmal an. Die freie Wirtschaft, auf kleine Einheiten verteilt, bildet sie sich nicht bereits, wenn auch nur unter der Hand heraus?
Erweisen sich nicht eine im Großen organisierte Wirtschaft und die in ihre Abhängigkeit geratene Politik als unfähig, allein das rasende Schrumpfen der Felder menschlicher Betätigung und die furchtbare Verwüstung der Erde auch nur aufzuhalten. Daß es an Kraft gebricht, hier Einhalt zu gebieten, noch mag es Verstrickung sein. Weiter zu zögern aber, könnte Schicksal sich in Schuld verwandeln lassen.
Architektur liefert nicht nur Gebrauchsgegenstände. Als geistige Schöpfung spiegelt sie nicht nur das Denken und Fühlen ihrer Zeit. Sie ist nicht nur aktuell, sondern wird, wenn sie Gehalt hat, in ihrem Gehabe auch Zukünftiges aufscheinen lassen.
Welcher Art aber ist die Architektur, die in das Bild einer zukünftigen Gesellschaft paßt? Der Architekt glaubt nicht, daß es die sogenannte Öko-Bauweise ist, die ja in zwei Erscheinungsformen auftritt. Einfach bis zur Primitivität die eine, aus Holz und Gras, eine ausgereifte Bautechnik beinahe sektiererisch verleugnend. Die andere dagegen hochtechnisiert. Einfachheit der Lebenshaltung lediglich vortäuschend. Glas, Glas und wieder Glas, Sonnenschutz gegen Überwärmung, Abstrahlungsschutz gegen Auskühlung, Dämmstoffe, Speichereinrichtungen, Pumpen, Rohre, Anschlüsse. Ein Ausbund der Technik! Der Architekt kann an beide nicht glauben, weil in beiden ein natürliches Gleichgewicht nicht gehalten wird. Beide sind gleichsam Einzelgänger, nicht fähig, sich in gewachsene Ortsbilder einzufügen. Exclusiv. Beide sind typischer Ausdruck einer an sich selbst unsicher gewordenen Gesellschaft, die ob ihrer Unsicherheit von einem Extrem ins andere schwankt. Die einen verzichten sogar auf eine vernünftige Technik, die anderen machen nach wie vor von ihr ohne Maßen, wenn auch auf andere Weise, Gebrauch.
Warum nur so unsicher? Eine Architektur, die mit Baumaterial sparsam umgeht, die schon der Erscheinungsform nach ökologisch ist, indem die Angriffsflächen für Wind und Wetter klein sind, die anschaulich werden läßt, wie sie sich mit den Kräften der Natur auseinandersetzt, der man also ansieht, mit wem sie umgeht, eine solche Architektur, im besten Sinne

wirklichkeitsnah, gibt es doch schon. Wie schon gezeigt, ist es die Architektur, die sich in langen Jahrhunderten des Ringens mit der Natur als die herausbildete, die aufs einfachste herzustellen und zu erhalten ist. Alt und gleichzeitig doch jung, denn die Wirklichkeit ist heute so wie ehedem und sie wird nach menschlichen Begriffen wie eh und je die gleiche bleiben. Aus dem Umgang mit ihr ist eine komplexe Architektur hervorgegangen, in Einheit von Konstruktion und Gestalt den Schöpfungen der Natur nicht unähnlich und doch ein Geschöpf des Menschen. Lebendig und durchdacht, vernünftig. Ein Ganzes.

Kann eine Maschine, die sich nur mit Hilfe zerlegenden Denkens in Gang setzen läßt, dazu dienen, ein Werk zu schaffen, dessen charakteristisches Merkmal sein sollte, ein Ganzes zu sein? Sollte eines Werkzeuges Wesenszug tatsächlich im Gegensatz zu dem Charakter des Werkstückes stehen dürfen?

Ein Ganzes zu schaffen, dieser Vorgang weist über den entstehenden Gegenstand hinaus. Er verbindet den Menschen mit der Schöpfung und letzten Endes, da aus ihr stammend, auch mit sich selbst. Muß die Maschine, dem Diesseits ganz und gar verhaftet, den Menschen nicht von sich selbst abschneiden und gar lebensunfähig machen?

Das Ganze zu erfassen, dazu ist der Mensch eigentlich geschaffen. Über das technisch komplizierte dagegen verliert er leicht die Kontrolle. Das Klinikum zu Aachen verlangt daher eigentlich nach dem Computer, wie auch die Weltraumfahrt ohne ihn nicht vorstellbar wäre. Während der Architekt das eine für eine Großtat hält, in der Ziel und Mittel in sich übereinstimmen, sieht er im anderen nur eine vollständige Verwirrung des Geistes. Die Sprachverwirrung zu Babylon hätte ein Computer vielleicht umgehen helfen. Den Turm zu bauen aber, wäre der Frevel deshalb ein geringerer gewesen? Tu nicht alles, was Du kannst!

Wenn es dem Menschen, dessen eingedenk, eines Tages gelungen sein wird, der Anmaßung seines technischen Könnens Herr zu werden und es auf Dinge zu beschränken, die es tatsächlich erfordern, wird er sich Bauten solcher Art nicht mehr wünschen. Warum also Computer für das Bauen der Zukunft?

Der Architekt streitet rundweg ab, daß die aus den Lebensbedingungen unserer Breiten abgeleitete und deshalb wirklichkeitsnahe Architektur, die ja auf die Grundform des Hauses hinausläuft, der Realität heutigen Alltags nicht mehr entspreche. An die natürliche Wirklichkeit ist sie, wie schon gesagt, in höchstem Maße angepaßt. An die verschiedenen Zwecke, für die man baut, ist sie in hohem Maße anpassungsfähig. Das beweisen die vielen

Wandlungen, welche die Gestalt Haus durch Jahrhunderte in vielen Kulturen durchlaufen hat. Das beweist, daß sie bis heute noch nicht verdrängt worden ist. Das beweisen die vielen Bautechniken, die von ihr stammen und heute noch leben. Das beweist zudem ihre Offenheit für neue Bauverfahren und Baustoffe, die freilich danach zu bewerten wären, ob dem Geist der Gestalt Haus entsprechend oder nicht. Willkür nämlich läßt sie nicht zu. Ausschweifender Phantasie setzt sie Grenzen, nicht aber schöpferischer Freiheit. Wie Bäume sich gleichen, ohne daß einer die Wiederholung des anderen wäre, können Bauwerke dem in der Gestalt Haus verkörperten Gesetz folgen, ohne sich zu wiederholen. Das wiederum beweist die Baugeschichte.
Einfachheit und Vielfalt, Reichtum und Bescheidenheit zugleich, *ein* Gesetz erlaubt unerschöpflichen Wandel. Das Besondere im Umgang mit dem Allgemeinen als Wesen der Baukunst. Das Besondere, das nie Gekannte, das Andere. Mühe und Arbeit legen es frei, Mühe und Arbeit, die der Computer verleugnet.

Horst W. J. Rittel

Über den Einfluß des Computers auf die zukünftige Rolle und das Berufsbild von Architekten

Zur Vorgeschichte

Seit etwa eineinhalb Jahren ist unter den Architekten die große Unruhe ausgebrochen: die neuen EDV-Techniken hätten bedrohliche Formen angenommen, es müsse etwas geschehen. „Der Zug ist abgefahren!" meinte ein Vertreter der Bundesarchitektenkammer mit dem nicht nur stillen Vorwurf an die Architekturschulen, daß sie es versäumt hätten, rechtzeitig die zur Berufsqualifikation der Architekten heutzutage unabdingbaren EDV-Kenntnisse zu vermitteln. Berufständische Gremien entwerfen seitenlange Syllabi mit Inhalten, welche den Studenten vermeintlich unbedingt – am besten in Pflichtfächern – beigebracht werden müßten. Es gibt zahllose Workshops und Tagungen zum Thema, ebenso thematische Sondernummern von Architekturzeitschriften. (1) Fakultäten, Dekanekonferenz und Kultusministerien beraten Änderungen der Prüfungsordnungen. Die flächendeckende Ausrüstung der Ausbildungsstätten mit – womöglich vernetzten – Micro-Computern vergißt auch die Architekturschulen nicht. Dabei haben die Architekten keinen Anlaß für Minderwertigkeitskomplexe oder gar zur Panik. Denn sie gehören zu den allerersten, die nach Anwendungen der Computertechnik im Entwerfen gesucht haben. Schon bei den frühen Konferenzen über Artificial Intelligence am MIT (ca. 1965) waren es Architekten, die besonders optimistische Hoffnungen auf die Maschine setzten, vor der sich heute so viele ihre Kollegen fürchten. Besonders artikuliert hat das Nicholas Negroponte, dessen Buch „Die Architekturmaschine" (2) eine begeisterte Vision schildert, wie Computer in der Architektur benutzt werden könnten und sollten – vor allem zur Unterstützung der gestalterischen Aspekte.
Die Architekturmaschine liegt aus guten theoretischen und praktischen Gründen in weitem Felde. Aber dennoch sind Architekten seitdem maßgeblich und intensiv mit der Entwicklung der Computertechnik und deren Anwendung befaßt geblieben. Seit mehr als 20 Jahren gibt es an vielen Hochschulen „EDV für Architekten". 1967 habe ich – als Nachzügler – in Berkeley meinen ersten Kursus über Computertechnik und computer-

gestütztes Entwerfen für Architekten abgehalten; seit 1972 ist „EDV für Architekten" Wahlpflichtfach in Stuttgart, usw. usw. Allerdings: vor 10 Jahren waren es vielleicht 5% der Studenten, die sich dafür interessierten; heute sind es 80%.
Auch für die Architekturpraxis ist der Computer nichts Neues. SOM stellte sein Building Optimization Program vor etwa zwanzig Jahren vor. Inzwischen benutzen Tausende von Architekturbüros die EDV in ihrer täglichen Arbeit — für prosaische, aber meistens profitable Zwecke. Und manch ein gestandener postmoderner Eklektiker läßt verstohlen eine Anlage im Hinterzimmer für sich rechnen oder zeichnen. Außerdem: die heute benutzten architekturspezifischen Programme sind größtenteils von Architekten geschrieben worden.
Allerdings: der „offizielle" Architekturbetrieb, der der Standesorganisationen und Publikationen, hat von diesen Entwicklungen bis vor kurzem kaum Kenntnis genommen: es klingt, als habe man den Computer erst soeben endeckt. Wie kommt es zu dieser späten Wahrnehmung? Vermutlich hat man Computer als Randerscheinung angesehen, die das „Eigentliche" der Architektur, aber auch ihre Praxis unberührt läßt. Hinzukommen mag die in dieser Profession verbreitete „Koketterie mit der Ignoranz": man zeigt einen gewissen Stolz, daß man von Mathematik, Computern und dergleichen aber auch rein gar nichts verstünde. Schließlich gab es Wichtigeres zu diskutieren: Regionalismus, Honorarordnung, Stirling und Schinkel.
Ohne viel Übertreibung darf man die Behauptung wagen, daß die Architektenschaft diesen jetzt so bedrohlich aktuellen Aspekt glatt verschlafen hat — nicht jeder einzelne und nicht in Schulen und Büros — aber als Berufsstand, wie er sich in seinem offiziellen Diskurs darbietet.

Sorgen

Das ist jetzt offenbar anders geworden. Woher kommt diese Aktualität? Möglicherweise ist es lediglich eine Mode: heutzutage redet man allerwegen über Computer. Warum nicht auch die Architekten?
Sicherlich jedoch gibt es ernsthaftere Sorgen:
— Der Übergang von einer Wachstumswirtschaft zu einer Ersatz- und Reparaturwirtschaft trifft das Bauwesen besonders früh und besonders schmerzlich.

- Das Bauvolumen schrumpft drastisch. Aufträge der öffentlichen Hand bleiben aus. Die Folge sind Überkapazitäten, Preisverfall bei gleichzeitig steigenden Kosten.
- Es besteht nicht gerade ein Mangel an Architekten und an denen, die es werden wollen. Es gibt etwa ebensoviele Architekturstudenten wie freie Architekten.
- Obendrein mausert sich ausgerechnet jetzt diese Mikroelektronik – von den einen begrüßt als *die* Zukunftstechnologie, von den anderen als Arbeitsplatzvernichter gefürchtet.

Diese Situation ist wohl praktischer Grund genug für die neuerliche Faszination des Computers für den Berufsstand.

Überraschungen

Mikrocomputer gibt es seit etwa 10 Jahren. Seit etwa 6 Jahren gibt es sie als preiswertes Massenprodukt. Sie verdanken ihre Existenz einigen Abtrünnigen vom Elektronik-Establishment. Während bis dato Computer etwas ganz Großes, ganz Teures, straffe Zentralisierung Heischendes waren, fest in der Hand eingeweihter Adepten, waren diese neuen Apparate gewissermaßen subversiv gemeint, fast anarchisch, demokratisch. *Jedermann* kann seinen persönlichen Computer haben und benutzen – eine Volksbewegung gegen die Gigantomanie des traditionellen und bislang vorherrschenden ‚mainframe'-Oligopols und seiner Ideologie.

Im Prinzip „können" die Kleinen genau dasselbe wie die mainframes und die gar nicht so kleinen Minis, wenn sie auch langsamer sind und geringeres Speichervermögen haben. Sie sind sympathisch, tapfer gemeint, intelligent zu benutzen. Inzwischen ist aber aus Spielzeug und Hobby ein ubiquitäres Gerät geworden, das manche Welt rasch und drastisch zu verändern droht. Vom Wohnzimmer sind sie an die Arbeitsplätze gelangt. Der Microcomputer ist zum Produktionsmittel geworden – was vielleicht gar nicht im Sinne seiner ursprünglichen Erfinder war.

Diese Entwicklung brachte einige überraschende Einsichten:
- EDV ist einfach. Jeder kann das schnell können, sofern er nur will und die vielberedete „Berührungsangst" überwunden hat. Man braucht noch nicht einmal viel von Mathematik zu verstehen.
- Es bedarf keines fachmännischen Vermittlers zwischen Benutzer und Computer. Früher gab es stets eine Phalanx von Hohepriestern der Informatik, die sich mit Hilfe geheimnisvoller Codes und eines sibyllini-

schen Jargons erfolgreich der Zugangserschwerung widmeten (denn kaum ein Berufsstand kann konzidieren, daß seine Dienste einfach sind: eine barocke Fachsprache ist seit altersher probates Mittel, sich gegen die Einsicht von Laien zu schützen).
— Es bedarf keiner involvierten Initiationsriten, um sich diese Maschinen zueigen zu machen. Weder Informatik — Diplom noch langwierige Lehrgänge sind erforderlich. Etwas entspanntes Selbststudium und spielerisches Experimentieren mit einer Maschine bietet vermutlich den wirksamsten Zugang.
— Der Umgang mit Microcomputern kann sogar Spaß machen — bis zur Sucht. Davon zeugt die epidemische Ausbreitung vor allem unter den Jüngeren und das Aufkommen neuer sozialer Phänomene — wie etwa der Hacker und der Computerwitwen.
Ohne Übertreibung: Microcomputer sind die genialste Erfindung seit dem Fahrrad. Ihre Auswirkungen mögen an die des Automobils heranreichen. Um die Diskussion über die Folgen dieser Technik für die Architektur und ihrer Praxis zu unterstützen, empfiehlt sich ein kurzer Blick auf die Wirkungsweise dieser Maschinen.

Was Computer können

Entgegen landläufiger Meinung sind Computer jedweder Größe äußerst simple Maschinen. Der große technische Aufwand für ihre Herstellung dient lediglich dazu, ein paar sehr primitive Operationen sehr schnell und sehr verläßlich zu machen. Es sind deterministische Maschinen: wann immer sie im gleichen Zustand sind, zeigen sie das gleiche Folgeverhalten (andernfalls ist etwas kaputt).
Ihr „Werkstoff" sind Folgen von Nullen und Einsen, physisch durch elektrische Impulsfolgen dargestellt. Diese Folgen lassen sich speichern und wieder abrufen. Auf ihnen können einige wenige Operationen ausgeführt werden, die ebenfalls als solche Folgen codiert sind. Hierzu gehört das ganz kleine Einmaleins ($0 \times 0 = 0$, $0 \times 1 = 0$, $1 \times 0 = 0$, $1 \times 1 = 1$) und das ganz kleine Einsundeins. Zudem gibt es den bedingten Sprungbefehl, wodurch die nächste Operation vom Resultat früherer Operationen abhängig gemacht werden kann (das nennt man Programmsteuerung). Ein Programm ist ein Gefüge solcher Operationen.
Das ist wirklich alles. Ein Computer ‚kann' alles, was sich als Abfolge die-

ser Elementaroperationen artikulieren (man nennt dies auch „algorithmisieren") läßt, und nichts, was sich nicht so codieren läßt.
Alles was ein Computer ‚kann', läßt sich auch „zu Fuß" erreichen, d.h. Schritt für Schritt mit Bleistift und Papier - wenn auch langsam, weniger verläßlich, unter unsäglicher Langeweile.
Eine sehr unangenehme Eigenschaft: Computer nehmen alles buchstäblich. Gleich dem Soldaten Schwejk verrichten sie unnachsichtigen, uneinsichtigen und renitenten Dienst nach Vorschrift. Sie haben keine Intelligenz, kein Urteilsvermögen, keine Initiative und kein Verständnis, keine Phantasie, und sie können nicht denken. „Künstliche Intelligenz" zeugt höchstens vom Scharfsinn und der Intelligenz des Programmierers, nicht der der Maschine.
Die eigentliche Arbeit wird von der CPU, der ‚central processing unit', verrichtet, welche ohne Verpackung ein quadratzentimeter großer ‚chip' ist und verpackt einige Kubikzentimeter einnimmt. Sie kostet ein paar Mark. Nicht sehr viel mehr kosten die sehr kompakten Speicher für die Nullen und Einsen, welche Daten und Befehlsfolgen repräsentieren.
Was an einer Anlage teuer und raumgreifend ist, ist peripher und dient der Verbindung mit der Außenwelt, vor allem der Übersetzung zwischen dem internen 0/1-Code und Menschen vertrauten Symbolen und Medien: Tastatur, Bildschirm, Drucker, Plotter, udgl. Auch die magnetischen Dauerspeicher für Massendaten sind verhältnismäßig groß und teuer.
Es ist erstaunlich, welche Vielfalt menschlicher Verrichtungen sich durch derartig primitive Maschinen ausführen bzw. unterstützen läßt.
Was Computer für Problembehandler wie Architekten leisten können, hängt vom Verständnis ihrer Probleme und deren Algorithmisierbarkeit ab. Es ergibt sich die interessante Frage, ob es Verrichtungen gibt, die sich *grundsätzlich* dem Algorithmus entziehen.

Heutige Anwendungen

Viele Architekten benutzen Computer in ihrer täglichen Arbeit, und es werden täglich mehr.
Hierfür gibt es (abgesehen vom Spaß an der Sache) zwei Motive:
- Man möchte die Arbeit rationalisieren, die Produktivität steigern, die Kosten senken.
- Man möchte bessere Produkte erzeugen, also bessere Architektur machen.

Die meisten heutigen Anwendungen sind von der ersten Art. Es sind äußerst prosaische, biedere und undramatische Programmpakete, die kein Ersatz und keine Bedrohung für menschliche Intelligenz sind, aber schnell und präzise viele — vor allem bürokratische — Routinen übernehmen und/ oder unterstützen:
Textverarbeitung, AVA, Raumbuchführung, Terminplanung, Buchführung, udgl.. Alle diese alpha-numerischen Anwendungen sind verhältnismäßig billig einzuführen und zahlen sich schnell aus. Sie erlauben Personaleinsparung, raschere Auftragsabwicklung, bessere und gründlichere Dokumentation. Indirekt mögen sie auch ein wenig der Produktverbesserung zugutekommen: Es gibt weniger Fehler (etwa bei der Übertragung von Daten); es wird weniger vergessen; es ist einfach, Daten zu variieren. Ein Blick in die HOAI zeigt, wo diese uninspirierte, aber kostenwirksame Art der Computernutzung sich lohnt. Ihr Einfluß auf Praxis und Arbeitsmarkt der Architektur ist kaum zu unterschätzen.
Architekten sind Augentiere, und sie sind von den graphischen Möglichkeiten der EDV fasziniert, wie sie auf jeder Messe und auch in einigen Büros spektakulär dargeboten werden. CAD — computerunterstütztes Entwerfen —, das scheint das „Eigentliche" zu berühren. *Entwerfen* mit dem Computer, oder gar Entwerfen *durch* den Computer — also *automatische Architektur?*
Zunächst ist zu verzeichnen, daß die wirtschaftliche Bedeutung des CAD heute noch weit hinter der der oben genannten Anwendungen zurücksteht — wie sich aus den hohen Kosten dieser Technik und der Gebührenordnung erklärt. Zweitens und wichtiger ist, daß fast alle CAD-Anwendungen ebenfalls der Rationalisierung dienen. Diese Systeme sind nichts weiter als vielseitige, schnelle und komfortable Zeichenmaschinen — weshalb man in den USA etwas verschämt von CADD zu sprechen gelernt hat: ‚Computer-Aided Drafting and Design', wobei die Betonung auf dem ersten ‚D' liegt, während das zweite nur noch aus Pietät mitgeschleppt wird. Die Rationalisierungsvorteile liegen auf der Hand. Eine Arbeitsstation mit einem Operateur kann die Arbeit von 2 bis 8 Zeichnern machen, akkurat und adrett. Das notorische „Undsoweiter" der Bauzeichnungen wird zum Kinderspiel. Statt 96mal das gleiche Fenster zu zeichnen, braucht man es nur einmal zu „definieren". Handliche Detail-Bibliotheken und die Einfachheit von Änderungen reduzieren den Aufwand weiter. Höchst komfortabel lassen sich die Zeichnungen vom letztenmal im nächsten Projekt modifiziert wiederverwenden. Allerdings: *was* gezeichnet wird, ist von dieser Technik kaum beeinflußt. Daß die Versuchung bequemer Wieder-

verwendbarkeit alter Entwürfe zu erstrebenswerter Baugestaltung führen *muß*, soll hier nicht behauptet werden.
Eine weitere Bereicherung durch diese Technik ist das Zeichnen von Ansichten, vor allem perspektivischen Darstellungen. Endlich ist die Wahl der Fluchtpunkte nicht mehr auf nur zwei beschränkt, die obendrein auf dem Zeichentisch liegen müssen. Anstelle der sonst üblichen Hubschrauber-Perspektiven lassen sich realistische Augpunkte und beliebige Blickrichtungen wählen. Ebenso verliert die ebenfalls aus zeichentechnischer Bequemlichkeit resultierende Praxis ihre Berechtigung, bei Innenraum-Ansichten erst einmal eine Wand herauszunehmen, um dann von draußen in die „Puppenstube" hineinzusehen. Auch bei diesen Anwendungen mag es indirekte Auswirkungen auf die Qualität des Produktes geben: realistischere Darstellungsweisen können das Vorstellungsvermögen verbessern.
Noch eine dritte Gruppe von Anwendungen sollte erwähnt werden, welche gerade eben ihre Vermarktung findet. Es sind die sogenannten *Expertensysteme*. Ihr Prototyp ist das Programm, welches den Arzt imitiert. Man gibt die Symptome ein, und nach einigem Frage- und Anwortspiel wird einem mitgeteilt, wie krank man ist, zusammen mit einem Therapievorschlag.
Ein solches System gilt als um so besser, je weniger es in seinem Verhalten vom richtigen Doktor unterschieden werden kann. Es ist also nicht besser als der Experte, dessen Wissen man eingespeist hat, sondern höchstens sein Duplikat, das den leibhaftigen Fachmann erübrigt, einschließlich seiner Vorurteile, Irrtümer und Wissenslücken. Solche Systeme können die Ausgaben für Sachverständigkeit drastisch senken. Im Bauwesen sind derartige Programme für die Analyse von Bauschäden, Energiefragen, Belichtung und Beleuchtung, aber vielleicht auch für die angemessene Wahl historischer Versatzstücke in Bälde auf dem Markt zu erwarten.

Einige Beobachtungen

Die bisherigen Anwendungen erlauben eine Reihe von Beobachtungen:
- So gut wie alle Anwendungen beziehen sich auf die *späten Phasen* von Projekten, wenn also die schwerwiegenden und schwierigen Entscheidungen bereits gefallen sind. Der Computereinsatz beginnt, wenn kostspielige Detailarbeit und Routine dominieren.
- Die Programme sind keine Entscheidungshilfen, sondern registrieren und verwalten lediglich die Entscheidungen der Benutzer. So nimmt ein

Programm zur Kenntnis, daß eine tragende Wand der Höhe H und der Länge M an der Stelle (x, y) plaziert werden soll, hilft aber nicht bei dieser Bestimmung. Die Programme sind sehr passiv. Das Denken und Urteilen geschieht auf *dieser* Seite des Bildschirms.

— Die verbreitetsten Programme sind auf die effiziente Erstellung der *Dokumente* ausgerichtet welche der Architekt nach HOAI und Vertrag erstellen soll. Sie sind kaum an den Schwierigkeiten orientiert, die bei ihrer Erarbeitung auftreten. Die Produkte sind „abhakbare" Posten, für die Honorar abgerufen werden kann.

— Die einzelnen Programmpakete sind nicht durchgängig integriert, d.h. die Daten, welche beim Zeichnen mit CADD erzeugt werden, können keineswegs immer z.B. an ein AVA-Programm weitergereicht werden, obschon dieselbe Information dort gebraucht wird.

— Vor allem in CAD-Programmen ist das Problem der *Daten-Integrität* nicht gelöst. Es ist dem Architekten geläufig: die Änderung einer Zeichnung hat Konsequenzen, die sich durch das Objekt fortpflanzen können und somit weitere Zeichnungsänderungen erfordern. Kaum ein CAD-Programm ist hierzu in der Lage. Wenn man die Höhe einer Stütze verändert, werden die anderen Stützen, Decken- und Wandhöhen, usw. nicht etwa „entsprechend" und automatisch mitverändert. Bei grundrißorientierter Eingabe und Speicherung gibt es Schwierigkeiten, wenn sich Bauteile über mehrere Stockwerke erstrecken.

— Viele kommerzielle Programme sind nicht sehr benutzungsfreundlich. Ihrem Operateur wird zugemutet, einen Wust von memotechnisch nicht sehr sinnfälligen Kürzeln zu erlernen, welche Dateneingabe und Programmablauf steuern. Der Benutzer wird zum Bediener einer undurchsichtigen Apparatur, deren Wirkungsweise ihm verborgen bleibt — anstatt sich autonom und sachkundig eines Werkzeuges zu bedienen, das ihm „zuhänden" ist, dessen er sich bedient. Der häufige Grund für diese mißliche Situation ist, daß das Programm von einem Fachfremden entworfen worden ist, der Probleme und Denkweisen der Benutzer nicht kennt oder gar außer Betracht läßt („Da werden die Benutzer sich dran gewöhnen müssen — wie an die Unleserlichkeit ihre Stromrechnung!"). Oft ist der Programmierer ein Informatiker, der „von der Maschine her" denkt, anstatt die Probleme und den Verständnisstand des Benutzers als Ausgangspunkt zu nehmen. Viele CADD-Programme für Architekten sind zudem ursprünglich für den Maschinenbau oder den Entwurf von elektronischen Schaltungen entwickelt worden. Kein Wunder, wenn sie für die Zwecke der Architekten nicht taugen.

Nicht alle diese Beobachtungen sind lediglich Kinderkrankheiten einer jungen Technik. Es gibt eine ganze Reihe offener, gewichtiger *theoretischer Probleme*, die ungelöst sind. Der kritische Engpaß ist das Verständnis von der Natur und den Schwierigkeiten des Entwerfens.

Ein Zukunftsbaukasten

Was kommt auf die Architektenschaft zu? Diese Frage ist weder schlüssig zu beantworten noch ist sie sinnvoll.
Man kann spekulieren, was die Zukunft sein könnte. Jedoch: wie sie sein wird, läßt sich weder ableiten noch verläßlich erahnen. Dennoch ist es sinnvoll, sich zu überlegen, wie sie sein *sollte*. Zukunft ist bildsam und nicht ein unentrinnbares Schicksal, das man verläßlich erraten könnte, um sich dann entsprechend damit zu arrangieren.
Zukunft ist eine „Soll-Frage", nicht eine „Wird-Frage". In jedem Fall ist sie die Resultante aus den vielfältigen Zukunftsverständnissen und den darauf gestützen Handlungsweisen, sowie aller jener Dinge, die leider oder gottseidank dazwischenkommen.
Nachfolgend werde ich einige denkbare Zukünfte der Architekten skizzieren. Sie sind weder vollständig noch gegenseitig ausschließlich. Für fast alle gibt es plausible Indizien, andere sind frei erfunden. Es ist gewissermaßen ein Zukunftsbaukasten. Was tatsächlich entreten wird, ist vermutlich ein Gemenge dieser Möglichkeiten. Moderne Gesellschaften erlauben beliebig widersprüchliches Nebeneinander.
Der besseren Übersicht halber mögen die Denkmöglichkeiten durchnumeriert werden.

Zukunft 1: Konsolidierung der Architektur-Industrie

Es fehlt nicht an Unkenrufen, die den Architekten eine schlimme Zukunft verheißen. So hat H. Mileaf im September 1984 vor dem Technology Assessment Board des amerikanischen Kongresses ausgesagt, daß sich bis zum Jahre 2000 etwa 80% der Architekten erübrigt haben werden. Er gibt ihnen den Rat, sich zu diversifizieren oder neue Aufgabe zu finden. Dieser Gutachter ist kein Laie. Er ist Director of Technology der Sweets Division des Verlages McGraw Hill (wo unter anderem der Sweets Catalog und der Dodge Index of Construction Cost hergestellt werden), und er ist der Vor-

sitzende des Coordinating Council for Computers in Construction (CCCC), dem etwa 4000 Mitglieder angehören.
Über die Aussagekraft solcher Zahlen mag man sich streiten. Es könnten ebensogut 0% oder 95% werden. Jedenfalls ist eine solche Entwicklung eine der plausiblen Zukünfte. Es kommt zu einer weiteren Konzentration der Architektur-Industrie im Gefolge der Rationalisierung und Automatisierung mit Hilfe der EDV. Wer den Rationalisierungsvorteil ausnutzen will, muß hohe Investitionen aufbringen. Damit diese sich auszahlen, ist es angeraten, die Zahl der angestellten Architekten zu reduzieren und/oder den Umsatz zu erhöhen.
Einige Zahlen: Skidmore, Owings & Merril hat in die Entwicklung ihres CADD-Systems etwa 50 Mannjahre (also etwa 4 Mio. $) investiert (3). Allein die Hardware der Anlage in jedem ihrer lokalen Büros kostet etwa 1 Mio. $. Typisch ist sie für 15 Arbeitsplätze ausgelegt, von denen jeder mit einem Operateur die Arbeitsleistung von mindestens 1,5, höchstens 8 „klassischen" Arbeitskräften erbringen können soll. Bei einem Zinsfuß von 12% und einer Lebensdauer von 5 Jahren kostet eine Investition von 1000 $ etwa 1,25 $ pro Arbeitstag. Im Beispiel ergeben sich ca. 300 $ Standkosten pro Arbeitsstation und Tag. Bei einem mäßigen Stundenlohn von 15 $ zahlt der Kapitaleinsatz sich aus, sobald die Produktion von mindestens 2,5 Arbeitskräften erbracht wird. Offensichtlich wird das Bild noch günstiger, wenn Mehrschichtenbetrieb gefahren wird.
Falls dieses Modell sich ausbreitet, verlieren kleine Büros ihre Konkurrenzfähigkeit. Viele bleiben auf der Strecke oder fristen ihr Dasein mit Minijobs. Die Zahl der Architekturbüros und der als Architekten arbeitenden Architekten nimmt ab.
Eine solche Entwicklung kann die Ausmaße des Überganges von einer vorindustriellen Zunft in das industrielle Zeitalter haben. Es ist der große Anteil von Routinetätigkeiten, von manuell gefertigter Redundanz (immer wieder denselben Text mit wenigen Änderungen abtippen, 72 mal das gleiche Fenster zeichnen, usw.), welches die traditionelle Architekturproduktion besonders anfällig für eine derartige Entwicklung macht.

Zukunft 2: Diversifizierung und Spezialisierung

Vielleicht ohnehin, vielleicht im Gefolge von *Zukunft 1* weiten sich die Architekten ihr Tätigkeitsspektrum aus. Neue Aufgaben werden erfunden und annektiert. Es kommt zu mannigfaltigen Spezialisierungen und Diver-

sifizierungen. Damit bekommen auch einzelne Architekten und kleine Büros die Chance neuer und oft auch lukrativer Marktnischen:
- Renovierung und Umbau, nicht nur für Altbauten. So entsteht derzeit ein schnell wachsender Markt für „Neubau-Sanierung", nämlich all der Schäden an der Bausubstanz, die in den 50er und 60er Jahren „mit der heißen Nadel" gebaut wurde.
- Umnutzung (etwa von Schulen, Fabrikanlagen, Kasernen, . . .).
- Energieberatung und -umrüstung.
- EDV-Unterstützung für das Bauwesen: Entwicklung von Programmen, Beratung bei der Installation von Anlagen; Training: Architekten sind wohlberaten, sich in diesen Fragen lieber von Architekten als von Fachfremden beraten zu lassen.
- Selbstbau-Beratung: reichliche Freizeit, steigende Preise, aber auch Arbeitslosigkeit beflügeln die Do-it-yourself-Bewegung. Sachkundige Anleitung („Design-Kliniken") ist gefragt.
- Planungsadvokat: der Architekt als sach- und rechtskundiger Anwalt von Interessengruppen, als Vertreter von Bürgern gegenüber der planenden Obrigkeit – bis zur sicherlich ungewohnten Rolle des „Bau-Verhinderers".
- Dorfberatung: planerische Unterstützung für kleine Gemeinden bei der Aufstellung der zahlreichen, immer komplizierteren, gesetzlich geforderten Planungsdokumente, bei der sinnvollen Ausnutzung der zahlreichen Förderungsprogramme, bei der Verbesserung der Lebensumstände und des Umweltzustandes.

Sicherlich stehen nicht alle derartigen Möglichkeiten zur Spezialisierung im Einklang mit dem Bilderbuchideal vom Architekten als Schöpfer bleibender und sichtbarer Zeugnisse seines Wirkens.

Ein weiteres Hindernis gegen die Wahrnehmung solcher Zukunftschancen ist die traditionelle Abneigung dieses Berufsstandes, Spezialisierungen zu entwickeln. Der Architekt des 18. Jahrhunderts war ein All-Round-Mensch, der Statik, Himmelsmechanik, Belichtung und Beleuchtung, Festungsbau und alles andere beherrschte.

Seitdem ist das Berufsfeld der Architekten ständig geschrumpft. Wann immer sich ein Teilbereich systematisieren ließ (wie etwa Statik, Heizung und Lüftung oder Aufstellung des Raumprogramms), haben die Architekten die Pflege dieser Expertise fröhlich an andere abgegeben. Dies macht sie einzig unter den Professionen, welche sich seit Jahrzehnten in immer feinere und weitere Spezialitäten verzweigt haben.

Die Spezialisierung mag mit oder ohne EDV-Benutzung erfolgen.

Zukunft 3: Service-Büros

So wie man früher zur Lichtpausanstalt ging, bemüht man dann ein EDV-Service-Büro, das für einige hunderttausend DM in Hard- und Software investiert hat und zu günstigen Tarifen EDV-Leistungen für Architekten anbietet. Dies können spezielle und begrenzte Teilleistungen sein: Vorkalkulation, AVA, perspektivische Ansichten, usw.
Im Extremfall besorgt der Architekt (in direktem Kontakt mit dem Bauherrn) die Aufstellung des Raumprogramms (notfalls übernimmt auch diese Rolle das Service-Büro); er erstellt dann einen passenden Vorentwurf; den Rest bis zu den Werkzeichnungen und der Abrechnung besorgt das Service-Büro (gebührende dialogische Rückkopplung mit Architekt und/oder Bauherrn wird garantiert) über verschiedenartige Zwischenleistungen, wie Kostenschätzungen, Alternativenentwicklungen, Energiebedarfsberechnungen, usw. In der Zwischenzeit kann sich der Architekt der Akquisition, der Kommunikation mit Bauherren und Behörden sowie dem Eigentlichen – der Durchgestaltung von Vorentwürfen weiterer Projekte – widmen. Zudem mag er sich die lukrative Objektüberwachung (31% des Honorars) vorbehalten, eine gesunde Tätigkeit im Freien, die obendrein durch handliche elektronische Datenerfassungsgeräte von der lästigen Listenführung udgl. befreit werden kann (was wiederum das Service-Büro besorgen kann).
Das Service-Büro bringt den zusätzlichen Vorteil, daß man im Fall der Flaute keine Mitarbeiter zu entlassen braucht.

Zukunft 4: EDV als Hintergrundtechnik

Recht leistungsfähige EDV-Anlagen können schon für nicht ganz kleine Architekturbüros erschwinglich sein. Wie Telephon, Kopierer, Zeichenmaschine und repräsentatives Auto gehören solche Computer zur selbstverständlichen technischen Ausstattung eines fortschrittlichen Architekturbüros. Dabei bleiben sie ohne nennenswerten Einfluß auf die Berufspraxis und das Schicksal des Berufsstandes (das weiterhin vor allem von der jeweiligen Konjunkturlage geprägt wird). Mit der Akzeptanz dieser Technik mögen einige Rationalisierungsvorteile verbunden sein; die Zahl der Beschäftigten nimmt etwas ab; auch einige Qualifikationsverschiebungen mögen daraus resultieren .
Es ändert sich also nichts Wesentliches. „Man hat seine Maschine im Hau-

se" – und sei es nur, um Fortschrittlichkeit zu demonstrieren. Wie schon der Trockenkopierer lediglich die Papierumlaufmenge folgenlos erhöht hat, vermehrt auch der Computereinsatz lediglich die Anzahl der erzeugten Aktennotizen, Tabellen, graphischen Darstellungen. Im übrigen bleibt alles beim alten.
Das Vermögen zur folgenlosen Absorption neuer Techniken ist nicht nur bei Architekten gut ausgeprägt.

Zukunft 5: Bessere Produkte

Computer werden benutzt, um dem Bauherrn mehr und vielleicht auch bessere Entwurfs- und Planungsleistungen zu liefern. Er bekommt sorgfältiger kalkulierte, durchdachtere Entwürfe, die weniger Pannen nach sich ziehen, und auch bessere Architektur (‚whatever this means') hervorbringen.
Dies wird dadurch ermöglicht, daß der Architekt mindestens einen Teil der Rationalisierungsvorteile infolge der Computer-Benutzung während der Spätphasen von Projekten in die sorgfältigere Bearbeitung der Anfangsphasen „rückinvestiert", in denen die grundsätzlichen und folgenreichen Entscheidungen fallen.
Auch einem kleineren Büro ist dieser potentielle Wettbewerbsvorteil nicht grundsätzlich verschlossen: es kann ein Service-Büro zur Produktivitätsverbesserung in den Routinetätigkeiten einsetzen, oder es kann sich zusammen mit anderen Büros durch kollektive Investition (etwa nach Art einer Genossenschaft) die erforderliche Kapazität und Sachkunde besorgen.

Zukunft 6: Das kleine Büro

Die Einführung der EDV ist nicht eine Alles-oder-Nichts-Entscheidung. Vor allem die Technik der Micro-Computer ist konsequent modularisiert und erlaubt stufenweisen Ausbau. Zudem sind die Anfangsinvestitionen – für einen Computer, den Terminal, Drucker, usw. – vergleichsweise gering im Vergleich zu Massenspeichern, Plottern, Digitalisierern udgl., wie sie vor allem für die graphische Datenverarbeitung gebraucht werden. Für die EDV gilt, was man vom Reinemachen seiner Wohnung kennt: in einer Stunde kann man einen Zustand herbeiführen, der so aussieht, als ob vorgestern saubergemacht worden wäre. Aber jedes weitere Prozent der Perfektion erfordert zunehmenden Aufwand.

Ebenso ist es verhältnismäßig unaufwendig, in den Genuß der ökonomisch wirksamsten Vorteile der EDV für die Architekturpraxis zu kommen. Die Kosten steigen indessen rapide mit jeder Stufe zur Perfektion. Schon mit 5–10% des Kapitals kann man in den Genuß von 70–85% der Rationalisierungsvorteile kommen, wie sie durch Textverarbeitung, Buchführung, AVA, Projektplanung, aber auch durch vielerlei nützliche, obschon bescheidene graphische Hilfsmittel erwirkt werden können. So wird man sich etwa eine „Drahtperspektive" aus den markantesten Punkten und Linien einer räumlichen Konfiguration von einem realistischen Augpunkt aus in beliebiger Blickrichtung berechnen und ausdrucken lassen, um sie dann mit Hilfe von Transparentpapier und 6B mit beliebig vielem Detail anzureichern und graphisch zu schönen. Das Ergebnis ist nicht nur billiger und häufig auch schneller hergestellt als die vollautomatisch erzeugte Perspektive mit Hilfe einer großen CADD-Anlage (welche verborgene Linien eliminiert, Schattenwürfe berechnet, Strichstärken und Schraffuren variiert, usw.), sondern vielleicht auch schöner. Jedenfalls ist der Hauptvorteil erreicht: eine in ihrer Geometrie photographisch getreue Darstellung, die nicht aus Gründen der Zeichentechnik (höchstens zwei Fluchtpunkte, die auf dem Zeichentisch liegen müssen, etc., siehe oben) auf die übliche Darstellung von Gebäuden aus Hubschraubersicht beschränkt ist.

Diese Strategie ist auch für das kleine Büro und den Anfänger nicht unerreichbar. Eine leistungsfähige Grundausrüstung ist schon für weniger als 10000 DM zu haben. Das entspricht etwa 12 DM täglicher Standkosten (bei 12% Zinsen, 5 Jahren Lebensdauer, 250 Arbeitstagen), und liegt damit in der Größenordnung der Ausgaben für Telephon, Auto, Kopiergerät. Falls eine solche Einrichtung gelegentlich für ein paar Tage unbenutzt bleibt, ist das keine ökonomische Katastrophe.

Allerdings ist dieser Architekt wohlberaten, etwas von Computern zu verstehen. Denn er wird keine großartigen kommerziellen, vorgeblich narrensicheren Programmpakete bedienen, sondern kleine Programme benutzen und auch gelegentlich ein Programm selbst schreiben (wozu – wie oben gesagt – nicht viel gehört).

Zukunft 7: Architekturisierung

Affluenz und Verdrossenheit mit der gebauten Umwelt, vor allem mit als seelenlos und bloß utilitaristisch verstandener Massenarchitektur („Schema F"), führen zur lebhaften Nachfrage nach architektonisch gründlich

und sorgfältig durchgestalteten Gebäuden. Der architektonische Mehrwert darf ruhig etwas mehr kosten (wofür die HOAI durch höhere Zoneneinstufung und Honorarobergrenzen, sowie das Instrument der Besonderen Leistungen durchaus Raum läßt). Jedes Gebäude soll etwas Besonderes sein, im sichtbaren Gegensatz zur Architektur von der Stange oder aus der Schublade stehen, soll nicht bloß eine Minimalmodifikation des üblichen sein. Eine Welle der Architekturisierung kann ausgelöst werden, wenn die so ausgedrückte Kultiviertheit auch noch sozialen Geltungsnutzen mit sich bringt (und sich vielleicht obendrein in den Immobilienwerten niederschlägt).
Eine solche Entwicklung ist soeben in den USA zu beobachten, und zwar in der Architektur der Verwaltungsbauten großer Unternehmen und Verbände (vor allem in Washington). Die übliche Nüchternheit ist avantgardistischer Kühnheit, dem Mut zu unverwechselbarer architektonischer Identität und renaissancehafter Grandeur und Finesse gewichen. Es ist anzumerken, daß Architektur als Mehrwert in Amerika eine lange Tradition hat. Weniger als 10% der Wohnhäuser sind von Architekten entworfen, und ‚architect designed' hat gewöhnlich einen förderlichen Einfluß auf den Marktwert eines Hauses. Hierzulande haben wir eine Ästhetisierung bislang bloß zweckhafter Umweltbestandteile in den 50ern erlebt: die Entdeckung der Küchengeräte als Objekte gründlicher Durchgestaltung hat (wie auch immer gerechtfertigt) ganz neue Konsumenten-Sensibilisierung bewirkt und neue Märkte für Gestaltungstätigkeit eröffnet. Im Bereich der Architektur gibt es noch riesige Potentiale für die „ästhetische Aufladung" der Umweltwahrnehmung und damit für architektonische Dienstleistungen.
Eine solche Entwicklung würde die Nachfrage nach Architektenleistungen erhöhen (die mit oder ohne Computerhilfe erbracht werden könnten).

Zukunft 8: Discount Architecture

Die Produktivitätssteigerung im Gefolge der EDV macht es möglich, Architekturleistungen zu billigeren Preisen anzubieten. Der Bauherr wird König, denn harte Konkurrenz und schwache Nachfrage nötigen zum Wettbewerb mit Kampfpreisen, in dem irgendeine Form der Werbung kaum zu vermeiden ist. (Auch hierfür bietet die HOAI einigen Spielraum, vor allem in ihrem umstrittenen § 4, der die Unterschreitung der Mindesthonorare verhindern soll.)

Anderen ehrwürdigen Zünften ist dieses Schicksal längst widerfahren. So hat der frische Wind der Gewerbefreiheit hierzulande die Apotheker in die Marktwirtschaft geweht (in Grenzen), und in den USA gibt es seit einigen Jahren sogar *vergleichende Werbung* unter den Rechtsanwälten und unter den Ärzten.

Eine Variante der Discount Architecture ist die Anfertigung von Bauentwürfen auf Vorrat, die dann im Baumarkt für einige Hundert Mark feilgeboten werden – versehen mit einem Coupon für einen Rabatt, falls dem Autor die Projektübernahme angetragen wird. Selbstverständlich ist jeder Entwurf ein Unikat: die kombinatorische Leistungsfähigkeit des Computers macht's möglich.

Schon vor 40 Jahren konnte man in den USA am Kiosk oder durch das Versandhaus Architektenentwürfe für das Einfamilienhaus für einige Hundert Dollar erwerben. Die Entwerfer zählen nicht selten zu den Großen ihrer Zunft.

Zukunft 9: Handarbeit

Computergestützte Architektur kommt in Verruf: sie gilt als monoton, einfalls- und seelenlos. Human is humane. Zurück zur beseelten Strichführung. Der Architekt verpflichtet sich, keine höhere Technologie als Zeichenmaschine, Telephon, Auto und Filzstift einzusetzen (wofür er einen Handarbeitszuschlag berechnen darf). Mancher Beitrag in der gegenwärtigen Diskussion über CADD und die Folgen weist in diese Richtung: das handwerkliche Erlebnis des unmittelbaren Zuhandenseins des Bleistifts sei unabdingbare Voraussetzung für wirklich gute Architektur. So wie ein handgeschriebener Brief eben anders ausfällt als ein getippter. Analog zum biologischen Landbau und den glücklichen Hühnern kommt ein gesunder Entwurf nur vom glücklichen Architekten. Und der braucht keinen Computer. Im Gegenteil.

Zukunft 10: 2D-Architektur

Schon seit längerem gibt es einen Spezialmarkt für die Zeichnungen und Skizzen berühmter Architekten. Von unschätzbarem Wert sind etwa die von Steinbach'schen Bauzeichnungen vom Straßburger Münster, die dort einen verdienten Platz im Museum gefunden haben. Viel Architektur existiert nur als Zeichnung, weil sie nie ausgeführt wurde.

Verhältnismäßig neu ist indessen, daß Architektenzeichnungen schlechthin als Kunstobjekte verstanden und gehandelt werden, als Wandschmuck und für die Sammelmappen von Kennern und Kapitalanlegern. War zunächst der Verkauf einer Zeichnung ein willkommenes Zubrot für einen Architekten, gibt es seit kurzem Architekten, die Zeichnungen direkt als Kunstobjekte für diesen Markt produzieren, ganz ohne die Absicht, die dargestellten Bauwerke jemals zu realisieren. Diese Produkte können handgemacht oder computergestützt erzeugt sein. Mancher Architekt hat sich schon völlig auf diese Möglichkeit umgestellt und lebt davon.
Volkswirtschaftlich ist diese Entwicklung unbedenklich, ja begrüßenswert. Denn solange diese Objekte einen Handelswert haben, leisten sie einen Beitrag zum Bruttosozialprodukt. Zudem spart sich der Architekt viel Mühe, da er es ja mit der Schwerkraft und den Kosten nicht so genau nehmen muß. Der Ärger mit dem Bauherrn entfällt. Schließlich ist diese Art der Architektur außerordentlich umweltschonend und landsparend.

Zukunft 11: Die EDV-Abteilung

In dieser Zukunft wird die EDV in die Büros eingeführt, aber als gesonderte Betriebseinheit oder Abteilung. Je nach Firmen-Image steht die Anlage nebst Crew in einem Glaskasten an prominenter Stelle in der Lobby, oder sie bleibt in einem Nebengelaß dem Auge des Besuchers verborgen.
Es kommt zur Arbeitsteilung zwischen den Entwurfsarchitekten und der EDV-Abteilung. Erstere fassen den Computer nicht an. Dafür gibt es die Mittelsmänner von der EDV. Diese können von zwei Arten sein, entsprechend zwei verschiedenen Philosophien. Im ersten Falle sind es Architektur-Informatiker, also Informatiker, die im Nebenfach Baubetriebslehre und etwas Baukonstruktion, vielleicht auch Bauökonomie belegt haben. Sie denken „von der Maschine her" und neigen dazu, die zu behandelnden Probleme so lange zu modifizieren, bis sie in die Maschine passen – was der Brauchbarkeit der Ergebnisse nicht immer zugute kommt.
Im anderen Fall sind es Architekten, die in einigen Fortbildungskursen geschult worden sind, die Maschinen zu bedienen. Hierzu brauchen sie nicht zu verstehen, wie die Maschinen funktionieren, geschweige denn, wie man sie programmiert. Wenn einmal etwas nicht funktioniert, ruft man halt den Kundendienst an.
Manche Büros haben es ausdrücklich zur Firmenpolitik gemacht, daß

EDV-Architekten möglichst nichts von der Wirkungsweise von Computern oder gar dem Programmieren verstehen sollten. Freaks würden nur ständig herumspielen. Die Versuchung ist groß, die Kollegen vermeintlich minderer Kreativität zur EDV-Abteilung abzustellen. Auch einige Architekturschulen halten es für ausreichend, wenn ihre Studenten in der Bedienung von EDV-Anlagen unterwiesen werden. Denn einmal könnten Architekturstudenten solche Sachen ohnehin nicht richtig verstehen (weshalb sie auch oft in der Statik und anderswo kindergartenhafte Schonbehandlung genießen), zum anderen reiche das Bedienenkönnen für die „Praxis" völlig aus.

Die Nachteile liegen auf der Hand. Wechselt das System, wird die Expertise obsolet. Die Firma wird sehr abhängig vom Lieferanten des „Paketes". So willkommen dieses Modell der einschlägigen Industrie sein mag: CHAPLIN's Modern Times werden zur täglichen Realität in den Architekturbüros.

Zukunft 12: Play it cool

Diese Zukunft wird vermutlich kein Massenphänomen in der Architektenschaft werden (jedoch: wer weiß?). Es ist die des Architekten, der gewitzt und helle den Architekturbetrieb durchschaut hat und im Fach Entwerfen und in der Statik gute Noten bekommen hat, aber auch (vielleicht heimlich) Vorlesungen über Existentialphilosophie und/oder Differentialgeometrie mitgemacht hat. Er beherrscht den DEBUS'schen Zitterstrich mit Selbstverständlichkeit und kann den Wärmebedarf nach DIN 4701 ausrechnen, obwohl er dem Verfahren nicht traut. Er hat Wettbewerbe gewonnen und kriegt nicht selten Aufträge, gewöhnlich von ungewöhnlicher Natur. Natürlich versteht er etwas von Computern. Er besitzt und benutzt einen, manchmal sogar für berufliche Zwecke. Er kann sich dieser Technik bedienen, er kennt ihre Möglichkeiten und Beschränkungen. Das bißchen Computerei hat er gewissermaßen linkshändig und nach Feierabend aufgeschnappt (er hat nie einen Informatik-Kursus genommen: viel zu langweilig). No big deal.

Für ihn (sie!) ist diese Technik weder ein Greuel noch eine Bedrohung und eine Zukunftsgarantie. Computer sind so selbstverständliche Hilfsmittel wie die Xerox-Maschine oder das Telephon. Für den Umgang mit dieser Technik braucht man keinen Vermittler. Es sind ‚Denkzeuge', die man geschickt und intelligent nutzen kann (aber nicht muß). Selbstverständlich kann man sich der Maschine bedienen, d.h. man kann sie dazu bringen, das zu tun, was man von ihr will (in Kenntnis ihrer beschränkten Möglichkeiten) – anstatt sie bloß zu bedienen.

Zukunft 13: Massenabwanderung

Die Popularität des Studienfaches Architektur scheint umgekehrt proportional zum Bauvolumen zu wachsen. Das ist nichts Neues: schon seit längerem scheint ein nicht geringer Anteil der Absolventen zu „versickern", d.h. in allen möglichen anderen Wirtschaftszweigen und Positionen ihren Beruf und ihr Auskommen zu finden. Dieses Phänomen mag sich im Gefolge der Mikro-Elektronik noch verstärken: noch mehr Absolventen finden keinen Job in ihrem Fach; andere werden aus ihren Jobs verdrängt; manche haben keine Lust, ihr Leben in einer Architektur-Industrie zu verbringen; wieder andere haben keine Fortüne im veränderten Metier. Mehrere der skizzierten Zukünfte könnten bewirken, daß die Zahl der „Überschußarchitekten", die in zunftfremden Tätigkeiten tätig werden, drastisch zunehmen kann. Das muß nicht tragische Entwurzelung oder Beschäftigung unter dem Qualifikationsniveau bedeuten. Denn:
– Architekten haben den Umgang mit schlecht definierten Problemen gelernt, die sich im Verlaufe ihrer Behandlung ständig ändern und sich der kalkülhaften Abarbeitung entziehen.
– Architekten haben gelernt, sich anderer Leute Kopf zu zerbrechen.
– Sie sollten gelernt haben, daß es oft entscheidende Bedeutung hat, etwas zur Zeit fertigzustellen. („Wenn der Wettbewerbsbeitrag nicht den Poststempel des letzten Tages trägt, war alles umsonst.")
– Sie sind versiert in der Kommunikation über viele Kanäle und Medien, und sie besitzen ein geschultes Urteil darüber, welches Medium in einer gegebenen Situation besonders geeignet ist.

Derartige Fähigkeiten erwirbt man in kaum einem anderem Studium. Ihre Beherrschung ist keineswegs nur beim Entwurf von Gebäuden wichtig. Auch – und gerade – heutzutage besteht ein großer Bedarf an Personen mit solcher Qualifikation. Es ist nicht ohne Ironie zu verzeichnen, daß gerade die sogenannte Verschulung von immer mehr akademischen Fächern einen akuten Mangel an Personen bewirkt hat, welche flexibel und autonom mit neuartigen und ungebärdigen Problemen umgehen können. Fachidioten mit Normausbildung gibt es in mehr als hinreichender Menge. Deshalb ist es wahrscheinlich, daß sehr viele Personen mit einer Architekturausbildung in einer großen Vielfalt von Positionen lohnende Aufgaben finden werden. Allerdings: diese Diffusion entzieht sich qua definitionem der planenden Voraussicht durch die Obrigkeit.

Diese Entwicklung ist nicht bedauerlich. Man muß ja nicht ein ganzes Leben lang verrichten, was während der paar Jahre des akademischen Studiums der Gegenstand der Betrachtung gewesen ist. Das Ideal von der sogenannten „berufsqualifizierenden Ausbildung" in den wissenschaftlichen Hochschulen ist töricht. Es gibt wenig Grund zu der Annahme, daß Studienpläne und Prüfungsordnungen, die auf die Bedürfnisse einer (nicht besonders erfolgreichen) Praxis von heute maßgeschneidert sind, notwendige und hinreichende Voraussetzungen für eine produktive Tätigkeit in einer ungewissen, sicher überraschungsvollen Zukunft darstellen.

Ein Bedenken ist anzumahnen: soeben gibt es vielerlei Bemühungen, auch das Architekturstudium durch endlose Pflichtfachkataloge endlich so zu verschulen, daß die genannten Fertigkeiten eher unterdrückt als gefördert werden. Zum Trost: es gibt auch heute recht viele Studenten, die trotz Prüfungsordnung die Fähigkeit zum autonomen Denken bewahren oder erwerben.

Ein möglicher Paralleleffekt: es kommt zu einer *Popularisierung der Architektur*. Sie wird zum Hobby vieler Bürger. Der Mikrocomputer mag dazu beitragen, daß Leute sich aktiv und produktiv in der Gestaltung ihrer Umwelt engagieren. Das „Design Your Own Home Program" für den Apple-Computer gibt es dann schon für DM 39.95! Jeder versteht viel vom Wohnen, von seinem „Wohnumfeld", den Infrastrukturen. Wäre es nicht zu begrüßen, wenn Architektur zum Volkssport und faszinierendem Zeitvertreib würde? Manches Produkt mag sogar seinen Weg in die Realisierung finden, etwa durch einen wirklich offenen Wettbewerb, wahrscheinlicher in Selbstbau-, oder Renovierungs- und Nachbarschaftsprojekten – mit oder ohne professionelle architektonische Hilfestellung. Und wenn solche Projekte nicht zur Ausführung gelangen? Man muß ja nicht alles bauen, was man entwirft. Den größten Spaß bringt ohnehin das Entwerfen; das Bauen ist ohnehin mit Unbill verbunden.

Soweit diese Liste durchaus denkbarer und plausibler Zukünfte für Architekten. Jedem Mitglied der Profession ist zu empfehlen, sich eine eigene Soll-Zukunft zusammenzubasteln. Vielleicht erfindet er auch noch weitere Möglichkeiten. Schließlich gibt es noch die Rolle des „Verweigerers" für Personen oder Firmen, die keinen Anlaß sehen, sich mit Fragen der EDV überhaupt zu beschäftigen. Angesichts der Konfusion mag auch für sie noch für geraume Zeit ein komfortabler Marktanteil verbleiben.

Architekturmaschinen?

Und wie steht es mit dem automatischen Entwerfen? Wo bleibt die Architekturmaschine?
Es ist still um sie geworden. Bislang sind Computer bürokratische Arbeitspferde geblieben — wofür Maschinen ja auch eigentlich gedacht sind: sie sollen das Leben erleichtern, unangenehme Arbeit abnehmen.
Man hatte große Erwartungen an die Architekturmaschine geknüpft. Eine Synthese ihrer verschiedenen Spielarten ergibt folgende Vision: Architekt und Bauherrn sitzen zusammen am Terminal und tippen oder sprechen die Spezifikation der Bauaufgabe ein. Die Maschine fragt zurück, erinnert an Baugesetze und Schwerkraft. Sie bietet Ideen für alternative Vorentwürfe, die in Wechselwirkung mit den Benutzern schrittweise verfeinert werden. Sie fordert begründete Kritik von ihren menschlichen Partnern (die sie sich für das nächstemal merkt) und korrigiert sich. Der jeweilige Zustand der Lösung wird auf verschiedene Weisen bildlich dargestellt, von beliebigen Standpunkten und unter mannigfaltigen Gesichtspunkten. Man kann in die Objekte „hinein-zoomen", um sich dem Detail zu widmen. Negroponte (2) sah sogar ein maschinenerzeugtes Hologramm in natürlicher Größe (und Farbe) vor sich, um das man herum- oder in das man gar hineingehen kann. Je weiter das Konzept entwickelt ist, um so mehr übernimmt die Maschine selbständig die Routinearbeit; nur dann zurückfragend, wenn sie keinen Weg findet oder sie nicht zwischen mehreren Möglichkeiten zu entscheiden vermag. Sie ist ein vielseitiges Expertensystem, das nicht nur technisches Wissen bereithält, sondern auch über Wirtschaftlichkeit, Benutzerverhalten, Umwelteffekte unterrichtet ist. Mit unaufdringlicher Geduld schlägt sie Möglichkeiten vor, zeigt auch, wie andere ähnliche Probleme behandelt haben (denn selbstverständlich enthält sie eine bauhistorische Bibliothek). Auch ist sie weltweit mit ihresgleichen vernetzt und kann sich bei Bedarf mit der Maschine des Kollegen (im Rahmen des Erlaubten) beraten. Sie versucht zu *optimieren*, d.h. unter den gegebenen Bedingungen „das Beste" zu tun. Allmählich erlernt sie den Stil ihres Meisters, seine Präferenzen und Idiosynkrasien. Sie nimmt seinen Duktus an, versteht im Laufe der Zeit sogar seine Körpersprache (denn sie hat natürlich auch Augen). Gelegentlich kann sie auch schon einmal seine Urlaubsvertretung übernehmen.
Es kommt zur „cohabitation between two intelligent species", weissagte Negroponte, zu einem „new humanism through machines".
Warum gibt es das alles nicht? Viel erhofft man sich von der „5. Computer-

Generation", in der künstliche Intelligenz endlich überzeugende Realität werden soll.
Diese Hoffnung ist indessen unbegründet. Die intellektuelle Beschränktheit der Anwendungen ist keineswegs in beschränkter Kapazität und Arbeitsgeschwindigkeit heutiger Maschinen begründet. Der Engpaß ist vielmehr das mangelnde theoretische Verständnis vom Planen und Entwerfen. Was man nicht clare et distincte verstanden hat, kann man nicht programmieren.
Am Rande bemerkt: Wer will, wer braucht eigentlich einen Apparat, welcher automatisch Architektur produziert?

Grundsätzliche Grenzen?

Jede Zeit hat ihre Vorstellung vom Homunculus (4). War es im Mittelalter der Golem, so ist es heutzutage das Expertensystem, dessen künstliche Intelligenz die ihres natürlichen Vorbildes nachahmt und womöglich übertrifft.
Vordergründig werden für diese Bemühungen als Motive faustische Wißbegierde, aber auch das banale Bedürfnis nach Rationalisierung intellektueller Arbeit angeführt. Seltener wird auch der seltsame blasphemische Ehrgeiz zugegeben, sich selbst besser nachbauen zu wollen: „Let us outcreate creation". Mannigfaltige philosophische Fragen liegen auf der Hand.
Gibt es grundsätzliche Schranken dafür, was ein Computer heutiger Bauart (welcher Generation auch immer) jemals „können" wird? Liegt das Planen und Entwerfen diesseits oder jenseits solcher Grenzen?
Es gibt eine ganze Reihe von Fertigkeiten beim Entwerfen, zu denen heutige Computer nicht fähig sind. So erkennt jedes Kind den Hahn auf dem Bild des Hühnerhofes. Kein Computer vermag indessen auf einer Zeichnung eine tragende Wand zu erkennen. Ist das nur eine Frage der Zeit?
Sicherlich sollte man mit Behauptungen grundsätzlicher Unmöglichkeit sehr vorsichtig sein (5). Dennoch will ich ein Argument anbieten, das für die Delegierbarkeit von Entwurfs-Aufgaben an Computer eine grundsätzliche Schranke postuliert:
– Entwerfen ist vor allem Sollsetzung. Herauszufinden, was eigentlich gesollt werden soll, ist das ständige Problem.
– Demnach erfordert Entwerfen Urteilskraft („Das paßt nicht in die Landschaft", „Die Proportionen stimmen nicht", „Das ist zu langweilig").

- Urteile sind entweder durch andere Urteile begründbar oder nicht. Ein Urteil begründen heißt, es auf andere Urteile abzustützen. Folglich beruht alles Urteilen auf unbegründbaren (spontanen, a-priorischen) Urteilen (etwa direkten Wahrnehmungen).
- Computer sind mit Vorbedacht so eingerichtet, daß jede Operation auf wohlbestimmten Operanden zum wohldeterminierten Ergebnis führt. Sie können also nur aus gegebenen Daten und Regeln „ableiten". Somit sind sie unfähig zum spontanen Urteil. (Spontaneität würde man als Wackelkontakt deuten.)

QED. Planen und Entwerfen lassen sich nicht algorithmisieren.

Die Grenzen liegen also nicht in der Beschränkung auf Numerisches, Logisches, Verbales und der Unfähigkeit zum „Visuellen", wie es manche Kollegen sehen. Auch das Konstruieren des Ingenieurs oder das Planen des Militärs hat die *gleichen* Grenzen der Algorithmisierbarkeit wie das Entwerfen des Architekten: die Nicht-Delegierbarkeit der Urteilskraft.

Auch das populäre Dictum, der Computer sei nicht kreativ, ist zu simplistisch. Es ist gerade eine besondere Stärke dieser Maschinen, in großen kombinatorischen Spielräumen Lösungen zu erzeugen, die mit gegebenen Bedingungen und Regeln im Einklang stehen. Wenn man unter Kreativität die Fähigkeit zur Produktion von neuartigen Ideen für ein wohldefiniertes Problem verstehen will, können Computer äußerst kreativ sein, indem sie viele, auch ungewöhnliche und zulässige Ideenvorschläge produzieren können – geschickte Programmierung vorausgesetzt. Es erfordert, daß das Problem und die Spielregeln explicite artikuliert worden sind.

Die Möglichkeiten des Computer enden spätestens dort, wo man nicht mehr sagen kann, weshalb man etwas tut und deshalb keine Regel für dieses Tun artikulieren kann. Die Grenzen sind dort, wo es nichts mehr zu sagen gibt.

Kurioserweise ist aber gerade das, was jenseits dieser Grenzen liegt, Lieblingsgegenstand von Architekten. Sie reden gern und häufig über das „Eigentliche", welche das Wesen ihrer Kunst ausmachen soll, über das gewisse Etwas, also das, worüber es eigentlich nichts zu sagen gibt.

Reden über das Unsagbare

‚Architektur' wird heute mit zwei verschiedenen Bedeutungen belegt. Im ersten, unprätenziösen Sprachgebrauch ist Architektur Baukunst schlechthin, exemplifiziert durch Ronchamps, eine spekulative Wohnanlage, die Hütte eines Papua, jede Fabrik. Die Produktion dieser Architektur bedarf nicht einmal immer eines eingetragenen Architekten.
Im zweiten Sinne ist Architektur eine Qualität, die keineswegs jedem Bauwerk zukommt (die meisten Gebäude stellen keine dar). Sie ist etwas Additives, ein kultureller Mehrwert, der über das bloß Zweckhafte hinausgeht. Dieses Eigentliche ist dem normalen Sterblichen oder gar dem Banausen nicht notwendig wahrnehmbar. Und wer es nicht sieht, dem kann man es auch nicht erklären. Im Extremfall ist dieses Extra, was das Eigentliche ausmacht, auch gar nicht für den Normalverbraucher bestimmt, sondern für den Connaisseur, den sensiblen Kollegen.
Der zeitgenössische Diskurs über diese Art von Architektur theoretisiert gern über eben dieses Unsagbare – unter fortgesetzter Nichtbeachtung des Wittgensteinschen „Worüber man nichts zu sagen weiß, darüber soll man schweigen". Sofern dieser Diskurs nicht im Abstrusen verfangen bleibt, konstruiert er Begründungen des Unbegründeten. Da werden sich selbst und den Kollegen Entwicklungslinien unterlegt, dialektische Klapparatismen behauptet, Canons und Kompositionsmaximen konstruiert. Mit anderen Worten: eben das Spontane, das Unbegründete wird in Gesetzmäßigkeiten eingebettet, in Regeln gefaßt.
Dies hat eine ironische Konsequenz: wenn es ordentliche Regeln gibt, ist der Computer gut! Stil ist Redundanz. Es ist einfach, eine Mies-Maschine oder einen Palladio-Generator zu kontruieren, die dem Turing-Test genügen: Die Produkte dieser Programme sind von ihren Vorbildern nicht zu unterscheiden. Ganze Subkulturen architektonischer Computer-Freaks widmen sich eben der Programmierung von „shape grammars", die Architektur der zweiten Art nach gegebenen Kompositionsregeln generieren sollen.
Die Ironie? Damit ist das Eigentliche (gemäß diesem Verständnis von Architektur als nicht-explizierbarem Mehrwert) eigentlich entglitten. Das spontane Urteilen verschiebt sich auf die Erfindung und die Auswahl von Regeln – und darauf, ob man solche Regeln eigentlich braucht.

NI-Verstärkung

Denken und Urteilen ist so wenig delegierbar wie Essen, Schlafen, ein Gespräch oder das Verheiratet sein. Es gibt also gute Gründe, das hochgestochene Ideal von der künstlichen Intelligenz zurückzustecken. Bescheidener und realistischer ist eine Strategie, *die* stattdessen die Verstärkung der *natürlichen Intelligenz* („NI-Verstärkung") bewirken will. So wie die Brille nicht für mich sieht, das Auto nicht für mich reist, das Telephon nicht statt meiner kommuniziert, „denkt" der Computer nicht für mich oder statt meiner (6). Wie jene anderen Geräte, ist er als Prothese zu verstehen und zu benutzen, als potentieller Verstärker der limitierten intellektuellen Fähigkeiten.

Gemäß dieser Philosophie wird der Computer benützt, um die notorischen Schwächen des „unbewaffneten Verstandes" zu mildern: die Neigung Wichtiges und Unliebsames zu vergessen, die Limitation, mehrere Phänomene im Zusammenwirken zu sehen, das Wunschdenken, die Tendenz zur selektiven Wahrnehmung, das schlechte räumliche Vorstellungsvermögen usw. Gemäß diesem Verständnis suchte man nach Anwendungen des Computers:
- als bequemes Notizbuch oder Skizzenblock: auch das Zeichnen „in drei Dimensionen" kann man zu schätzen lernen (wie man sich an den Rapidographen gewöhnt hat);
- als Problemverwalter, der dafür sorgt, daß Teilprobleme miteinander verknüpft und einmal identifizierte Probleme nicht verdrängt werden;
- als Helfer bei der Anreicherung von Argumenten für und wider erwogene Lösungsideen, bei der Ermittlung von Konsequenzen, als „Erschwerer" von voreiligen Entscheidungen zugunsten von Lieblingslösungen;
- als Prüfer der Konsistenz von Entscheidungen und als Monitor, ob neue Entscheidungen mit früheren (einschließlich gesetzter „Randbedingungen") verträglich sind;
- als Ideengenerator, der es erlaubt, viele Möglichkeiten durchzuspielen.

In derartigen Anwendungen liefert der Computer keine Antworten, sondern stellt Fragen; er verlangt Urteile ab und ersetzt keine. In diesem Sinne macht er die Überlegungsarbeit eher schwieriger als einfacher, und keinesfalls nimmt er sie einem ab. Er setzt seinem Benutzer das Spiegelbild von dessen Problemverständnis vor und macht seine Unzulänglichkeiten – vielleicht quälend – sichtbar. Er hat seinen Zweck als Denkzeug und Krücke erfüllt, wenn diese Verunsicherung seinen Benutzer zur Arbeit an einem kritischeren und reflektierteren Problemverständnis motiviert.

Konsequenz

Was bringen die Computer für den Berufsstand der Architekten? Das liegt bei ihnen. Man muß auf diese Technik nicht hereinfallen, indem man von ihr Wunder erwartet, und man braucht sie nicht zu verteufeln. Technokratische Euphorie ist so wenig angebracht wie esoterische Arroganz. Mein Rat? Kaufen Sie sich einen Apple oder so etwas Ähnliches und spielen sie damit. Versuchen Sie, die Maschine dazu zu bringen, daß sie das tut, was Sie wollen. Die beste Vorbereitung auf die Chancen und Gefahren dieser Technik ist es, etwas von ihr zu verstehen.

Anmerkungen

1 Vgl. Rittel, H.W.J.: Architekten und Computer, in: ARCH+, 78/1984.
2 Negroponte, N.: The Architecture Machine, The MIT Press, Cambridge, MA, 1970.
3 Djafari, T.: Computer-Aided Design Systems in Architectural Firms, Master Thesis, Department of Architecture, University of California, Berkeley, 1984.
4 Wiener, N.: Cybernetics, or Control and Communication in the Animal and the Machine, J. Wiley & Sons, New York, 1949, S. 51 ff.
5 Dreyfus, H.L.: What Computers Can't Do, Harper & Row, New York, 1979.
6 Kunz, W. / Rittel, H.W.J.: How to Know what is Known: Designing Crutches for Communication, in: Dietschmann, H.J. (ed.): Representation and Exchange of Knowledge as a base of Information Processes, Northholland, Amsterdam, 1984, S. 51–60.

Gerd Neumann

Architektur der Zukunft:
individuelle Kreativität und künstliche Intelligenz?

Zeitschriftenaufsätzen, Katalogworten, Festschriften und dergleichen stellt man ja heutzutage gerne wieder bedeutungsschwere oder beziehungsreiche Zitate voran. Ich will da nicht zurückstehen und folge dieser Gepflogenheit — mit einem Ausrufungszeichen vor all den nachfolgenden Fragezeichen:
Vor einiger Zeit hat die Architekturzeitschrift „Bauwelt" einen launigen Wettbewerb ausgeschrieben. Es ging um die Erfindung eines „Bureauclaque", des Architektenbüros für das Existenzminimum. Dazu hieß es jedoch: „Über Spaßvögel, die uns in einer Tragetasche ihren Personal-Computer vorführen wollen, freuen wir uns nicht."! Aha!?
Hier tritt unmittelbar hinter das Ausrufungszeichen schon das erste Fragezeichen. Ist die Beharrlichkeit des Festhaltens am Architektenberuf auf dem Existenzminimum eine Tugend *nur*, wenn sie auch der Versuchung einer vielleicht rettenden *Industrialisierung der geistigen Produktion* widersteht — wie weiland der heilige Antonius all dem Teufelsspuk?
Dies führt insofern unmittelbar auf den Kern unseres Problems — „CAD: Architektur automatisch?" —, als sich darin gleich zweierlei auftut:
Einmal die ins Haus stehenden mageren Jahre, der Rückgang des Bau- und also des Auftragsvolumens für Architekten, verschärfte Konkurrenz (zumal bei Deutschlands Architektenüberhang), dazu noch die Unzahl der Studierenden dieses Fachbereichs und folglich die Auspizien einer scharfen Selektion: daß der Personalbestand der gesamten Baubranche, die Architekten eingeschlossen, in den nächsten 15 Jahren um 50% zurückgehen werde. Das macht Angst.
Und zum anderen die in diese Situation mit dem Versprechen der Vermittlung von Überlegenheit als Summe der Rationalisierungsvorteile hineinstoßende Computerindustrie, die ihre eigenen Absatzprobleme hat, ihre Märkte ausweiten muß und folglich auch hier nicht primär bedarfsdeckend, sondern bedarfsweckend auftritt. EDV ist die relativ weitaus werbeintensivste Branche. Slogan als Architektenköder: *Mehr Zeit für Kreati-*

vität! Eben die, seine Kreativität, sieht der Architekt jedoch durch CAD eher bedroht.

Daraus mag sich auch schon etwas die Animosität erklären, die aus jenem zwar marginalen, aber nichtsdestoweniger für eine breite Skepsis symptomischen Bauweltzitat spricht. Eigentlich besteht kein Bedarf. Und es soll uns etwas aufgeschwätzt werden, was in der Variantenplanung von Massenprodukten in Maschinenbau und Elektrotechnik zwar inzwischen unentbehrlich geworden ist (was aus der Sicht dieser Disziplinen die Architekten ob ihrer Vorsintflutlichkeit auch nur nachsichtig belächeln läßt), was aber längst noch nicht der Arbeitsweise des Architekten und auch nicht seinem spezifischen Leistungsbereich entspricht (weil auch nicht von Architekten entwickelt), was ihn vielmehr zwingt, sich den Arbeitsschritten des Computers zu unterwerfen, was wiederum auch eine mentale Einebnung bedeutet: Architektur wie Maschinenbau.

All das berechtigte oder unberechtigte Vorbehalte?

Und dann ist es ja schließlich auch, als täte sich langfristig statt einer Rettung geradezu eine doppelte Bedrohung auf, als würden die heutigen Promoter des CAD nur die Opfer eines CD von morgen, der konsequenten Fortentwicklung der Datenverarbeitung zur künstlichen Intelligenz.

Die größte Sorge gilt der „Kreativität": Stiehlt mir der Computer nicht etwas, indem er rigide entsinnlicht? Was soll ich mit der aus dem konventionellen Arbeitsprozeß herausrationalisierten Zeit? Kann ich sie wirklich kreativ und voll dominierend in den Interaktionsprozeß zurückzugeben? Ist Kreativität darin zu potenzieren oder wird sie gelähmt? Diese Zeit läßt sich doch nicht mit Kreativität im Leerlauf füllen, als Selbstzweck. Waren wir nicht bisher froh (und stolz), unserer Arbeit noch nicht entfremdet zu sein, uns ein höchst komplexes Tätigkeitsfeld bewahrt zu haben und die kreative Aktivität in die reproduktive eingekoppelt zu wissen, um sie in dieser Integration auch immer wieder neu aufzuladen? Und war das nicht auch eine der Bedingungen unseres Engagements.

Gewiß, wer so sein Leben mit sinngebender Arbeit füllt, der kennt auch die Lasten, von denen er sich gerne befreite. Die, solange man es wirklich noch selber macht, belebende Funktionslust an der manuellen Tätigkeit des Ausziehens nach einer Phase angespannter Entwurfstätigkeit schlägt eben irgendwann ins Gegenteil um, wenn nur noch reproduziert, korrigiert, berechnet, aufgelistet und wieder korrigiert wird. Dann drängt sich der Komfort von CAD freilich geradezu auf. Aber hält es schon, was es verspricht. Oder bleibt zuviel auf der Strecke?

Auf der Strecke geblieben ist in der Geschichte freilich immer etwas. Wir brauchten nicht Imhotep oder Pytheos herbeizuzitieren, um zu ermessen, was alles längst verloren und unbegreiflich geworden ist.
Brauchen wir aber CAD und alles, was folgt, nur weil die technologische Entwicklung es uns aufdrängt (oder auch die Rationalisierungszwänge)? Wäre dagegenzuhalten? Ist es zu steuern?
Dies alles als Ursache eines allgemeinen Unbehagens an den sichtbar werdenden Entwicklungstendenzen voraussetzend, mußte ich mich fragen, ob es denn in dem mir zugedachten Thema wirklich um die *Architektur der Zukunft* gehe, ob nicht vielmehr um den *Architekten der Zukunft* oder noch genauer, um die Zukunft des Architekten, um unsere Zukunft. Mit dem „Zudenken" solcher Themen ist es nämlich so eine Sache. Mit ihnen wird ja auch schon etwas vor- und zurechtgedacht. Sind sie doch leicht Ansinnen, ja Insinuationen gewünschter Aussagen.
Sollte das Interesse an der künftigen Architektur hier also nur vorgeschützt sein, um an ihr objektiv zu denunzieren, was sonst nur als eine aus subjektivem Standes- (und Besitzstands-) Interesse motivierte Warnung erschiene, als Argumentation pro domo: daß sie nämlich künftig als Automatenprodukt das seelenlose, konfektionierte Gehäuse einer vollends dehumanisierten Welt zu werden drohe, wenn, ja wenn nicht irgendwo Einhalt geboten werde – und sei es wenigstens durch die Behauptung der „individuellen Kreativität" gegen eine heraufdräuende „künstliche Intelligenz?"
Denn dies ist ja eigentlich mein Thema: „Architektur der Zukunft – Doppelpunkt – individuelle Kreativität und (Sic!) künstliche Intelligenz – Fragezeichen".
Steckt darin also schon eine These oder ein Postulat? (Oder nur ein zu diffuser Begriff von künstlicher Intelligenz?)
Was hat es mit dieser Unterstreichung des Bindewortes auf sich? Ist sie ein Hinweis auf die nur kopulative Verknüpfung von I.K. + K.I., daß oder ob aus dem Zusammenwirken beider die Architektur der Zukunft zu erwarten sei? Oder kann es auch heißen:
Individuelle Kreativität trotz, oder durch, oder etwa gegen künstliche Intelligenz? Oder meint es gar: individuelle Kreativität künstlicher Intelligenz?
Jedes eine denkbare These oder Forderung, oder doch zumindest ein Aspekt.
Nun, derlei Argwohn gegen unterschwellige Weichenstellungen kann auch hinderlich sein, so wie auch Zukunftsangst den Blick für künftige Möglichkeiten verstellen kann.

Doch selbst wenn es in meinem Thema nicht so sehr um die berufliche Perspektive gehen sollte, sinnvoll zu fragen bliebe allenfalls nach den zu erwartenden *Bedingungen* einer künftigen Architektur – sofern von einer solchen noch die Rede sein kann –, nicht aber nach der „Architektur der Zukunft". Darin unterscheidet sich unsere Situation an der Schwelle zur Industrialisierung der geistigen Produktion im Bauen (d. h. also in der Planung) deutlich von der Situation, in der die Pioniere des *Neuen Bauens* ihre Architektur der Zukunft mit emphatischem Bekenntnis zur Industrialisierung der materiellen Produktion im Bauen proklamieren konnten.
Es ist der gründliche Unterschied zwischen Prognose und Projektion. Während wir mit Skepsis gegenüber sichtbarwerdenden Tendenzen und längst auch schon wieder voller Mißtrauen gegen alles computergestützte Prognostizieren im Nebel der Zukunft herumstochern, wußten jene damals in begeisternder Aufbruchstimmung und voller Fortschrittsvertrauen einen gleißenden Strahl der Zuversicht vorauszusenden, der ihnen die Zukunft erhellte. Sie hatten ein Programm, sie hatten ihre optimistische Zukunftsvorstellung, sie hatten ein Ziel. Wir haben keines! Unsere Zukunftserwartung ist düster.
Das muß wohl so lapidar konstatiert werden.
(Was waren das für Zeiten, als man noch Manifeste schreiben konnte.)
Nun muß es aber vielleicht kein Mangel sein, die Architektur der Zukunft selbst nicht vorführen zu können. Ja es wäre, glaube ich, nicht einmal kühn zu behaupten, daß die Zukunft der Architektur den Architekten überhaupt nicht zu interessieren brauche – auch in einer Zeit erhöhten allgemeinen Zukunftsinteresses voll zuweilen großspuriger Inanspruchnahmen von Zukunftsverantwortung nicht! – wenn er nicht eben ein Programm gegen die Gegenwart zu setzen hat. Denn was hülfe es ihm sonst? – schneller in diese Zukunft zu gelangen oder sie zu vermeiden (um das Zukunftswissen Lügen zu strafen)?
Die kulturanthropologische Kategorie der Zukünftigkeit hat sich schließlich seit je in der Zukunftsvorsorge des Bauens niedergeschlagen, freilich immer aus den Erfahrungsgewißheiten der Vergangenheit, allenfalls aus den Neuerungen der Gegenwart, nie mit Rücksicht auf irgendeine schon antizipierte Zukunft.
Der Aufbruch in die Moderne war bislang die große historische Ausnahme.
Das Neue Bauen verstand sich positiv als konkret-utopisches Gegenmodell zu der in ihrem späten Historizismus vollends entleerten historischen Architektur. Es proklamierte damit nicht nur seine Zukunft des Bauens,

sondern zugleich auch den Bruch mit der Vergangenheit, den Bruch mit der „Architektur". Zwar wird dieser Bruch in seiner Bedeutung heute recht unterschiedlich beurteilt. Ich allerdings beharre auf der Einschätzung als eines durch alle gegenwärtigen Kontinuitätsbeschwörungen nicht überbrückbaren Hiatus, als historisches Ende der „Architektur". Mag uns dieser Bruch rückblickend auch historisch zwangsläufig erscheinen, einem vorausschauenden Manne wie Gottfried Semper blieb er — zumindest in seiner positiven Wendung — verborgen. Sempers Unbehagen am Beginn der Industrialisierung der materiellen Bauproduktion, dem unseren an der Schwelle zur Industrialisierung der Planung nicht unähnlich, wandte sich mit der Anprangerung des aufkommenden Transparentpapiers, der Durandschen Methoden und der Kataloge der Kunstindustrie zwar gegen den reproduktiven „Indifferentismus", der schließlich auch im bereits industrialisierten Stilpluralismus endete. Das Neue Bauen sah er nicht. Sollten auch wir vielleicht, befangen in unserem Unbehagen, das *Neue Planen* nur noch nicht recht vorausschauen? Die *Vision des Neuen Bauens* erfüllte und erschöpfte sich jedoch — wie wir wissen — schneller als erwartet. Die *Durchgeistigung der Arbeit* zur Industriekultur, die Veredlung des Massenproduktes durch die Kunst blieb Illusion.

Wenn nun die heute ins Haus stehende industrielle Revolution der Bauplanung nicht entfernt so die Gemüter erregt wie damals etwa der Typenstreit um industrielle oder handwerkliche Produktion, dann liegt das wohl an der tiefen Fortschrittsverdrossenheit, die uns mit der Funktionalismuskritik ergriffen hat. Der Geist der Utopie ist ermüdet. Er schläft. Und es ist niemand unter den Architekten, der noch einen neuen „Wendepunkt im Bauen" ausrufen und mit CAD erlahmte Zukunftszuversicht beflügeln wollte. Nur das Marketing der Computerindustrie verspricht schon ein neues Planen. — (Doch das spricht nicht unsere Sprache.)

Jene vermeintlichen Ausblicke auf eine künftige Architektur der totalen industriellen Zivilisation, wie sie uns zwischenhin etwa *Archigram* hatte eröffnen wollen, haben sich schnell höchst gegenwärtig in einer Ästhetik des Technoiden verbraucht. Heute werden sie rückblickend als Parodien eskamottiert. Unsere Gegenwart dagegen hat ihre Vergangenheit wiederentdeckt, ihre fernere, das verworfene Erbe. Darin ist sie spektakulär. Die Zukunft interessiert sie nur, sofern sie ihr eine Vergangenheit geben will, der Vergangenheit vielleicht auch eine Zukunft. Weiter hinein in die Zukunft reicht der Blick nicht.

Diese *Architektur der Gegenwart* will die Idee der Architektur wieder entdeckt haben als ein Stück ewiger Gegenwart. Reartifizierend tritt sie gegen die Verwissenschaftlichung des Bauens. Sie suggeriert Tradition und ungebrochene Kontinuität. Doch das Kontinuum ist jener mit richtungsindifferenten Fragmenten angefüllte Raum einer in sich gerollten Vergangenheitsreflexion — ohne noch Vergangenheit zu verstehen.

„Architektur", so vermeldete Ludwig Wittgenstein bündig, „verewigt und verherrlicht etwas. Darum kann es Architektur nicht geben, wo nichts zu verherrlichen ist" — und zu verewigen, so dürfen wir wohl hinzufügen. Aber was sollte es in diesem, von Buckminster Fuller ganz richtig beobachteten „Prozeß der progressiven Ephemerisierung" noch zu verewigen geben? Freilich etwas zu verherrlichen hat diese postmoderne Baukunst noch einmal: sich selbst — mit Phantasie, voller Kreativität, aufreizend, widerspruchsvoll und Widerspruch provozierend. Darin freilich jeweils nur noch mehr biographisches als historisches Ereignis. Aber selbst die Altfunktionalisten sind in diesem Bannkreis festgesetzt.

Gleich aber, ob nun die Frage nach der Architektur der Zukunft eigentlich überflüssig ist oder nur einfach unzeitgemäß, zu beantworten bleibt uns, wie gesagt, ohnehin bestenfalls die Frage nach den für sie gegebenen und zu erwartenden Bedingungen.

Wenn es hier schon nicht möglich ist, den ganzen Fächer der sozio-ökonomischen Bedingungen zu öffnen, aus dem sich die Zukunft entfalten wird, so sollten wir doch wenigstens die angedeuteten Zustände im Felde der Baukunst im Auge haben, wenn wir nach den Konsequenzen der Mikroelektronik im Bauen der Zukunft fragen. Denn die setzt ganz woanders an. Aber in jener „Architektur der Zukunft" werden beide sich zu arrangieren haben, oder sich ins Verhältnis setzen.

Selbstvergessen und höchst menschlich spielt diese gegenwärtige Baukunst, wie kluge Beobachter bemerken, zwischen Resignation und Opposition, derweil sich CAD still und emsig und werbeintensiv einschleicht. Wann wird es mitspielen?

Noch darf die Idee der Architektur nur in der Originalzeichnung in Erscheinung treten. Wann wird sie sich plotten lassen? Haben Sie die postmodernen Computerperspektiven schon gesehen? Oder auch nur einen CAD-gezeichneten Wettbewerbsbeitrag? Ich letzteren schon, einmal bisher und der war eben weil CAD-gezeichnet noch sehr originell. Eisenmans vertrackte Konstruktionen sind übrigens keine Computergraphiken. Obwohl ihm doch jeder CAD-Vertreter versichern würde, daß er es viel leichter haben könnte und noch vertrackter obendrein. Auch Rossi und die lombardisch-venezianischen Rigoristen, obwohl durchaus computerogen, werden wohl erst in der zweiten Generation ihrer Schulen dran glauben.

Es gibt also wohl noch eine verbreitete und tiefsitzende Apperzeptionsverweigerung. Aber machen wir uns nichts vor, CAD kommt. CAD ist da! (Es ist nicht zu verhindern.) Fragt man, für wen es da ist, so sieht man den Vorsprung der Großen im Einsatz von CAD durch Investitionskraft, in wirtschaftlicher Ausnutzung und know-how. Es werden vielleicht gerade die Aussteiger aus diesen Betrieben sein, die das Gründungspotential künftiger kapazitätsstarker Kleinbüros bilden könnten. Und dann ist da das eher namenlose Heer von Architekten, das zu sorgen und rüsten hat und sich doch womöglich auch kaputtrüsten kann. Wenn schon keinen Namen, dann wenigstens CAD. Wenn der Name da ist, dann leisten es vorläufig vielleicht auch noch billige und willige Studenten.

Auf längere Sicht aber gibt es wohl keinen Grund, nicht auch die Ausführungsplanung eines betont konservativ sich gebärdenden postmodernen *Free-style Classicism* über CAD-CAM laufen zu lassen. Wäre es nicht eine wunderbare Paradoxie: ein Leon Krier als variables Componentenprogramm direkt in die NC-Fertigung von pseudohandwerklichen Versatzstücken „nach Großväterart". (Sie kennen ja auch diese romantisierende Stein-auf-Stein-Reklame). Und hineingeflochten auch noch ein Schuß Zahlenmystik und veredelnder Proportion. Mit dem Computer alles kein Problem. Es ist grotesk. Wollte da noch einer aufstehen und Wahrheit und Ehrlichkeit und derlei reklamieren?

Das aber ist die Vision!

Wenn es eine Ironie der Geschichte gibt, wieso dann nicht auch einen Zynismus? Und ich argwöhne, daß die *Ironisiererei in der Baukunst* langsam zynische Züge annimmt, wenn nur erst diese ganze licenziosità, diese vielschillernde Zügellosigkeit in der gestalterischen wie der rhetorischen Inanspruchnahme der Geschichte (als totaler Eklektizismus gepriesen) auf die Industrieproduktion durchschlägt, sei es nun — wie ja längst zu sehen — in den Surrogaten des Baustoff- und Bauteilhandels oder in der Pseudohandwerklichkeit der Erzeugnisse einer produktionsvariablen Industrie, die nicht mehr auf die große Serie angewiesen ist.

Um einen künftigen Mangel an Vielfalt gebauter Umwelt brauchen wir uns wohl um so weniger zu sorgen, als eine entsprechend computergerechte Produktinformation sie allemal nur steigerte, wenn der Markt es verlangte. Es bleibt nur die Frage, ob unter diesen Bedingungen überhaupt noch einmal zusammenführende Prinzipien der Baukunst zu gewinnen wären.

Das ist der Vordergrund auf der Bühne der Zukunft. Den haben wir schon im Blick. Die Rollen brauchen nicht einmal neu verteilt zu werden. Nur

die Marktanteile werden sich weiter verschieben. Und CAD wird Anteil haben: an der zunehmenden Marktmäßigkeit des Baugeschehens und der zunehmenden Warenhaftigkeit des Gebauten.
Die Konzentration in der Planung wird fortschreiten mit der Monopolisierung der großen Aufgaben durch die Planungsgiganten. Die managementmäßige Behandlung liegt auf der Hand. („Anlagenbau", gleich, ob Industrie-, Handels-, Verkehrs-, Ver- oder Entsorgungsanlagen.) CAD ist längst die Seele der Perfektion.
Bauträgergesellschaften als Generalüber- oder -unternehmer oder in Verschränkung mit diesen werden ihr Geschäft auch über eigene CAD-Bibliotheken abwickeln. Den freien Architekten speisen sie zu Discountbedingungen ab, vorausgesetzt er bewährt sich noch als Grundstückszuträger.
Die Fertighausindustrie wird, längst CAD-routiniert, weiterzersiedeln. Und die Alternative des ökologischen Zersiedelns wird nicht zurückstehen, nur zunehmend in Selbsthilfe ablaufen. Warum aber nicht auch über den einen oder anderen CAD-Pool. Architekten sind auch da künftighin wohl kaum noch sehr gefragt.
Als Freischaffender wird der Architekt Lücken ausmachen müssen, weiter in Sanierung und Modernisierung helfen, als Berater und Gutachter rotieren und hier und da als Arrangeur von Katalogware gefragt sein, oder als Industrievertreter (wie längst schon das Handwerk), oder auch schon mal als Entwerfer, produktneutral versteht sich, um den Staub vom veralteten Computer zu kehren.
Übrigbleiben werden daneben die Wenigen unter den Vielen, die Bau-KUNST machen. Der Weg dahin wird auch immer noch über Wettbewerbe führen können. Denn nehmen wir an, daß es auch künftig einen Kreis von Aufgaben geben wird, den sich die Gesellschaft gerne für etwas Besonderes vorbehält. Erfolgversprechender aber wird es sicher sein, sich anders ins Geschrei zu bringen. Der Kunstmarkt zeigt uns das. Hier werden Panegyriker dem Architekten noch besser dienen als CAD.
Kurzum: der Architekt wird kräftig zusammengestutzt werden. Wie manche meinen, auf ein vernünftiges Maß.
CAD wird nicht die Richtung bestimmen, aber eines der Siebe sein in diesem Prozeß. Mit Fortune gewählt und im richtigen Augenblick angeschafft, wird es dem einen oder andern wirklich zu Vorteilen verhelfen. Dem einen mag es eine Kreativität steigern, die ohnehin schon CAD-gemäß gepolt ist, dem andern wird es erlauben, seine Pleite zu rationalisieren. Da ja wohl auch der vornehme Verzicht auf Werbung zunehmend einer realistischeren Einschätzung weicht, wird sich mit CAD-Potenz auch

trefflich protzen lassen, so wie es die Fachärzte ja auch mittlerweile mit ihrer Apparateausstattung tun. Und, meine Güte, die Hemmung gegenüber dem zwischengeschalteten Apparat, die sollte doch längst nicht mehr kennen, wer sich selbst jener Apparatemedizin ausliefert. Am wenigsten wohl der Krankhenhausbauer. In seinem Metier erreicht diese Entwicklung geradezu höchst innere Übereinstimmung: die neue Logik des Humanitären, Vorreiterin in den *Posthumanismus*.

Ich habe jetzt zwar eine Weile willkürlich in der nahen CAD-Zukunft des Architekten herumgestochert, habe es aber unterlassen, dabei noch einmal direkt auf CAD einzugehen. CAD wird von denen, die es verkaufen wollen, und von denen, die es erprobt haben, kompetenter vorgeführt, als ich es irgend vermöchte. Denn auch ich habe bisher nur versucht, mir ein wenig Orientierung zu verschaffen. Vermutlich sind wir alle beeindruckt von der verblüffenden Leistungsfähigkeit, die diese Systeme schon haben. Dennoch halten uns viele Gründe in der Reserve. So die organisatorischen und ökonomischen Konsequenzen für das Büro. (Da zeigt sich auch, wie unterschiedlich Büros strukturiert, organisiert und besetzt sind.) Dann aber auch die Konsequenzen für den Entwurfs- und Entwurfsbearbeitungsprozeß und mithin für den Entwurf selbst. Beeinflußt CAD arbeitsmethodisch und durch latente Einstellungsänderung die Architektur? Bahnt sich da jene im Titel beschworene *automatische Architektur* an? — perfekt, steril, unbeseelt, weil Produkt des seelenlosen Apparates? Derlei Vorurteile gegen die Indolenz des Erzeugungssystems sind natürlich auch gefährlich. Wir sollten nicht vergessen, daß Bauen schwerlich aus unserer technischen Umwelt auszuklammern ist. Aktuell ist diese Problematik aber zumindest solange noch nicht, wie es sich bei CAD noch nicht um Entwurfssysteme, sondern um Entwurfsbearbeitungssysteme handelt, die den konventionell erarbeiteten Entwurf und dessen Eingabe in den Computer voraussetzen. Die Probleme liegen derzeit mehr bei der Eingabe. Aber die Grenzen sind fließend, die Entwicklung stürmt voran.

Es kann hier nicht meine Sache sein, das ganze Leistungsbild des CAD zu analysieren und nach Auswirkungen auf die Motivation, die Innovationsleistung und die Produktivität seiner Benutzer zu durchforschen. Das alles geistert schließlich auch durch die Akzeptanzproblematik. Interessant und wichtig ist es wohl. Deshalb sind meines Wissens auch drei deutsche Hochschulinstitute kooperativ bemüht, sich gerade dieser architektenspezifischen Anwenderprobleme anzunehmen. Insofern das Ganze ein empirisches Problem ist, ist Erfahrung gefragt, Architektenerfahrung und Architektenmitwirkung bei der Programmoptimierung.

Wie die Dinge derzeit liegen, ist die Einstellung zu dieser Entwicklung auch ein Generationsproblem. Aber man darf sich wahrscheinlich nicht zu früh schon zu alt fühlen – zumal wenn, wie der VDI prophezeit, schon 1990 bis zu 90% aller Zeichentischarbeit über CAD laufen sollte.
Die Wurzeln des Unbehagens liegen für den Architekten in der Sorge um den Verlust seiner schöpferischen Freiheit, die er in seiner traditionellen Arbeitsweise glaubt, souverän zu besitzen. Ich zitiere mich selbst: „Er hat (je individuell) seine eigene Entwurfsmethode, auf die er vertraut: jenes Aneignen einer Aufgabe, ihre wechselnde Reflexion in allerlei Skizzen, die synthetische Verdichtung des Problems zu einer Ganzheit, die inkubiert und ausgetragen wird und sich neuerlich in klärenden Skizzen niederschlägt. So ist die Zeichnung sein Abstraktions- und Konkretionsmedium zugleich. An die analytischen Exerzitien zur Planungsmethodik, die Anfang der siebziger Jahre zelebriert wurden, denkt er mit Abscheu. Jetzt sieht er sie auf ein anderes Niveau gehoben und sieht es mißtrauisch und unfähig, mit seinem Vorstellungsvermögen zu folgen. Wie könnte man am Bildschirm fabulieren?"
Demontage also des Vorstellungsvermögens und Entsinnlichung werden befürchtet. Inzwischen erfahrene Anwender widersprechen dem. Sind sie erfahren genug? Dem einen sind die Datenmengen schon belebte Materie, der andere sagt: „Hier bin ich kein Mensch, hier brauch' ich nicht mehr zu sein."! Beides Aussagen begeistert digitalisierender Freunde von mir.
Der besorgte Blick schweift weiter: Selbst wenn sich die Arbeit mit einem passiv-hilfreichen CAD-Instrumentarium heute noch auf die tröstliche Formel „Individuelle Kreativität + CAD" bringen ließe, was folgte, wenn der Computer künftig nicht einfach der hochspezialisierte Idiot für Routinearbeit bliebe? – wenn er aktiv würde? wenn er anfinge, es besser zu wissen? wenn aus dem, was heute schon leichthin als „Dialog" verkauft wird, wirklich ein Dialog würde – mit einem am Ende argumentativ überlegenen Dialogpartner? Was würde, wenn er am Ende unsere Probleme besser zu lösen wüßte als wir?
Dann wäre es vorbei mit der individuellen Kreativität an der Sache. Dann würde sie auf die Weide geschickt, um sich selbst zu genügen. (Die Ahnung stellte sich zu Beginn schon ein.)
Hier gelangen wir an die Grenze, von der aus Ausschau gehalten wird auf K.I. oder A.I. (Künstliche Intelligenz oder artificial intelligence). Die liegt zwar dort noch im Dunkel des tieferen Prospektes der Zukunftsbühne. Die Fluchtpunkte der Entwicklung sind noch ungewiß. Ein Horizont ist noch nicht auszumachen. Aber so ganz sinnlos ist es nicht, selbst in diesen

Raum hineinzuspekulieren. Denn über A.I. wird schließlich inzwischen nicht nur in der Grundlagenforschung, sondern auch in der angewandten Hochtechnologieforschung nachgedacht. Stichwort SDI.
Irgendwann wird der Überschuß davon auch im Bauen handhabbar werden. Handhabbar? War CAD dann vielleicht noch eine Handhabe, A.I. wird wohl nicht mehr so recht zuhanden sein. Nicht einmal Pläne müßten dann noch geplottet werden, denn die sind schließlich nur das Realisat einer Planebene, über die wir kommunizieren. Wozu sollte A.I. sie noch in Erscheinung treten lassen? Wir brauchten nur noch beiläufig mit visuellen Informationen über das, was uns an den Produkten sichtbar wird, abgespeist zu werden.
Was hat es auf sich mit dieser *künstlichen Intelligenz?*
Künstliche Intelligenz wird derzeit auf zwei Ebenen angedacht und verfolgt:
— der der einigermaßen durch ihre Zweckbestimmung definierten sogenannten Expertensysteme, Systeme bestimmter heuristischer Strategien,
— und der der weniger bestimmten Analogiemodelle zum menschlichen Denken, Wissen, Bewußtsein — mit möglicherweise weiterreichenden Kapazitäten.
Hier gilt bislang Teslers Satz: „A.I. ist alles, was noch nicht getan wurde", d.h. alles was an menschlichen Gehirnaktivitäten noch nicht nachgemacht worden ist.
Expertensysteme, so komplex sie sind, sind hochspezialisierte Problemlöser, diagnostischer Suchsysteme, die hochakkumuliertes „Fachwissen" mittels bestimmter Theoreme, Faustregeln, Analogieselektionen und über bestimmte Methoden informellen Schließens zur Bearbeitung unvollständig beschriebener Aufgaben einsetzen. Selbstprogrammierung, Selbststeuerung der Regel- und Wegewahl von Entscheidung, Lernen aus Erfahrung, Autoreflexion, Parallelverarbeitung hin zu einem quasi ganzheitlichen Problemerkennen und -lösen mit „Spürsinn" und Eingebung sind da Stichworte für die Zielsetzungen dieser 5. Computergeneration.
Es sind von ferne Annäherungen an die Komplexleistungen des Gehirns, mithin auch Annäherungen an künstliches Bewußtsein und künstliche Kreativität.
Von „Intelligenz" ist da die Rede im engeren Sinne der psychologischen Definition: als „Fähigkeit zur umweglosen Lösung konkreter und abstrakter Probleme". Bei der Herstellung von Sinnzusammenhängen aber wird es schon problematisch. Ob sich das künstliche Gehirn je strukturgleich

vom natürlichen abziehen und auf eine andere hardware wird übertragen lassen, ist noch höchst ungewiß. Daß es sich dereinst unserem Vorstellungsvermögen unzugängliche Dimensionen zu erschließen vermöchte, ist eher wahrscheinlich. Wann es soweit sein wird, wagt vorerst niemand zu prognostizieren. Man hat sich da allzu oft geirrt. Noch liegt es fernab. Nur daß es die Phantasie erregt, die es dereinst zu lähmen fähig sein könnte.

So stehen denn „individuelle Kreativität" und „künstliche Intelligenz" – rein spekulativ – einander gegenüber: als Partner oder als Widerpart? Was wäre das für ein künstliches Bewußtsein? Auch Selbstbewußtsein, Individualität? (Ganz neue ethische Probleme mit dem Abschalten.)

„Wahrnehmungen", „Bedürfnisse", „Gefühle", „Verhalten"? – Welche Art spezifischer Umwelt und welche Verschränkung darein? Afferenz und Reafferenz, Rationalität und Spontaneität, Assoziation und Kommunikation? Dies alles sind Bedingungen unserer Kreativität.

Wäre dieses künstliche ein sozialierbares Wesen? Gehörte es zur dritten Natur, die uns einer zweiten Domestikation unterwürfe, uns in ihren Zoo einsperrte, in Käfige einer „Architektur der Zukunft" nach ihrem Maß? Das alles ist längst science-fiction. Die heimliche Antithese meines Themas greift zu weit voraus. Jedoch das ist zu sagen: Wo künstliche Intelligenz wirklich wird, da wird menschlich individuelle Kreativität zweifelhaft, ja obsolet, zurückgeworfen auf den reinen Selbstzweck. Vielleicht hätten wir uns einmal zu fragen, wieso wir überhaupt dermaßen auf individuelle Kreativität fixiert sind. Kreativität appelliert an das Prometheische im Menschen, ist irgendwo Inbegriff einer Freiheit, die er sich selber schafft und worin er sich verwirklicht – jenseits aller Daseinsnot. Das Prometheische ist auch das „Neue". Sie kennen gewiß jenes bemerkenswerte Schinkelwort, darin es heißt: „Überall ist man nur da wahrhaftig lebendig, wo man Neues schafft!" Wo man etwas wiederhole, sich sicher fühle, da sei es schon nur noch eine „halbe Lebendigkeit". Etwas Seltsames ist es mit dem Neuen, das das immer Andere und Bessere verspricht, also den Fortschritt auch. Bis in die eigenste kleine Originalitätssucht wirkt dieser Innovationsdruck, der die Geschichte treibt. Das eben Neue muß schon wieder überneuert werden, weil sich der Traum der ewig sich erhaltenden Neuheit nicht erfüllt.

Die heutige Rückbesinnung auf Geschichte ist zumindest auch ein Indiz für die Ahnung von einem Substanzverlust, den wir mit dieser immer mehr beschleunigten Innovationsdynamik erleiden. Vielleicht bringt sich da die Einsicht in Erinnerung, daß schöpferische Handeln nicht auf das Prinzip der Innovation zu reduzieren ist, daß es vielmehr Bewahren und Verän-

dern, Nachahmung und Erfindung (mimesis und fiktion) ins Verhältnis setzt.
So verstandene Kreativität ist und bleibt zu fordern. Ob es aber mit dieser Einsicht gelänge unsere fatale Zukünftigkeit tatsächlich in eine etwas gedehntere Gegenwärtigkeit zurückzubiegen, und ob wir in die Lage gerieten, etwas von der Leistung als Individuum bewußter an die Leistung der Geschichte abzutreten, das muß wohl bezweifelt werden.
Und ob es eine künstliche Intelligenz sein wird, die uns dahin unbekannte Türen aufstoßen wird, auch der Kunst zum Eintritt in unbekannte Räume verhelfend, soll hier die vorerst letzte unter all diesen unbeantworteten Fragen bleiben.
Hinter uns sind schon zu viele Türen zugeschlagen, die uns inzwischen unzugängliche Prinzipien verbergen.
Die *Zukunft ist ein Mysterium*, ich bin kein Adept:
Architektur automatisch? oder automagisch? (automagically – Sie wissen, *Hackereese*, Hacker-Jargon).
Vielleicht wird A.I. dereinst ein neues universales Zentralorakel, auch der Architektur. Wer weiß?

Vortrag im Rahmen des BDA-Symposiums „CAD: Architektur automatisch?" am 21. Juni 1985 in Hamburg.

Gerd Neumann

CAD und die Architektur der Zukunft

These 1: CAD wird sich auch in der Bauplanung durchsetzen.

Die standesspezifische Resistenz gegen mikroelektronische Instrumentierung wird dem Anbieterdruck auf Dauer nicht widerstehen. Der Widerstand verdeutlicht vorerst nur die weitgehende Außenlenkung dieser Entwicklung: Bedarf besteht kaum, er wird erst geweckt. Das absatzorientierte Interesse der Computerindustrie richtet sich gegenwärtig offensiv auf die Entwicklung eines Abnehmerinteresses
– durch Entwicklungsprognosen (Panikmache),
– durch leistungsbezogene, anwendungstechnische Informationen (auch Bluff),
– durch progressive Preisvergünstigung,
– durch effektive anwenderbezogene Optimierung („anwenderfreundliche Systeme").

Nach erfolgreicher Erschließung eines gewissen kritischen Marktsektors wird sich die Entwicklung des Abnehmerinteresses selbst fortzeugen (Lawineneffekt durch Konkurrenzsituation).

Die Vorteile von CAD jenseits der Eingabeschwelle sind bereits offenkundig:
– Trennung der Planinformation von der Plangrafik und Trennung der Plangrafik vom Zeichnungsträger, d.h. über verschiedene Darstellungsebenen (Bildschirm, Ausdruck, geplottete Zeichnung) kohärente und (bis hin zu CAM) transportierbare Datenmengen,
– bei entsprechender Vernetzung gleichzeitige und unterschiedliche Bearbeitung (Fachplanungskoordination),
– Maßstabunabhängigkeit und das Maß der Manipulierbarkeit (Vergrößerung, Verkleinerung, Drehung, Spiegelung, Deformation u.ä. Operationen, Ausschnitte, Projektionen, Wiederholungen, Generierbarkeit, Variationen etc.),
– Zerlegbarkeit (Komponenten, Makros),
– Korrigierbarkeit (Löschung, automatische Neuordnung sämtlicher Plandaten),
– Berechnungsleistungen (implizite Vermaßung, Flächen-, Kubus-, Massenberechnungen, Auflistungen),

- Kontrollierbarkeit (Durchblick, Fehlerminderung),
- Informationsdichte (Datenebenen, Folientechnik),
- Arbeitsgeschwindigkeit,
- Speicherung (Elementebibliothek, Plandokumentation),
- 2D- und 3D-Darstellungen,
- Mehrfarbigkeit, Signaturen, Beschriftungen, Rasterungen etc.

Weniger offensichtlich als die Vorteile sind die Nachteile. Sie sind bislang mehr Gegenstand von Spekulationen:
- arbeitsorganisatorische Zwänge,
- Wirtschaftlichkeitszwänge (Investition, Abschreibung, Auslastung),
- arbeitspsychologische und arbeitsmethodische Zwänge,
- Systemkomplettierungszwänge (hin zu CD),
- Steigerung unproduktiver Leistungen,
- „automatische Architektur".

These 2: CAD wird den Trend zur Marktmäßigkeit in der Bauplanung verstärken.

Der Leistungssektor des Architekten wird zunehmend eingeschränkt werden
- durch eigene CAD-Planung von Bauträgern und Generalübernehmern,
- durch Fertighaushersteller,
- durch expandierende CAD-Planungsangebote der Fachplanungsbereiche,
- durch CAD-Werbungs- und -Zugabeleistungen von Hersteller- und Ausführungsfirmen.

CAD wird zum Werbefaktor des Architekten werden.
CAD wird zunehmend zur geforderten Auftragsvoraussetzung werden.
CAD-Investitionsfähigkeit wird die Konzentration zu Großbüros und die Monopolisierung in bestimmten Planungsbereichen fördern.
CAD wird Auswirkungen in der Handhabung der HOAI zeitigen.
Der Planungsmarktanteil des freischaffenden Architekten wird kleiner werden. Die Einheit des Berufsbildes des Architekten wird zerfallen. Wo er verlorene Marktanteile zurückerobert, wird er es nicht mehr als Architekt im herkömmlichen Sinne tun.
Dieser „Architekt" als Garant von Qualität wird im zunehmenden Wertepluralismus zur Fiktion. Er wird in engerem Bereich Innovator im Sinne des originellen Erfinders bleiben.

These 3: CAD wird auch die Qualität von Architektur beeinflussen.

Die Systemzwänge der Entwurfsbearbeitung mit CAD (auch das immanente Rationalisierungsprinzip) werden in ein CAD-gemäßes Entwerfen zurückwirken. Der CAD-Einsatz wird die Ausnutzung der Leistungsvorteile von CAD fördern, d.h. das Zerlegen in und das Reproduzieren von Komponenten.

Das leichte Spiel mit Varianten bei hohem Ausstoß wird die Illusion der Optimierung – auch ohne Sprünge freier Erfindungskraft – stärken. Die Standardisierung der Darstellung wird einer Schematisierung des Dargestellten korrespondieren. Die Perfektion wird falsche Evidenzen erzeugen, das Unfertige wird schnell fertig sein, weil es fertig erscheint. (Dem kommt Produktoffenheit der Planung noch entgegen.)

Der bequeme Zugriff auf 3D-Simulationen wird die räumliche Phantasie lähmen. Reduktion, Präzision und Arbeitsduktus werden die weiten Felder der Assoziation beim freien Zeichnen brach legen. Ganzheitliche Vorstellungen des Werkes und je individuell gefilterte historische Implikationen im Entwurf werden verlorengehen.

These 4: CAD wird die Architektur aufspalten.

Die „Architektur" der Zukunft wird sich – der These 2 folgend und durch die Einführung von CAD beschleunigt – aufspalten in ein bunt pluralistisches Bauen (mit und ohne „Architekten") und einen Restbestand an Bau-Kunst von Prädikatsarchitekten.

Die Abkopplung von der historischen Architektur (und ihren historischen Bedingungen) ist längst vollzogen. „Kontinuität" ist nurmehr eine legitimatorische Beschwörungsformel.

These 5: Indem CAD sich durchsetzt, wird auf lange Sicht einem CD der Weg geebnet.

Das kann man nicht einem Maschinenprozeß überlassen!

Oswald Mathias Ungers im Gespräch mit Peter Neitzke

Neitzke: In ihrer Geschichte hat die menschliche Gattung immer auf den ‚Fortschritt' gesetzt, ohne den Preis auch nur zu kennen, den sie einmal zu bezahlen haben würde. Das gilt nicht allein im großen, sondern auch im einzelnen. Schon schwärmt man davon, vieles mit Hilfe des Computers erledigen zu können, das man, davon bin ich überzeugt, eben gerade dadurch erledigt – umbringt –, daß man ihm anvertraut, was die Sinne, was das Denken ihrer produktiven Schwerfälligkeit wegen offensichtlich nicht mehr schnell und effizient genug bewerkstelligen. Entwerfen solle die Maschine ja gar nicht, heißt es; man wolle sich *nur* ihrer Fähigkeiten bedienen, in jedem Falle bleibe man Herr über die Maschine.
Außer Frage scheint zu stehen, daß mit Hilfe von Computer Aided Design leichter, schneller und, vor allem, fehlerfrei getrennt Untersuchtes zusammenzuführen ist. Legt man etwa innerhalb der Werkplanung die Deckenfelder aufeinanderfolgender Geschosse übereinander, so findet die Anlage in Sekunden heraus, wo Probleme sind. Derlei Prüfungen haben noch vor Jahren viele Leute beschäftigt, in der Tat: lähmende Tätigkeiten. Ebensowenig wie man alles andere neue technische Gerät verteufele, sagt man, brauche man die doch willkommene Dienstleistung des Computers zu fürchten. Im Gegenteil: Man gewinne Zeit; ob die so frei gewordene Zeit dann allerdings wirklich für Tätigkeiten genutzt wird, die bislang repetitiven, nicht produktiven Arbeiten geopfert worden sei – ich bezweifle es.
Entwerfen, das ist, so ‚logisch' ein Entwurf auch erscheinen mag, nun kein ausschließlich logischer Prozeß. Man fügt ja nicht einfach aus Vorgaben und kodifizierten Entwurfselementen ein neues Haus zusammen. So rational der Entwurfsprozeß *wird*, so wenig scheint mir seine Rationalität zum Regelsystem einer CAD-Anlage zu passen.
Ungers: Der Prozeß der Rationalität im Entwerfen beginnt ganz sicher nicht mit Ja-/Nein-Entscheidungen, nicht als logischer, eher als analogischer Prozeß. In diesem Prozeß greife ich auf eigene Vorstellungen und Erkenntnisse zurück. Aus diesem Fundus, der sich nicht genau benennen läßt, aus diesem geistigen Reservoir – einem Ungeschiedenen aus Ge-

schichte, eigenen Erlebnissen, Möglichkeiten, Dinge zu erkennen usw. – versuche ich, Bilder, Vorstellungen, Konzepte oder, etwas großspuriger gesagt, Ideen, genauer: ein Thema zu entwickeln. Ein Thema hat zunächst nichts Logisches. Wenn es aber in seinen vagen Umrissen gedanklich skizziert ist und die Möglichkeit erkannt wird, daß es im Entwurfsprozeß für die gestellte Aufgabe tragfähig sein könnte, dann bleibt es doch zunächst nur abschätzbar. Logisch beweisen läßt es sich nicht. Vielmehr geht es um *trial and error*, etwas versuchen und wieder verwerfen. Um es deutlicher zu sagen: zunächst um nichts anderes als um die Aufstellung einer Hypothese. In der Wissenschaft geht man genauso vor. Diese Hypothese zu finden, das ist ein poetischer, kein klar zu benennender Prozeß. Gleichwohl ist er beim Entwerfen das Wichtigste überhaupt. Hat man erst einmal eine Hypothese gefunden, dann hofft man selbstverständlich, mit ihr arbeiten zu können.

Neitzke: Gut. Wenn eine Hypothese – wie Sie sagen – sich als tragfähig für die Durcharbeitung einer bestimmten Aufgabe erweist, dann läge es doch eigentlich nahe, sie mit Hilfe von Geräten zu prüfen, die sie an den verschiedenen Vorgaben mißt – dem Raumprogramm, konstruktiven Bedingungen, Vorschriften der Landesbauordnung usw. So ließe der Entwurfsprozeß sich doch rationalisieren. Oder nicht?

Ungers: Von einer bestimmten Stufe an ganz sicher. Die Hypothese enthält und entwickelt ja irgendwann eine eigene Logik, so daß man sich, von einem bestimmten Punkt an, einer EDV-Anlage bedienen *könnte*. Und trotzdem kann ich so nicht arbeiten. Alle weiteren Ebenen in der Entfaltung der Hypothese, der Durcharbeitung bzw. Prüfung des Themas sind immer wieder der Versuch, die Hypothese zu widerlegen, am offensichtlichsten natürlich, wenn es um Fragen der Funktion, der Wirtschaftlichkeit oder der konstruktiven Machbarkeit geht. Das sind gleichsam Filter, durch welche man die Hypothese schickt. In Wirklichkeit geht es dann aber sehr viel komplizierter zu. Ästhetische Entscheidungen, beispielsweise, sind nicht ‚beweisbar‘, weil sie eigentlich nicht logisch faßbar sind; sie beruhen eben auch auf dem Empfinden. Ist ästhetisch befriedigend, was bei der Entwicklung der Hypothese entsteht? Ist es gestalterisch konsistent? Wenn ich die Hypothese logisch zu Ende führe, kommt dann vielleicht etwas heraus, das ich gestalterisch eigentlich nicht gewünscht hatte? Also, es ist nicht ganz so einfach, sondern wird – gerade wenn es in den Bereich der Gestaltung, der Ästhetik, also in nicht eindeutig benennbare, in Fakten oder Quantitäten bezifferbare Ebenen hineinkommt – sehr schwierig.

Wichtig ist aber noch etwas anderes: Man muß die Hypothese während des Entwerfens im Schweben halten, d.h., man muß bereit sein, sofort eine Hypothese gegen eine andere auszutauschen. Folglich müßte man eigentlich mit mehreren Hypothesen zugleich arbeiten, wobei man – durch welchen komplizierten Prozeß auch immer – plötzlich doch *eine* von ihnen zumindest an einem Zipfel festhalten kann, wenn man meint, die richtige zu haben. Erst dann beginnt der Prozeß einer gleichsam logischen Durcharbeitung. Dieser Prozeß könnte unter Umständen von einer Maschine übernommen werden; aber ich bezweifle das. Warum? Selbst bis in die späten Phasen, bis ins Detail hinein werden immer wieder die gleichen Anforderungen an die Entscheidungen gestellt, wie bei der Anfangshypothese, die den Entwurfsprozeß zunächst zu beruhigen scheint. Falls das Bild sich dann einstellt und weiterverfolgt werden kann, ist damit zunächst eine Richtung gegeben. Die Klärung dieser Richtung aber, die Frage, ob sie dann eine *gestalterische* oder ästhetische Logik besitzt und damit nicht mehr alles machbar ist, das ist es eben, was eine andauernde Prüfung erfordert. Das kann man nicht einem Gerät überlassen, das Wenn-/Dann- oder Ja-/Nein-Entscheidungen treffen kann und sonst nichts. Der Prozeß ist zu komplex, um ihn einer Maschine zu überlassen.
Neitzke: Wie steht es mit den Erfahrungen beim Entwerfen, wie verändern sie das Entwerfen?
Ungers: Der Entwurfsprozeß macht Dinge sichtbar, die vorher nicht sichtbar waren, die nicht da waren. Ich will jetzt nicht das große Bild vom Entwurf einer Welt strapazieren. Das Schöne am Entwerfen ist ja, daß man etwas denkt, sieht, *entwirft*, das es zuvor so noch nicht gab. Das ist das Aufregende. Bereits Entwickeltes, Vorhandenes zu übernehmen, das ist nicht entwerfen, das ist bloße Produktion. Ein wesentliches Merkmal des Entwerfens ist der Versuch, Vollkommenheit zu erreichen. Die Urhütte, um ein Beispiel zu geben, die aus Stangen und Reisig zusammengeschlagen war, hat sich in der Geschichte bis zu dem höchst verfeinerten Gebilde eines Tempels entwickelt, bei welchem jedes Teil auf eine ehemals bedeutungsvolle oder einfache Kombination des Materials zurückgeht, dann aber höchste Qualität und Vervollkommnung menschlichen Geistes erhalten hat. *Das* eigentlich ist Entwerfen. Wenn man das der Maschine überlassen würde, würde man sich immer nur auf bereits Vorhandenes stützen, man würde nie das Abenteuer der Geburt des Neuen wagen.
Neitzke: Erfahrungen während des Entwerfens: Die elektronisch arbeitende Anlage macht selbst keine Erfahrungen. Sie kann nicht nur auf Erfahrungen nicht zurückgreifen – befriedigend, daß den Konstrukteuren

die Lösung dieses Problems nicht gelingen kann! – sie verhindert meines Erachtens sogar Erfahrungen, Erfahrungen der Art, von der wir hier reden.

Ungers: Das Entwerfen ist eine Entdeckungsreise, wie eine Reise in ein unbekanntes Land. Sie beginnt mit dem Beginn des Entwerfens selbst, sofort. Meine Erfahrung lehrt mich, daß man auf diese Entdeckungsreise nicht verzichten kann und nicht verzichten darf. Wenn man Entwerfen aber als Entdecken betrachtet – nicht als Erfinden, das ist etwas ganz anderes –, dann, meine ich, kommt man dazu, weniger emphatisch, weniger affirmativ auf die sich mit Computer Aided Design angeblich bietenden Möglichkeiten zu reagieren.

Neitzke: Einzigartige, unvergleichbare, unübertrefflich schöne Gebäude zu verwirklichen – was ist das heute? Ein Haus muß stets einen bestimmten Gebrauchswert besitzen, vielleicht ist es sogar schön. Seine Brauchbarkeit wird vielleicht sogar erst durch seine schöne Gestalt unmittelbarer erfahrbar. Der alte Kanon, der hier angesprochen ist, was hat er mit der gegenwärtigen Verfassung der Welt gemein?
Die Zahl derer, die ihre Augen bewußt gebrauchen und dabei eigene Erfahrungen machen, ist klein genug und wird, vermute ich, immer kleiner werden. CAD, bevor es beim Entwerfen von Gebäuden seine Dienste anbot, war schon als Zertrümmerer von visuellen Erfahrungen bekannt. Die elektronische Erzeugung von Bildern breitet sich weiter aus; ich denke an Video-Clips oder Werbespots, die die ästhetischen Schocks der Moderne inzwischen zur höheren Weihe der Ware verbrauchen. Marken und Zeichen treten immer mehr an die Stelle eigener, verarbeitender Seherfahrung. Kann man sich eine Technik, die sich als *Hilfs*mittel feilbietet, eine Technik, die zerstört, für das Entwerfen einer humanen Architektur vorstellen? Müssen die Resultate nicht zwangsläufig von den Bedingungen und Formen ihrer Herstellung Zeugnis ablegen?

Ungers: Ich sehe das so. Was bei CAD zu einer gewissen Verführung werden kann, ist, daß die Mittel *zu schnell* einsetzbar und damit auch zu schnell verbraucht sind. Das verführt dazu, nichts mehr ernst zu nehmen. Man spielt nur noch mit Gedanken, geht mit ihnen nur noch nach Art von Attitüden oder Episoden um.

Neitzke: Wie jemand, dem man ein eben von ihm gemachtes Polaroidfoto zeigt und der mit der Bemerkung abwinkt, für die eigene Geschichte interessiere er sich nicht.

Ungers: Für das Bauen wäre das fatal. Wenn nichts mehr ernst genommen wird und damit eigentlich alles zur Persiflage, zur Travestie wird, dann entsteht keine gebaute Kultur mehr. Allein die Tatsache, daß man mit CAD Farben erzeugen und beliebig verwandeln kann, ist meines Erachtens so verführerisch, daß die Farbe als Ausdrucksmittel gar nicht mehr ernst genommen wird. Alles ist bunt, alles machbar, ein Gebäude läßt sich in ein anderes verwandeln. Man kann alle Formen anwenden, deren Vokabular man besitzt, ohne nach Inhalten zu fragen.

Neitzke: Zur Zeit meines Architekturstudiums haben wir noch Erfahrungen mit maßstäblichen Modellen gemacht. Körper und Räume konnten wir so in dieser realen Dreidimensionalität wahrnehmen; selbstverständlich verändert der kleine Maßstab, das beim Modell schiefe Verhältnis von Körper, Raum und Materialtextur den Eindruck; es bleibt aber die Möglichkeit, alle drei Dimensionen *unmittelbar* zu sehen. Die zweidimensionale Zeichnung, selbst wenn sie drei Dimensionen zeigt, bleibt dagegen immer ein Surrogat.

Nun macht ja eine Perspektive oder eine aufwendige Isometrie viel Arbeit. Ich befürchte, daß die Möglichkeit, mit Hilfe von CAD im Handumdrehen schnell wechselnde perspektivische Bilder erzeugen zu können, die Erfahrung des *allmählichen* Entstehens visueller Eindrücke zerstören wird, von Erfahrungen mit dreidimensionalen räumlichen Modellen ganz zu schweigen. Wer wird sich noch die Mühe machen, sich gleichsam archaisch mit Modellen aus Pappe oder Ton zu befassen, wenn – scheinbar identische – Resultate sehr viel weniger aufwendig zu haben sind?

Ungers: Ich glaube ganz sicher, daß diese Entwicklungen Erfahrungen dieser Art vernichten. Die Architektur wird graphisch durch die Mittel, die sie benutzt. CAD ist ja ein graphisches Mittel, zweidimensional. Es wäre darum eigentlich kein Wunder, wenn die schon gegenwärtig flach wirkende Architektur mit der Verbreitung von CAD noch flacher würde, bloße Fassade, zweidimensional wie die Zeichnung.

In der Tat kann nichts die Anschauung besser ersetzen als ein Modell. Die Wirklichkeit zeigt nur der gebaute Raum. Nun schafft die moderne Architektur eigentlich keine Räume mehr, Raum ist nicht mehr Gegenstand des architektonischen Bewußtseins. Von der Kunst, Räume zu bilden, ist nicht mehr die Rede. Wollte man nur fünf Innenräume der neueren Architektur benennen, man käme vermutlich in Schwierigkeiten. Das ist ein enormer Verlust, ein Verlust, der natürlich auch in den Mitteln begründet ist, mit denen gearbeitet wird.

Neitzke: Es gab einmal Primärerfahrungen von Raum und Zeit. Je mehr Bilder in die Welt kommen, je größer die Umlaufgeschwindigkeiten dieser Bilder, desto größer die Gefahr, daß die eigenen Arbeiten Resultate von

abgeleiteten Erfahrungen sind. Man hat vom Leben aus zweiter Hand gesprochen.
Ungers: Lassen Sie mich noch einmal auf meine Erfahrungen beim Entwerfen zurückkommen. Ich halte es für sehr wichtig, daß man sie selbst macht. Die Trennung von Gebautem und Gezeichnetem ist ja bereits so weit gediehen, daß sie eine weitere Trennung eigentlich kaum noch duldet. Ein gotischer Dom wurde noch gebaut, indem die Risse im Originalmaßstab auf das Gerüst gebracht wurden; man dachte und entwarf also in allen Proportionen immer unmittelbar in der Vorstellung von der Realität. Heute denken und entwerfen wir in Miniaturen. Was wir bauen, verkleinern wir uns zunächst durch Maßstabsreduzierung. Über diese Verkleinerung verändert sich aber auch, was wir als Konzept vor Augen haben. Raum und Material kommen nur noch in der Vorstellung, in der Simulation vor; die Entfernung des Entwerfenden vom Material ist bereits so weit gediehen, daß man über Material nur noch disponiert, es aber eigentlich gar nicht mehr richtig kennt, man faßt es nicht mehr an. Es gibt Bauten, deren Materialien der Architekt selbst nie berührt hat, während der Baumeister einer gotischen Kathedrale seine Materialien genau kannte, ihre Festigkeit, ihre Oberflächen usw.
Neitzke: Würden Sie hier von Entsinnlichung sprechen?
Ungers: Ich halte das für eine völlige Entsinnlichung, denn man muß doch vom Material her *spüren*, wie etwas in der Realität sein wird. Wenn der existentielle Umgang mit Architektur durch den maschinellen, manipulierten Umgang mit Architektur ersetzt wird, dann bleibt am Ende vielleicht nur noch eine Hülle, ein leerer, auch für den ‚Architekten' nicht mehr erfahrbarer, erlebbarer Bau, der auch für andere etwas Künstliches, etwas Unwirkliches hat, einem Auto vergleichbar: ein kühles, unpersönliches Objekt. Architektur aber bildet dadurch, daß sie erfahrbar ist, Raum, *eine Erweiterung von Haut*, von der eigenen Existenz also.
Neitzke: Karl Marx hat die Entfremdung des Arbeiters vom Gegenstand seiner Arbeit beschrieben und als innerhalb der bürgerlichen Ökonomie gesetzmäßig analysiert. Aus dem privilegierten Stand des Baumeisters längst entlassen, finden sich die *Architekten heute* in Produktionsverhältnissen wieder, die dem Baumeister des 19. Jahrhunderts nicht einmal in Fieberträumen erschienen wären – eingeholt von einer Entwicklung, die die Lebensverhältnisse der Lohnarbeiter vor mehr als eineinhalb Jahrhunderten zu bestimmen begann.
Ungers: Das scheint mir wirklich der Fall zu sein. Die Architekten entfernen sich von ihrer eigentlichen Existenz. Sie übernehmen eine Art Existenz

aus zweiter Hand, wenn sie mit diesen neuen Verfahren arbeiten. Ich halte das zumindest für schwierig in der Architektur. Das führt zu einer vollständigen Entseelung des Materials, des Hauses, des Raumes. Die Architekten begeben sich auf ein Gebiet, auf dem die Entfremdung vom Gegenstand der eigenen Tätigkeit immer weitergeht, bis diese Tätigkeit schließlich durch jemanden übernommen werden kann, der nur noch Programme manipuliert. Man muß sich einmal vorstellen, was das bedeutet, wenn ich mich ‚entwerfend' mit Programmen beschäftige, mit dem ‚Abrufen' bestimmter Daten statt mit dem konkreten Material. Dann kann ich auch durch irgendjemanden ersetzt werden, der *das* besser kann. Sie wissen, daß versucht worden ist, Computer Gedichte herstellen zu lassen. Kann man sich Poesie ohne die Erfahrung des Schreibenden vorstellen? Läßt sich die musikalische Erfahrung, läßt sich die Empfindung des Komponisten ersetzen durch einen Computer, der Musik macht?
Neitzke: Die Seelenlosigkeit solcher Musik ist zu hören.
Ungers: Und läßt sich die räumliche Erfahrung des Architekten ersetzen?
Neitzke: Ich habe vor Jahren in einem Aufsatz Hinweise über das Verhältnis von Handschrift und Erfahrungsproduktion gefunden, die sich, wie ich meine, direkt auf die Architektur übertragen lassen.* In diesem Text ist vom Verlust der Handschrift die Rede. Es wird die Frage gestellt, „ob und wie das Weben des Gewands der Sprache wesentlich Gedanken und Inhalt *produziert"*. So kühn wie unbewiesen (wenn es darauf ankäme) ist die These, daß die „Hand des Autors jeder Körperort zu sein (scheint), durch den sich während des Schreibvorgangs (...) die Erinnerung wieder erschließen kann", daß mithin, während die Feder über das Papier eilt, Erinnerung und Erfahrung – wenn auch zumeist unbewußt – rekonstruiert werden. Wenn Architektur ohne den Zeichenstift entsteht, dessen Bewegungen Bilder des sei es auch nur *architektonisch* Vergangenen, Verschütteten, Verdrängten zurückholen; wenn Architektur ohne die Zufälligkeiten entsteht, die ursprüngliche Intentionen verkehren; ohne das ‚anarchische' Klima der Architekturwerkstatt, mit einem Wort: Wenn das Machen von Architektur alle diese gleichsam vorindustriellen Züge verliert, verändert sich dann nicht auch die Architektur in grundlegender Weise?
Ungers: Ich sehe die Entfernung des Architekten aus der Architektur – darauf läuft das alles ja letztlich hinaus – noch in einer weiteren Hinsicht als eine schlimme Sache. Eine Arbeit, die man mit zwanzig Jahren macht, sieht anders aus als eine, die man mit fünfzig oder sechzig macht. Die Mög-

---

* Klaus Modeck, Das Stellen der Schrift, in: Filmkritik 7, 1982

lichkeit, sich aus einer bestimmten Situation heraus, aus seiner Zeit, seiner jeweiligen Lage heraus zu verwandeln, die Dinge anders zu betrachten, anders darzustellen, anders zu erleben, ginge verloren, wenn die Arbeit nicht mehr die Spur des eigenen Lebens trägt. Schon heute kann man bei vielen Architekten zwischen einer Jugendarbeit und einer Altersarbeit kaum Unterschiede ausmachen. Sie bleiben immer jugendlich; selbst Architekten, die weit über sechzig sind, entwerfen unversehens wie jüngere oder junge Kollegen. Man würde doch meinen, daß die Dinge im Alter ernsthafter werden, vielleicht poesievoller. Also, wie entwickelt sich das erst, wenn ich mit kodifiziertem Material umzugehen hätte, aus dem die Spur meines Lebens wirklich entfernt ist, das mit meinen Bedürfnissen und Stimmungen nichts mehr zu tun hat? Ein Verlust, ein unersetzbarer Verlust. Wir würden keine Alterswerke mehr bekommen.

Das Gespräch wurde am 7. Oktober 1985 in Köln geführt.

Ein nachdenkliches Schlußwort
von Dieter Rogalla

"Mutter Natur hat absolut perfekte Produkte entwickelt incl. äußerst funktionaler Verpackungen. Wofür die Banane nicht das schlechteste Beispiel ist, wie Ihnen jeder Affe gern bestätigen wird.
Bedauerlicherweise hat diese gelungene Produktentwicklung von den ersten Ansätzen über alle Versuchsmodelle bis zur Massenproduktion alles in allem runde 60 Millionen Jahre gedauert.
Für Mutter Natur mag dies relativ kurz sein.
Aber unsereiner ist ja schon durch die eigene Lebensdauer gezwungen, seine Lösungen etwas schneller zu entwickeln.
Was mit einem CAD-System von . . . auch gar kein Problem ist."
(aus einem Werbespot der Computer-Branche)

Diese Ideologie stimmt mich nachdenklich. Die Probleme der Menschheit, für uns Architekten etwas spezieller: die Probleme der Behausung des Menschen, werden ganz einfach und preiswert gelöst – die Maschinenintelligenz, die Chip-Revolution macht's möglich.
Diese mehr oder weniger eindimensionalen Betrachtungsweisen vernachlässigen wieder einmal elementare Lebensbedürfnisse und Verhaltensweisen des Menschen, die er aufgrund seiner Herkunft als Lebewesen am Ende der vorhin erwähnten Evolutionskette naturgegeben und naturbezogen hat.
Seine Raumerfahrung, seine Wahrnehmungsgewohnheiten, seine Ansprüche an Wohnlichkeit und Geborgenheit, der Schutzwert des Hauses oder der Wohnung, das, was wir unter Milieu verstehen, mögen als Stichworte für das gelten, was mit diesen Bedürfnissen und Verhaltensmustern gemeint ist.
Der Mensch braucht mehr, sehr viel mehr als das Logische, Zweckhafte, Rationale. Er hat, anders als die Maschine, ein Gemüt, er hat Sinne, sein Raumerlebnis basiert auf einer Synthese vieler sensorischer Wahrnehmungen.
Durch die Technik erfahren wir eine Expansion unserer Sinne. Das Telefon erhöht die Reichweite der Stimme, Film und Fernsehen erweitern durch Überblendung, Trickaufnahmen und dergleichen die Sehgewohnheiten; der Computer ergänzt die Gehirntätigkeit.

Mit großer Wahrscheinlichkeit wird er, bei der heutigen Entwicklungsgeschwindigkeit, in wenigen Jahren alle unsere Grundrisse organisieren.
Aber die Diskrepanz liegt darin, daß Grundrisse aufgrund geometrisch-konstruktiver Gesetzmäßigkeiten entwickelt werden, die Räume also so ineinander passen müssen, daß ihre Gesamtheit ein Haus ergibt, die Grundrißzusammenhänge von den künftigen Benutzern aber ganz anders erfahren werden als abstrakt geometrisch.
Diese z.B. in Zeitschriften abgebildeten Grundrisse aber verdeutlichen unseren Hang zur übertriebenen, ausgerichtet aus dem Grundrißbild, entwickelten Ordnung, in der kein Platz ist für die Vielfalt des Lebens, weil diese die künstliche, technische, akademische Ordnung stören würde.
In heutigen Großraumbüros verbringen die Menschen die Hälfte ihres Lebens auf Synthetikboden, zwischen kunststoffbeschichteten Wänden, unter fasergepreßten Decken, künstlich belichtet, vollklimatisiert, auf den Bildschirm fixiert, über Lautsprecher beschallt.
Es wäre Aufgabe der Architekten, den schnellen Machern, den cleveren Andienern, denjenigen, die wieder einmal „ein Stück Zukunft im Griff" haben, zu begegnen, klarzumachen, daß wir Entwerfen nicht allein in der Umsetzung eines Bauprogramms, also als Ordnen, Werten und Ausgleichen technischer und ökonomischer Bedingungen und Anforderungen verstehen, sondern in einem höheren Sinn, im Sinne dessen, wozu wir Architekten in erster Linie aufgerufen sind:
Den Menschen in seinem Wesen, von seinen Bedürfnissen her zu begreifen, mitzuhelfen, die noch verborgenen Lebensbedingungen zutage zu fördern, ihm in seiner Behausung einen Gegenpol zu schaffen zu einer Welt, die immer mehr von Sinnbildern und Ersatzhandlungen geprägt, immer lebensfeindlicher wird.
Ich habe die bange Befürchtung, daß wir, mehr aber unsere Auftraggeber, erneut der Faszination erliegen könnten, die in den neuen technischen Möglichkeiten liegt, genau wie wir uns vor 20 Jahren faszinieren ließen von der Technisierung des Bauwesens, von Fertigteilbaukästen, Megastrukturen, Raumstädten.
Zwar entwickeln wir Architekten die Programme auf die Forderungen der Zeit in aller Regel nicht selbst, aber wir setzen sie um, häufig zu widerspruchslos und wider die Natur des Menschen; wir gehören zu den wenigen, die an Schalthebeln sitzen, wir tragen Mitverantwortung.
Ich bin froh darüber, daß den neuen Möglichkeiten überwiegend mit einer gesunden Skepsis begegnet wird.

Schlußwort zum BDA-Symposium am 21. Juni 1985 in Hamburg.

CAD-Literatur für Architekten

Arlt, J.: Datenverarbeitung für Architekten. Auswahl von Hard- und Software, in: Deutsches Architektenblatt, 7—8/84,
Bauernfeind, U.: Von der Teillösung bis zum integrierten Gesamtkonzept, in: Beratende Ingenieure, 10/85
Bernet, J.: CAD-Praxis im Architekturbüro, Artikelreihe, in: Schweizer Ingenieur und Architekt, 17, 18, 20/85, Zürich 1985
Brand, H. / Schlindwein, M. / Spiesberger, W.: Computergraphik: Anwendung Computer Aided Design, in: OVD/Online 9+10/83, 2/84
Brandenberger, R.B.: CAD im Architekturbüro, in: Bau-Spezial, EDV am Bau, Gütersloh 1984
Deilmann, Th.: EDV im Architekturbüro. Erfahrungen und Entwicklungsziele, in: Der Architekt, 10/84
Eigner, M. / Maier, H.: Einführung und Anwendung von CAD-Systemen, München 1982
Einecke, G.: Computer im Architekturbüro, in: Deutsche Bauzeitung, 3/83
Emde, H.: Rechnerunterstütztes Formen und Strukturieren von Architekturobjekten, in: Arch+, 83/86
Friedrichs, K.: Von der Architektur zum Design-Supermarkt, in: Arch+, 83/86
Fuhrmann, J.: Neue Informationstechnologie CAD — Bildschirmanwendung im Konstruktionsbereich, in: Fundamente, 2/84
Gafner, K.: Computerunterstützte Planung — Erfahrungen heute, in: Schweizer Baublatt, 93/84
Glaser, D.: Dieses Werkzeug gehört in die Hände der besten Architekten, in: Deutsches Architektenblatt, 6/84
Glaser, D.: Informationsverarbeitung im Architekturbüro — systematisch und rechnergestützt, in: Deutsches Architektenblatt, 2/85
Günther, H.: Die stillen Kosten. Der schmerzliche Weg eines Architekten ins Computerleben, in: Deutsche Bauzeitung, 12/84
Guthoff, J.: CAD in der Bauplanung und in der Bautechnik — Überblick und Einsatzmöglichkeiten, in: Rationeller Bauen, 5/84
Guthoff, J.: EDV — Rechnergestütztes Planen, Entwerfen und Konstruieren, in: Deutsches Architektenblatt, 4/83
Haase, H.-J.: CAD, Qual der Wahl, in: Deutsche Bauzeitschrift, 9/85
Hallauer, F.: Die Bauverwaltungen und ihr verstärkter Einsatz von EDV. Konsequenz hieraus für freie Architekten, in: Der Architekt, 10/84
Haller, F.: Mit EDV zu neuen Planungshilfen, in: Arch+, 77/84
Heinel, K.: Anwendungsmöglichkeiten neuer EDV-Technologien in den Verwaltungen unter besonderer Berücksichtigung des CAD, in: Deutsches Architektenblatt, 4/84
Heinel, K.: EDV im Bauwesen, in: Bauverwaltung, 4/84
Hovestadt, L.: CAD im „Selbstbau", in: Arch+, 83/86
Hüppi, W.: CAD. Computer-Aided-Design, in: Bauhandbuch, Bd. 3, Zürich 1983
Hüppi, W.: CAD in der Bauplanung, in: Bau Spezial, 4/85
Hüppi, W.: CAD in der Praxis, in: Aktuelles Bauen, 7—8/85

Hüttner, Kl.: CAD – ein Erfahrungsbericht, in: Deutsches Architektenblatt, 3/85
Hüttner, Kl.: CAD und seine Wesensmerkmale, in: Bauverwaltung, 6/85
Kernchen, E.: Ein sehr komfortabler „Zeichenstift". Elektronische Datenverarbeitung im Architekturbüro, in: Wissenschaftsmagazin der TU Berlin, 1/82
Kernchen, E.: Text: CAD-Systeme, in: ARCH+, 83/86
Kramel, H.E.: CAD und die Suche nach Problemen, in: Aktuelles Bauen, 1, 2/83
Kramm, R.: Erfahrungen aus dem Alltag, in: Arch+, 77/84
Kroll, L.: CAD-Architektur. Vielfalt durch Partizipation, in: Fundamente Alternativer Architektur, Bd. 18, Karlsruhe 1985
Kroll, L.: EDV und Architektur, in: Arch+, 77/84
Kulzer, R.: Architekten am Bildschirm, in: Deutsche Bauzeitung, 12/84
Kulzer, R.: Computer. Rechnergestütztes Entwerfen im Architektur- und Ingenieurbüro, in: Deutsche Bauzeitung, 12/84
Kulzer, R.: Computer in der Architektur, in: Chip, 12/84
Lang, E.M.: Besuch bei Architekt Orwell, in: Deutsches Architektenblatt, 1/85
Langner, J.: Die Angst des Sackträgers vor dem Rad, in: Der Architekt, 10/84
Meinel, M.: CAD im Architekten- und Planungsbüro, in: Der Architekt, 10/84
Mertens, P.: Was können Expertensysteme?, in: Manager Magazin, 7/85
Meyer-Christian, W.: EDV für den Architekten – oder wie sieht der nächste Winter aus?, in: Arch+, 77/84
Miville, A.: Arbeitsmittel CAD: Wege zu besserer Architekturqualität, in: Sonderbeilage der Baseler Zeitung, Nr. 194, Basel 1985
Muggli, Ch. / Studer, T. / Zinkl, W.: Auswirkungen computerunterstützter Mensch-Maschine-Systeme auf die Arbeitswelt: 3 Branchen-Fallbeispiele, Basel 1984
Neumann, G.: CAD – Ein Einblick von draußen, in: Arch+, 77/84
Obermann, K. / Schröder, F.: CAD-Handbuch für Architekten und Bauingenieure, München 1985
Obermeyer, L.: EDV in der Praxis, CAD auf neuen Wegen, in: Beratende Ingenieure, 10/84
o.V.: Der CADechismus geht um, in: Bauverwaltung, 7/85
Pawelski, M. / Winke, J. / Maier, B.: CAD für Architekten und Bauplaner: Nur Grafik? Mehr als Grafik?, in: Das Bauzentrum 2/85
Pawelski, M. / Winke, J. (Hrsg.): CAD-Leitfaden für Architekten, Karlsruhe 1985
Planconsult: Auswirkungen neuer Informationstechnologien auf das Bauen und die Baukosten, ausgehend vom Architekturbüro. Untersuchung im Auftrag des Bundesministeriums für Raumordnung, Bauwesen und Städtebau, erscheint 1986
Schmidt-Schicketanz, H.J.: CAD in der Objektplanung, in: Deutsches Architektenblatt, 9/84
Schuck, P.: Architektur-Qualität durch EDV, in: Deutsche Bauzeitung, 12/84
Schulitz, H.C.: CAD im Text, in: Arch+, 83/86
Schulitz, H.C.: CAD: Fatamorgana der Architekten?, in: Deutsche Bauzeitung, 12/84
Söller, Cl.: „Künstlerkolonie Darmstadt". Ein Beispiel für rechnerunterstütztes Konstruieren und Darstellen in der Lehre, in: Arch+, 83/86
Straub, K.: CAD-System im Architekturbüro, in: Bau-Spezial, EDV am Bau, Gütersloh 1984
Uhl, O.: Eine Sprache sprechen, in: Arch+, 77/84
Wagenknecht, G.: CAD im Bauwesen – Überblick zum technischen Stand / Bedeutung für Arbeitnehmer, in: Fundamente, 1/85
Walder, U.: CAD als integrales Planungsinstrument, in: Aktuelles Bauen, 12/83

Wertz, E.: CAD und die Dekanekonferenz, in: Arch+, 83/86

Wertz, E.: Der Mikrocomputer und die Dekane- und Abteilungsleiterkonferenz Architektur und Raumplanung, in: Arch+, 77/84

Zusammengestellt von Carl Steckeweh. Berücksichtigt wurden deutschsprachige Monographien und Aufsätze, die in den vergangenen drei Jahren erschienen sind.

Autoren und Herausgeber

Klaus Brunnstein
Dr., Professor für Anwendungen der Informatik an der Universität Hamburg
Heinz Werner Cembrowski
Dipl.-Ing., Professional Hiring Assistent bei der IBM-Deutschland GmbH in Düsseldorf
Claus Jürgen Diederichs
Prof. Dr.-Ing., Inhaber des Lehrstuhls für Bauwirtschaft an der Bergischen Universität – Gesamthochschule Wuppertal, Beratender Ingenieur VBI, VDI, DVP
Walter Ehlers
Dipl.-Ing., Architekt BDA in Hannover, Mitglied des BDA-Präsidiums
Gernot Feldhusen
Dr., Diplom-Soziologe, Chefredakteur der Zeitschrift „Bausubstanz" und Inhaber des Architektur Magazins, bis Juni 1986 Geschäftsführer des BDA der Hansestadt Hamburg
Dieter Hoffmann-Axthelm
Dr. phil., freier Schriftsteller und Journalist in Berlin
Klaus Hüttner
Dipl.-Ing., Architekt, Büro Heinle, Wischer + Partner, Stuttgart
Heribert Kapitza
Dipl.-Bauing., Systemingenieur bei der IBM-Deutschland GmbH in Sindelfingen
Hermann Korte
Prof. Dr., Diplom-Soziologe, Institut für Arbeitssoziologie und Arbeitspolitik der Ruhr-Universität Bochum
Hans-Dieter Kübler
Prof. Dr., Hochschullehrer mit dem Schwerpunkt Medienwissenschaft und Pädagogik an der Universität Münster
Joachim Langner
Dipl.-Ing., Architekt BDA in Mannheim
Hanna-Renate Laurien
Dr. phil., Senatorin für Schul- und Sportwesen in Berlin, Mitglied der CDU-Fraktion im Abgeordnetenhaus
Maximilian Meinel
Dipl.-Ing., Architekt VFA und Stadtplaner SRL in Augsburg
Karl Markus Michel
Publizist in Berlin, Herausgeber der Zeitschrift „Kursbuch"
Peter Neitzke
Dipl.-Ing., Architekt, Lektor im Vieweg Verlag Braunschweig/Wiesbaden
Gerd Neumann
Dipl.-Ing., Architekt in Berlin

Horst W.J. Rittel
Prof. Dipl.-Ing., Professor of Science of Design an der University of California, Berkeley; Direktor des Instituts für Grundlagen der Planung an der Universität Stuttgart

Dieter Rogalla
Dipl.-Ing., Architekt BDA, 1. Vorsitzender des BDA der Hansestadt Hamburg

Walter Sauermilch
Dipl.-Ing., Architekt in Pinneberg, bis 1985 Mitglied der Fraktion „Die Grünen im Bundestag"

Angela Schwabl
Dipl.-Informatikerin, Wissenschaftliche Mitarbeiterin am Fachbereich Informatik der Universität Hamburg

Carl Steckeweh
Dipl.-Volkswirt, Bundesgeschäftsführer des Bundes Deutscher Architekten BDA, Bonn

Ingrid Stoppa-Sehlbach
Wissenschaftliche Mitarbeiterin im Fachbereich Kunst- und Designpädagogik der Universität Gesamthochschule Essen; Mitherausgeberin des Jahrbuchs für Ästhetik

Hinrich Storch
Dipl.-Ing., Architekt BDA in Hannover

Martin Streb
Dipl.-Ing., Architekt BDA in Hamburg

Hans Stumpfl
Dilp.-Ing., Architekt BDA in Dorsten

Otto Ulrich
Dr., Ingenieur und Sozialwissenschaftler, Lehrbeauftragter am Fachbereich Informatik der Universität Hamburg

Oswald Mathias Ungers
Prof. Dipl.-Ing., Architekt BDA in Köln

Ronald Weltzien
Dipl.-Ing., Ingenieur und Architekt, Student der Informatik an der Universität Hamburg

Thomas Zancker
Germanist, Student der Informatik an der Universität Hamburg

Bauwelt Fundamente

1 Ulrich Conrads (Hrsg.), Programme und Manifeste zur Architektur des 20. Jahrhunderts
2 Le Corbusier, 1922 – Ausblick auf eine Architektur
3 Werner Hegemann, 1930 – Das steinerne Berlin
4 Jane Jacobs, Tod und Leben großer amerikanischer Städte*
5 Sherman Paul, Louis H. Sullivan*
6 L. Hilberseimer, Entfaltung einer Planungsidee*
7 H. L. C. Jaffé, De Stijl 1917–1931*
8 Bruno Taut, Frühlicht 1920–1922*
9 Jürgen Pahl, Die Stadt im Aufbruch der perspektivischen Welt*
10 Adolf Behne, 1923 – Der moderne Zweckbau*
11 Julius Posener, Anfänge des Funktionalismus*
12 Le Corbusier, 1929 – Feststellungen*
13 Hermann Mattern, Gras darf nicht mehr wachsen*
14 El Lissitzky, 1929 – Rußland: Architektur für eine Weltrevolution*
15 Christian Norberg-Schulz, Logik der Baukunst*
16 Kevin Lynch, Das Bild der Stadt*
17 Günter Günschel, Große Konstrukteure 1
18 nicht erschienen
19 Anna Teut, Architektur im Dritten Reich 1933–1945*
20 Erich Schild, Zwischen Glaspalast und Palais des Illusions
21 Ebenezer Howard, Gartenstädte von morgen
22 Cornelius Gurlitt, Zur Befreiung der Baukunst*
23 James M. Fitch, Vier Jahrhunderte Bauen in USA*
24 Felix Schwarz und Frank Gloor (Hrsg.), „Die Form" – Stimme des Deutschen Werkbundes 1925–1934
25 Frank Lloyd Wright, Humane Architektur*
26 Herbert J. Gans, Die Levittowner. Soziographie einer »Schlafstadt«
27 Günter Hillmann (Hrsg.), Engels: Über die Umwelt der arbeitenden Klasse
28 Philippe Boudon, Die Siedlung Pessac – 40 Jahre*

29 Leonardo Benevolo, Die sozialen Ursprünge des modernen Städtebaus*
30 Erving Goffman, Verhalten in sozialen Strukturen*
31 John V. Lindsay, Städte brauchen mehr als Geld*
32 Mechthild Schumpp, Stadtbau-Utopien und Gesellschaft*
33 Renato De Fusco, Architektur als Massenmedium
34 Gerhard Fehl, Mark Fester und Nikolaus Kuhnert (Hrsg.), Planung und Information
35 David V. Canter (Hrsg.), Architekturpsychologie
36 John K. Friend und W. Neil Jessop (Hrsg.), Entscheidungsstrategie in Stadtplanung und Verwaltung
37 Josef Esser, Frieder Naschold und Werner Väth (Hrsg.), Gesellschaftsplanung in kapitalistischen und sozialistischen Systemen*
38 Rolf-Richard Grauhan (Hrsg.), Großstadt-Politik*
39 Alexander Tzonis, Das verbaute Leben*
40 Bernd Hamm, Betrifft: Nachbarschaft
41 Aldo Rossi, Die Architektur der Stadt*
42 Alexander Schwab, Das Buch vom Bauen
43 Michael Trieb, Stadtgestaltung*
44 Martina Schneider (Hrsg.), Information über Gestalt
45 Jörn Barnbrock, Materialien zur Ökonomie der Stadtplanung
46 Gerd Albers, Entwicklungslinien im Städtebau*
47 Werner Durth, Die Inszenierung der Alltagswelt*
48 Thilo Hilpert, Die Funktionelle Stadt
49 Fritz Schumacher (Hrsg.), Lesebuch für Baumeister
50 Robert Venturi, Komplexität und Widerspruch in der Architektur
51 Rudolf Schwarz, Wegweisung der Technik und andere Schriften zum Neuen Bauen 1926-1961
52 Gerald R. Blomeyer und Barbara Tietze, In Opposition zur Moderne
53 Robert Venturi, Denise Scott Brown und Steven Izenour, Lernen von Las Vegas
54/55 Julius Posener, Aufsätze und Vorträge 1931-1980
56 Thilo Hilpert (Hrsg.), Le Corbusiers „Charta von Athen". Texte und Dokumente. Kritische Neuausgabe
57 Max Onsell, Ausdruck und Wirklichkeit
58 Heinz Quitzsch, Gottfried Semper – Praktische Ästhetik und politischer Kampf

59 Gert Kähler, Architektur als Symbolverfall

60 Bernard Stoloff, Die Affaire Ledoux

61 Heinrich Tessenow, Geschriebenes

62 Giorgio Piccinato, Die Entstehung des Städtebaus

63 John Summerson, Die klassische Sprache der Architektur

64 bisher nicht erschienen

65 William Hubbard, Architektur und Konvention

66 Philippe Panerai, Jean Castex und Jean-Charles Depaule, Vom Block zur Zeile

67 Gilles Barbey, WohnHaft

68 Christoph Hackelsberger, Plädoyer für eine Befreiung des Wohnens aus den Zwängen sinnloser Perfektion

69 Giulio Carlo Argan, Gropius und das Bauhaus

70 Henry-Russell Hitchcock und Philip Johnson, Der Internationale Stil – 1932

71 Lars Lerup, Das Unfertige bauen

72 in Vorbereitung

73 in Vorbereitung

74 Walter Schönwandt, Denkfallen beim Planen

75 in Vorbereitung

76 Walter Ehlers, Gernot Feldhusen und Carl Steckeweh (Hrsg.), CAD: Architektur automatisch?

---

*vergriffen

Bei Fragen zur Produktsicherheit wenden Sie sich bitte an:
If you have any questions regarding product safety,
please contact:

Birkhäuser Verlag GmbH
Im Westfeld 8
4055 Basel, Schweiz
productsafety@degruyterbrill.com